Das
Recht der Elektrizität

von

Dr. jur. Anton Schlecht

München 1906
J. Schweitzer Verlag (Arthur Sellier).

Vorwort.

Das vorliegende Werkchen versucht, in möglichster Kürze das gesamte allgemein geltende Recht der elektrischen Energie auf dem Gebiete des Zivil-, Straf- und Verwaltungsrechts darzustellen. Es soll nicht nur dem Juristen bei Entscheidung der an ihn herantretenden Fragen das Gesetzesmaterial an die Hand geben, sondern auch dem Techniker, Industriellen und Verwaltungsbeamten Aufschluß über Zweifelsfragen in rechtlicher Beziehung bieten. Bei der Neuheit des Stoffes und dem Mangel einer umfassenderen Literatur darf ich wohl auf nachsichtige Beurteilung rechnen.

Für Mitteilung allenfallsiger Lücken oder Unrichtigkeiten wäre ich sehr dankbar.

Regensburg, Ende 1905.

Der Verfasser.

Inhaltsverzeichnis.

Seite

Anhang.

Abkürzungen.

a. a. O. = am angeführten Ort.
abgedr. = abgedruckt.
Abs. = Absatz.
alleg. = allegiert.
Allg Preuß. LR. = Allgemeines Preußisches Landrecht.
Anm. = Anmerkung.
Art. = Artikel.
Aufl. = Auflage.
AusfB. = Ausführungsbestimmung.
AusfG. = Ausführungsgesetz.
AusfV. = Ausführungsverordnung.
Bay. = Bayerisch.
Bd. = Band.
Bek. = Bekanntmachung.
BGB. = Bürgerliches Gesetzbuch.
betr. = betreffend.
Bl. f. admin. Pr. = Blätter für administrative Praxis.
Bl. f. RA. = Blätter für Rechtsanwendung.
dgl. = dergleichen.
d. i. = das ist.
DJZ. = Deutsche Juristenzeitung.
DrS. d. Reichstags = Drucksachen des Reichstags.
EG. = Einführungsgesetz.
Elektrotechn. Ztschr. = Elektrotechnische Zeitschrift.
Entsch. = Entscheidung.
Erl. = Erlaß.
ff. = folgende
GBl. f. d. K. Bayern = Gesetzblatt für das Königreich Bayern.
Ges. = Gesetz.
GesS. f. d. KPrSt. = Gesetzes-Sammlung für die Kgl. Preußischen Staaten.
GewUVG. = Gewerbe-Unfallversicherungsgesetz.
Goldschmidts Z. = Zeitschrift für das gesamte Handelsrecht.
GoldtArch. = Goldtammers Archiv für Strafrecht und Strafprozeß.
Grünhuts Z. = Zeitschrift für das Privat- und öffentliche Recht der Gegenwart.
GVBl. = Gesetz- und Verordnungsblatt.
GVG. = Gerichtsverfassungsgesetz.
HaftpflG. = Reichshaftpflichtgesetz.
Jahrb. = Jahrbuch.
i. e. = id est.
inkl = einschließlich.
insbes. = insbesondere.
InvVG. = Reichs-Invalidenversicherungsgesetz.
Kais. VO. = Kaiserliche Verordnung.
KleinbGes. = Kleinbahngesetz.
KrankVG. = Reichs-Krankenversicherungsgesetz.
Kritische Viertelj.Schr. = Kritische Vierteljahrsschrift für Gesetzgebung und Rechtswissenschaft.
Lehrb. = Lehrbuch.
MBl. d. i. Verw. = Ministerialblatt der inneren Verwaltung.
ME. = Ministerialentschließung.
Mk. = Mark.
N. = Note.
n. F. = Neue Folge.
Nr. = Nummer.
oldenburg. = Oldenburgisch.
OLG. = Oberlandesgericht.
österr. = österreichisch.
RA. = Deutscher Reichsanzeiger.
RegBl. = Regierungsblatt.
RegEntsch. = Regers Entscheidungen.
Reichsverf. = Reichsverfassung.
RG = Reichsgesetz oder Reichsgericht.
RGBl. = Reichsgesetzblatt.
RGO. = Reichsgewerbeordnung.
RGSt. = Reichsgericht in Strafsachen.
RGZ. = Reichsgericht in Zivilsachen.
RZPO. = Reichszivilprozeßordnung.
S. = Seite.
sächs. = sächsisch.
sog. = sogenannt.
Stenogr. Ber. = Stenographische Berichte des Reichstags.
StGB. = Reichsstrafgesetzbuch.
T. = Teil.
TelG. = Reichstelegraphengesetz.
TelWG. = Reichstelegraphenwegegesetz.
Tit. = Titel.
Urt = Urteil.
Verf. = Verfassung.
Vgl. = Vergleiche.
VO. = Verordnung.
Vorschr. = Vorschrift.
WochBl. = Wochenblatt.
Zentralbl. = Zentralblatt des Deutschen Reiches.
Ziff. = Ziffer.
ZStW. = Zeitschrift für die gesamte Strafrechtswissenschaft.
Ztschr. = Zeitschrift.

Zusammenstellung einiger technischer Begriffe.

Akkumulatoren = technische Vorrichtungen, in welchen durch das Hindurchleiten elektrischen Stromes ein chemischer Energiezustand geschaffen wird, der sich beim Schließen des Stromkreises auslöst, so daß die chemische Energie in elektrische sich umwandelt.
Ampere = die Einheit der elektrischen Stromstärke.
Amperemeter = ein Instrument zum Messen der Stromstärke.
Amperesekunde = die Elektrizitätsmenge, welche bei 1 Ampere Stromstärke in 1 Sekunde durch den Querschnitt der Leitung fließt.
Amperestunde = die Elektrizitätsmenge, welche bei 1 Ampere Stromstärke in 1 Stunde durch den Querschnitt der Leitung fließt.
Amperestundenzähler = gibt bei völlig konstanter Spannung die Zahl der Amperestunden an.
Brennstundenzähler = Zeitzähler.
Coulomb = Amperesekunde.
Coulombzähler = Amperestundenzähler.
Dynamo (Generator) = jede rotierende Maschine, welche mechanische Energie in elektrische umwandelt.
Effekt des Stromes = Arbeitsleistung pro Sekunde.
Elektrizitätszähler = Instrument zur Messung der verbrauchten elektrischen Energie.
Elektrolytische Zelle = ein Apparat, in welchem Säuren oder Salzlösungen durch den elektrischen Strom zersetzt werden.
Elektromotorische Kraft d. i. die Ursache des elektrischen Stromes = dem Spannungsunterschied an den beiden Enden des Leiters.
Energie, elektrische = die Fähigkeit, Arbeit zu leisten.
Energiezähler = Wattstundenzähler.
Erdschluß = Uebergang des elektrischen Stromes in die Erde.
Farad = Die Kapazität eines Leiters, der durch 1 Amperesekunde auf 1 Volt geladen wird.
Generator = cf. Dynamo.
Gleichstrom = ein Strom, der in der Leitung stets in gleicher Richtung fließt.
Hauptanschluß = der Punkt, wo die Hausleitung des Konsumenten an die Hauptleitung des Werkes angeschlossen ist.
Hausleitung = der Teil der Leitung, der sich innerhalb der Hausgrenze, Grundstücksgrenze befindet.
Henry = der Induktionskoeffizient eines Leiters, in welchem 1 Volt induziert wird durch die gleichmäßige Aenderung der Stromstärke um 1 Ampere in der Sekunde.
Induktion = die Hervorrufung eines elektrischen Stromes in einem geschlossenen Leiter durch einen Magneten oder durch einen elektrischen Strom.
Kabel = unterirdisch verlegte Leitungsdrähte.
Kilowatt = 1000 Watt.
Konstante = eine auf einem Meßwerkzeug ein für allmal angegebene Zahl, mit deren Hilfe aus den Angaben des Meßwerkzeugs der Stromverbrauch berechnet werden kann.

Kurzschluß = der Uebergang des Stromes von einem Poldraht zum anderen auf einem Wege von viel zu geringem Widerstand.
Leiter = jeder Gegenstand, der dem elektrischen Strome das „Fließen" gestattet.
Leitungsnetz = Gesamtheit der technischen Vor- und Einrichtungen (Drähte, Kabel rc.), durch welche der elektrische Strom auf einem gewissen Gebiete fortgeleitet wird.
Leistungsmesser = Meßwerkzeug zur Feststellung der Arbeitsleistung (Watt) des Stromes.
Megawatt = 1000000 Watt.
Mehrphasiger Wechselstrom = ein Wechselstrom, der aus mehreren mit einander kombinierten Wechselströmen von verschiedener Phase besteht.
Mikrowatt = $^1/_{1000000}$ Watt.
Milliwatt = $^1/_{1000}$ Watt.
Motor, elektrischer = jede rotierende Maschine, welche elektrische Energie in mechanische Leistung (Arbeit) verwandelt.
Nichtleiter = schlechter Leiter d. h jeder Gegenstand, der dem „Fließen" des elektrischen Stromes großen Widerstand entgegensetzt.
Nulleiter = die zur Erde führende Leitung.
Ohm = die Einheit des elektrischen Widerstandes.
Regulierwiderstand = ein Widerstand, der in die Leitung zur Regulierung des Stromes eingeschaltet wird.
Rückleitung = der Teil der Leitung, welcher den Strom nach Durchgang durch die Apparate zum negativen Pol der Maschine zurückführt.
Silbernitrat = salpetersaures Silberoxyd.
Spannungsmesser = Meßwerkzeug zur Feststellung des Spannungsunterschiedes zwischen irgend zwei Punkten des Leiters.
Spannungsverlust = der Teil der elektrischen Energie, der sich auf dem Wege von der Erzeugungsstelle bis zur Konsumstelle durch Ueberwindung des Widerstands, Umwandlung in Wärme, verbraucht.
Speiseleitung = die Hauptstromleitung, welche den Strom zu all den Stellen führt, von denen aus die Konsumenten die erforderliche Energie-Menge beziehen.
Strommesser = Meßwerkzeug zur Feststellung der Stärke (Ampere) des Stromes.
Transformator = eine Vorrichtung zur Umwandlung eines elektrischen Stromes in einen andern von verschiedener Stärke oder Spannung oder Richtung.
Volt = Die Einheit der elektromotorischen Kraft (des Spannungsunterschiedes).
Voltamater = Zersetzungsapparate, welche zum Messen der Stromstärke auf chemischen Wege dienen.
Voltmeter = Spannungsmesser.
Watt = Die Leistung eines Stromes von 1 Ampere Stärke bei einem Spannungsunterschied von 1 Volt (= 1 Ampere × 1 Volt).
Wattstunde = die Arbeitsleistung von einem Watt während einer Stunde.
Wattstundenzähler = Instrument zum Messen der Wattstunden.
Wechselstrom = ein Strom, der in der Leitung unausgesetzt seine Richtung wechselt.
Zeitzähler = Meßwerkzeug das die Zeit notiert, während welcher elektrischer Strom durch dasselbe hindurchgeht.
Zentrale = Ort für die Erzeugung der elektrischen Energie (Elektrizitätswerk).

Einleitung.

Die Elektrotechnik hat in den letzten Jahrzehnten in Deutschland einen gewaltigen Aufschwung genommen.

Die Entwicklung der elektrischen Anlagen ist für das ganze Wirtschaftsleben von so einschneidender Bedeutung, insbesondere mit Rücksicht auf die in unserem Vaterlande vorhandenen, ausnützbaren Wasserkräfte, und für die Allgemeinheit mit so vielen Gefahren und Beschränkungen verbunden, daß eine durchgreifende, einheitliche Regelung aller in Betracht kommenden Fragen in absehbarer Zeit zur unabweisbaren Notwendigkeit wird.

Was die Gesetzgebung bisher auf diesem Gebiete geschaffen, sind nur Bruchstücke und nur dazu bestimmt, als Notbehelf zu dienen, bis einer endgültigen Lösung und Regelung nähergetreten werden kann.

Andere Länder, so insbesondere England, sind in dieser Beziehung dem Deutschen Reiche weit voraus.

Die Elektrotechnik hat in Deutschland sich einheitlich entwickelt, und einheitlich müssen die Normen sein, die geschaffen werden sollen, wenn nicht eine junge, aufstrebende Industrie Schaden nehmen soll.

Ich habe nun versucht, diejenigen gesetzlichen Bestimmungen, welche zurzeit allgemeine Geltung haben, zusammenzustellen und so das gesamte Recht der Elektrizität im Zivilrecht, Straf- und Verwaltungsrecht darzustellen.

Diesen rechtlichen Ausführungen möchte aber hier die Darlegung einiger technischer Begriffe, die für den Juristen, der sich für gewöhnlich mit dieser Materie nicht zu befassen hat, von Wichtigkeit sind, voranzugehen haben. Selbstverständlich wollen diese Bemerkungen keinen Anspruch darauf machen, eine Einführung in die Elektrotechnik zu geben, sie sollen nur anregen, diesem so interessanten Gebiete der Wissenschaft und des praktischen Lebens näherzutreten und das hier Fehlende sich dort zu holen, wo es in reichstem Maße geboten ist, in den Lehrbüchern der Elektrotechnik selbst.

Die Elektrizität ist überall im Weltenraume vorhanden. Um dem menschlichen Zwecke dienen zu können, muß sie aber erst in eine bestimmte Form gebracht, für gewöhnlich an einen Leiter gebunden werden.

So ist die Erscheinung des Blitzes nichts anderes als die Entladung der in der Luft vorhandenen Elektrizität; würde sie an einen Leiter gebunden sein, wäre sie fähig, Arbeit zu leisten, Licht zu erzeugen und Maschinen in Bewegung zu setzen.

Über das eigentliche Wesen der Elektrizität wissen wir noch nichts, wir sehen nur die Erscheinung und sehen den Effekt.

Wahrscheinlich handelt es sich um eine Wellenbewegung, um Schwingungen des das Universum erfüllenden Äthers, ähnlich denen des Lichtes und des Schalles, nur daß die elektrischen Wellen viel länger sind als die des Lichtes.

Um die Erscheinungen der Elektrizität unserem Verständnisse näherzubringen und unseren vorhandenen Begriffen anzupassen, müssen wir zu Bildern greifen, dürfen dabei aber nicht vergessen, daß es lediglich bildliche Ausdrücke sind.

So sprechen wir von einem „elektrischen Strom", der durch den Leiter „fließt", wie das Wasser durch die Leitungsröhre fließt; wir reden von einem „Energie-Produzenten", obwohl die Elektrizität überall vorhanden und, streng genommen, nicht erst geschaffen, produziert wird.

Wir sprechen von einem „Konsumieren" des elektrischen Stromes, obwohl in Wirklichkeit der Strom gar nicht vom „Konsumenten" aufgehalten werden kann, vielmehr nur durch die Apparate des „Konsumenten" hindurchgeht, dort Arbeit leistet und wieder zurückkehrt zu seiner Ausgangsstelle.

Dieser „elektrische Strom" nun besitzt die Fähigkeit, wenn er durch einen Apparat, z. B. durch die Kohlenfäden einer Glühlampe hindurchgeht, einen Effekt hervorzubringen, Arbeit zu leisten, z. B. die Kohlenfäden zum Glühen zu bringen.

Diese Fähigkeit, Arbeit zu leisten nennen wir „elektrische Energie".

Diese an den elektrischen Strom gebundene elektrische Energie setzt sich in den Apparaten des Konsumenten in eine andere Energieform, z. B. Licht, Wärme, mechanische Bewegung um, wird dort also „verbraucht", während der elektrische Strom, nun allerdings eines Teiles seiner Energie beraubt, seinen Weg weitergeht.

Daraus geht schon hervor, daß „elektrischer Strom" und „elektrische Energie" zwei voneinander verschiedene Begriffe sind.

Die Größe dieses Effektes, den der elektrische Strom in jedem Stücke seiner Bahn zu leisten imstande ist, mißt man gewöhnlich in Watt.

1 Watt = 1 Volt-Ampere (Produkt aus Spannung und Stromstärke).

1 Hektowatt = 100 Watt,

1 Kilowatt = 1000 Watt = 1,36 PS. (Pferdekräfte).

Eine Wattstunde ist die Anzahl der in 1 Stunde verbrauchten Watts, Amperestunde die Anzahl der in 1 Stunde verbrauchten Elektrizitätsmenge bei konstanter Stromstärke von 1 Ampere.

1 Ampere ist die Einheit der Stromstärke, d. h. der Elektrizitätsmenge (Coulomb), die in 1 Sekunde durch einen Leitungsquerschnitt fließt.

1 Volt ist die Einheit der Spannung, welche die durchfließende Elektrizität aufweist.

Die Elektrizität, erzeugt im Elektrizitätswerk durch Maschinen, wird dem Konsumenten zugeleitet durch ein mehr oder minder ausgedehntes Leitungsnetz. Meldet sich ein Abnehmer, so werden seine Apparate (Motore, Lampen 2c.) an die Hauptleitung angeschlossen.

Man unterscheidet Hauptleitungen und Anschlußleitungen.

. Die Installationsarbeiten sind meist der freien Konkurrenz überlassen und werden vom Elektrizitätswerk regelmäßig nur auf ihre Ordnungsmäßigkeit geprüft, ehe der Vertrag definitiv zum Abschlusse gelangt. —

Was die Verwendung der Elektrizität zur Nachrichten-Übermittlung (Telegraphie und Telephonie) betrifft, so scheidet die Behandlung dieser Fragen hier vollkommen aus und wird auf die darüber bestehende bedeutende Rechtsliteratur verwiesen.

Desgleichen kommt hier nicht in Frage die Verwendung der Elektrizität in der Medizin.

I. Teil.

Die elektrische Energie im Zivilrecht.

Die elektrische Energie ist ein wirtschaftlicher Faktor, ein Verkehrs- und Werts-Objekt und damit auch Gegenstand rechtlicher Interessen.

Nach Art. 4 Ziff. 13 der Verfassung des Deutschen Reiches vom 16. April 1871 und Abänderungsgesetz hierzu vom 20. Dezember 1873 steht die gemeinsame Gesetzgebung über das gesamte bürgerliche Recht dem Reiche zu, die zivilrechtlichen Verhältnisse der elektrischen Energie regeln sich daher nach Reichsrecht.

Rechtsobjekt. Rechtsobjekt ist nicht die „Elektrizität" oder der „elektrische Strom" oder die „elektrische Kraft", sondern die „elektrische Energie", bzw. die „elektrische Arbeit".

Der Gesetzgeber gebraucht „elektrische Arbeit" gleichwertig mit „elektrischer Energie".

Ist nun die elektrische Energie (Arbeit) eine „Sache" im Sinne des Zivilrechts, oder ist sie etwas vom Sachbegriff Verschiedenes?

Die Frage wurde zuerst auf strafrechtlichem Gebiete brennend und von den einzelnen Autoren sehr verschieden beantwortet, bis die Reichsgesetzgebung dem Streite ein Ende bereitete. Für das Strafrecht wurde die Frage in verneinendem Sinne gelöst, vgl. II. Teil.

Damit ist jedoch für das Zivilrecht eine bindende Entscheidung noch nicht getroffen. So anscheinend auch v. Liszt 10. Aufl. 411 N. 3; E. Kohlrausch, ZStW. 20, 460.

Das BGB. erwähnt die elektrische Energie nicht, wohl aber sagt es, was unter dem Begriff „Sache" zu verstehen ist. § 90 BGB. lautet: „Sachen im Sinne des Gesetzes sind nur körperliche Gegenstände", wobei unter „Gesetz" jede Rechtsnorm zu verstehen ist. (Art. 2 des EG. z. BGB.)

Zur Entscheidung der Frage, ob eine Energieform Körperlichkeit besitzt, ist in erster Linie die Naturwissenschaft berufen (cf. Urt. des RGSt. vom 20. Oktober 1896, Reg.-Entsch. Bd. 17

S. 68, Entsch. d. RGSt. 19, 111 ff.) und diese sagt zurzeit, daß die elektrische Energie — d. i. „Fähigkeit, Arbeit zu leisten", — nichts Körperliches sei. So die meisten Physiker. Cf. Rühlmann, Grundzüge der Elektrotechnik, Grätz, die Elektrizität und ihre Anwendung, Lommel, Lehrbuch der Experimentalphysik, Wilke, die Elektrizität und ihre Erzeugung und Anwendung ꝛc. ꝛc.

Die elektrische Energie ist hiernach keine „Sache" im Sinne des § 90 BGB.

Zur Begründung der hier vertretenen Ansicht wäre noch zu verweisen auf Regelsberger, Pandekten I S. 362 N. 1, der dem elektrischen Strom die Sachqualität abspricht; Kohler, Kritische Viertelj.-Schr. N. F. 17 S. 519, der von einem „Zivilrecht an der Kraft analog dem Zivilrecht an der Sache" spricht; Endemann, Lehrbuch des BGB. 6. Aufl. Bd. 1 S. 226 ff.; Katz, Elektrotechn. Ztschr. 1900 S. 33; Randa, das Eigentumsrecht nach österr. Recht 2. Aufl. S. 53 N. 38; Armissoglio, Gli impianti elettrici per illuminazione e trasporto di forza motrice 1889 S. 52; Ludewig, Goldschmidts Z. 35, 29 ff. (N. F. 20); Kulenkampff, Rechtsgut der elektrischen Arbeit im geltenden Strafrecht und sein Schutz 1905.

Auch das Reichsgericht steht anscheinend auf dem Standpunkt, daß die elektrische Energie keine Sache ist. Vergl. Entscheidung vom 1. Mai 1899 — RGSt. 32, 165 — in welcher ausgesprochen ist, daß die elektrische Energie unter den Sachbegriff des § 242 StGB. nicht falle, weil § 242 StGB. eine körperliche Sache voraussetze; es ist dann weiter ausgeführt, daß der strafrechtliche Begriff des § 242 StGB. sich mit dem bürgerlichen Rechte insoferne decke, als das BGB. in § 90 als Sachen im Sinne des Gesetzes ebenfalls nur körperliche Gegenstände gelten lasse.

Die Entscheidung des RG. vom 10. März 1887[1]) — RGZ. 17, 269 —, in welcher ausgesprochen ist, daß die Elektrizität Gegenstand eines Lieferungsvertrages im Sinne des § 981 des Allg. Preuß. LR. T. I Tit. 11 sein könne, steht dem nicht entgegen. Dieses Urteil erkennt ausdrücklich an, daß der als Gegenstand der Lieferung bezeichnete elektrische Strom (sollte Energie heißen) nicht eine von Natur der Selbständigkeit fähige körperliche Sache, vielmehr eine in den Körpern wirkende, in ihnen zur Entwicklung gelangende Kraft ist.

Eine andere Meinung sieht in der elektrischen Energie eine „Sache" im Sinne des § 90 BGB. Vgl. E. Kohlrausch, ZStW. 20, 489[2]); Blaß, das Rechtsgut der Elektrizität 1898 S. 12; Meili, die elektrischen Stark- und Schwachstromanlagen und die Gesetz-

---

[1]) Vgl. meine Abhandlung in Bl. f. RA. 1902 S. 33, 34.
[2]) Vgl. meine Abhandlung in Bl. f. RA. 1902 S. 10.

gebung 1899 S. 54; Pfleghart, die Elektrizität als Rechtsobjekt S. 90.

Da die elektrische Energie in Wirklichkeit keine „Sache" im Sinne des BGB. ist, finden auf sie auch die Bestimmungen über Kauf, Tausch, Eigentum, Besitz, Nißbrauch 2c. keine Anwendung. Das BGB. kennt als Vermögensobjekte nur körperliche Gegenstände (i. e. Sachen) und Rechte, unter welche Begriffe die elektrische Energie sich nicht subsumieren läßt. Trotzdem ist die elektrische Energie aber ein Rechtsgut. (Vgl. RG. vom 1. Juni 1898 und vom 9. April 1900, Kulenkampff S. 25, Fischer-Henle BGB. 5. Aufl. Anm. 9 zu § 823, meine Abhandlung: Die Stellung des unlauteren Wettbewerbs im System des Strafrechts ZStW. 21, 86).

Die gesetzlichen Einheiten für elektrische Messungen sind das Ohm, das Ampere und das Volt. Das Nähere vgl. im III. Teile.

Verträge über Lieferung elekt. Energie.

Wie sind nun die Verträge über Lieferung elektrischer Energie rechtlich aufzufassen?

Diese Verträge setzen sich meist aus einer ganzen Reihe von Einzelbestimmungen zusammen, welche als „Bedingungen für den Anschluß an das ...... Elektrizitätswerk und für die Lieferung elektrischer Ströme von demselben" vom Elektrizitätswerk aufgestellt werden und unter denen das Werk sich bereit erklärt, an jedermann elektrische Energie zu liefern. So enthält der Vertrag Bestimmungen über die Herstellung der Hausanschlüsse, über die Hausinstallation, Elektrizitätsmesser, Strompreise, über die Feststellung des Stromverbrauchs, über Stromentziehung, Zahlung, Kündigung, Überwachung der Anlagen, Störungsanzeige 2c. 2c. — Musterbeispiele sind im Anhang abgedruckt. —

Den Kernpunkt dieser „Bedingungen" bildet auf Seite des Werkes immer die Verpflichtung, elektrische Energie zu liefern, auf Seite des Abnehmers, Entgelt für die Lieferung zu leisten.

Die rechtliche Beurteilung dieser Verträge ist in der Literatur und Rechtsprechung eine sehr verschiedene; sie werden aufgefaßt:

a) Als Sachmiete, bzw. Pacht: vgl. Urteil des Tribunals in Genua, bestätigt vom Appellhofe in Genua am 28. Dezember 1898 — Pipia, L'Elettricità nel Diritto S. 262, Il Filangieri, Rivista Giuridica 24. Jahrgang S. 766 —, aufgehoben jedoch durch den Kassationshof in Rom, unterm 16. August 1899 Foro italiano Bd. 24 S. 1073 f. — Armissoglio „Quale sia la figura giuridica del contratto di distribuzione dell' energia ellettrica".

b) Als Dienstmiete (locatio conductio operarum): vgl. Goldschmidts Z. 35, 29 ff.

c) Als Werkvertrag (locatio conductio operis): vgl. Urteil des Kassationshofes in Rom vom 16. August 1899, Foro italiano Bd. 24 S. 1073 ff. — Endemann im Juristischen Literaturblatt Bd. 7 S. 4 (vgl. auch unter lit. d). — Rehbein 1899 BGB. zu § 90 unter 2 b. — E. Katz, Rechtsgutachten, Elektrotechn. Ztschr. 1900 S. 33. — Kulenkampff, Rechtsgut der elektrischen Arbeit im geltenden Strafrechte und sein Schutz. 1905 S. 25, 26.

d) Als Kaufvertrag: vgl. Meili, Elektrotechn. Ztschr. 1888 S. 225 — Schuster von Bonnott, Grundriß des österreichischen Obligationenrechts S. 55. — Stenographisches Bulletin der schweizerischen Bundesversammlung vom Juni 1901 über die Verhandlungen des Ständerates bei Anlaß der Beratung des Gesetzentwurfes über die elektrischen Anlagen S. 361 ff. — Rapport fait au nom de la commission chargée d'examiner le projet de loi sur les distributions d'énergie par L. Guillain député. Sitzung vom 8. Februar 1898 S. 11 der Drucksachen f. d. VI. Legislaturperiode (franz. Abgeordnetenkammer). — Endemann, Lehrbuch des BGB. 1901 Bd. 1 S. 735 („Nicht der Sachbegriff sondern der Kaufbegriff unterliegt der analogen Ausdehnung") [vgl. auch unter lit. c]. —

e) Als Innominatkontrakt: vgl. Pipia, L'Elettricità nel Diritto S. 263 ff., der von einem selbständigen „Contratto di somministrazione" spricht. — Blaß, das Rechtsgut der Elektrizität S. 56 ff., der als neue Gruppe neben die bisherigen Vertragsformen die „Zuleitungsverträge" stellt und unter diese die Verträge über Elektrizitäts-, Gas-, Wasser-, Luft-Lieferungen subsumiert.

Als Resultat ergibt sich folgendes:

Das positive Recht kennt nur ganz bestimmte Vertragstypen, welche sich historisch herausgebildet haben. (Kauf, Tausch, Miete ꝛc.) „Diesen geschlossenen Vertragsgruppen gegenüber wird es der Vertragsfreiheit trotz ihrer prinzipiellen Anerkennung tatsächlich nur schwer gelingen, ... neue Arten der Schuldverhältnisse zu schaffen .... So sind lange Zeit alle Arten der Versicherungen unter dieselbe Formel gepreßt und als Abarten des Kaufgeschäfts in das Rechtssystem eingeführt worden; so mußten zahllose Kreditgeschäfte es sich gefallen lassen, in ein ihrer Natur durchaus unangemessenes Rechtsgewand verhüllt zu werden." (Endemann Lehrb. 1901 Bd. 1 S. 693.)

Dies gilt ganz besonders auch für die Verträge über Lieferung elektrischer Energie. Diese passen eigentlich unter keine der bisher üblichen Vertragsformen, wenngleich sie mit mancher unverkennbar eine gewisse Verwandtschaft aufzuweisen haben. Vgl. Pfleghart S. 259 bis 296. Die Auffassung als „Zuleitungsverträge" (oben sub e) führt ebenfalls zu keinem brauchbaren Resultate; denn wenn auch zwischen den Verträgen über Lieferung elektrischer Energie einerseits und den Wasser-, und Gas-Lieferungsverträgen anderseits gewisse Ähnlichkeiten hervortreten, so sind die grundsätzlichen Verschiedenheiten doch wieder so tiefgreifende, daß es unmöglich ist, sie unter einer Vertragsfigur zusammenzufassen. Vgl. Pfleghart S. 260 ff. insbesondere S. 267.

Die Verträge über Lieferung elektrischer Energie charakterisieren sich vielmehr als besondere, eigenartige, neben die bisher anerkannten Vertragstypen tretende Energie-Verträge.

Diese Vertragsform ist nicht notwendigerweise auf die elektrische Energie beschränkt, sondern kann alle möglichen Energieformen (Schall, Wärme, Elastizität, mechanische und chemische Energie 2c.) zum Gegenstand haben.

Inhalt des Energievertrags.

Subjekte des Vertrags können sowohl natürliche wie juristische Personen sein. Objekt des Vertrages (Gegenstand der Lieferung) ist die elektrische Energie. (Arbeit).

Eine besondere Form für den Abschluß des Vertrages ist nicht erforderlich.

Die allgemeine Norm des § 133 BGB., wonach bei der Auslegung einer Willenserklärung der wirkliche Wille zu erforschen und nicht an dem buchstäblichen Sinne des Ausdrucks zu haften ist, gilt auch hier. Desgleichen die Bestimmung des § 157 a. a. O., daß Verträge so auszulegen sind, wie Treu und Glauben mit Rücksicht auf die Verkehrssitte es fordern.

Mit Rücksicht auf den im Deutschen Reiche geltenden Grundsatz der Gewerbefreiheit (§ 1 RGO. vgl. dazu Reger-Stöhsel RGO. 1901 S. 3 und 11, VO. d. sächs. Minist. vom 9. Juni 1896 — sächs. Woch.Bl. S. 113) gibt es allerdings rechtlich kein Monopol für die Herstellung, bzw. Lieferung elektrischer Energie, allein faktisch besteht meist ein solches Monopol doch, indem die Konzession zur Benutzung des Straßenkörpers 2c. gewöhnlich nur einem Unternehmer mit Ausschluß aller anderen gewährt wird.

Die gelieferte Energie muß den Zwecken, zu welchen sie geliefert werden soll (Beleuchtung, Beheizung, Motorenbetrieb 2c.) entsprechen, also die nötige Spannung und Intensität besitzen und während der vertragsmäßig bestimmten Zeit (im Zweifelsfalle zu jeder Tages- und Nachtzeit) dem Konsumenten ununterbrochen zur Verfügung gehalten werden.

Eine Verpflichtung des an die Hauptleitung Angeschlossenen zur Abnahme von Energie besteht im allgemeinen nicht, es müßte denn sein, daß ein Bezugsminimum vereinbart ist; in diesem Falle müßte die Vergütung auch dann entrichtet werden, wenn elektrische Energie überhaupt nicht bezogen wird. (Z. B. der Angeschlossene ist während der Sommermonate auf Reisen.)

Der Strom muß ein konstanter sein. Die zulässige Grenze etwaiger Schwankungen kann vertragsmäßig festgesetzt und für vertragswidrige Unregelmäßigkeiten, sowie für das Sinken unter die vertraglich fixierte Grenze Konventionalstrafe vereinbart werden. Für Schäden, welche infolge abnormer Schwankungen in den aufgestellten Apparaten entstehen, ist Ersatz zu leisten.

Ob Gleichstrom oder Wechselstrom, bzw. ob Ein- oder mehrphasiger Wechselstrom geliefert wird, ist unter Umständen nicht gleichgültig, und muß auch hierauf entsprechende Rücksicht im Vertrage genommen werden.

Es ist daran festzuhalten, daß in erster Linie der Produzent verpflichtet ist, über die von ihm angebotene Energie richtigen und erschöpfenden Aufschluß zu geben.

Die vereinbarte Stromstärke und Spannung muß am Erfüllungsorte, d. i. an der Stelle vorhanden sein, wo die Hausleitung des Konsumenten an das Verteilungsnetz angeschlossen ist (am Hauptanschluß des Konsumenten). Der Transport bis zum Erfüllungsort und der damit verbundene Energieverlust gehen auf Rechnung des Produzenten.

In Gleichstromanlagen beträgt die Normalspannung meist 100 bis 110 Volt, in neueren Anlagen ist man jetzt schon zu 220, ja sogar auf 440 Volt übergegangen. Hierüber hat sich der Vertrag auszusprechen; enthält er darüber nichts, so folgt daraus keineswegs, daß das Werk für etwaige durch anormales Herabsinken der Spannung veranlaßte Schäden nicht aufzukommen habe.

Unterbrechungen in der Stromzuführung dürfen nur ausnahmsweise stattfinden, z. B. bei Vornahme notwendiger Reparaturen im Leitungsnetz, zum Zwecke der Kontrollierung und Prüfung der Anlage, bei Unglücksfällen, Bränden 2c. Aber auch in diesen Fällen ist auf eine möglichst geringe Belästigung der Konsumenten Bedacht zu nehmen und womöglich nur ein Teil des Verteilungsnetzes stromlos zu machen. Selbstverständlich hat das Elektrizitätswerk, wenn nach Lage der Sache möglich, den Konsumenten von der zu erwartenden Betriebsunterbrechung und deren mutmaßlicher Dauer rechtzeitig in Kenntnis zu setzen. Für durch unzulässige Unterbrechungen verursachte Schäden haftet das Elektrizitätswerk.

Regelmäßig werden auch Bestimmungen über den vom Konsumenten zu entrichtenden Preis getroffen werden; absolute Voraussetzung zur Gültigkeit des Vertrags ist dies jedoch nicht, und kann gegebenenfalls auch richterliche Preisfestsetzung erfolgen.

Die Gegenleistung braucht nicht gerade in Geld zu bestehen, sie kann auch in Form einer Konzession oder eines Mitbenützungsrechtes an Straßen, Plätzen, Brücken und deren Zubehör gewährt werden.

Messung des Energie-Verbrauches.

Der Preis kann in einer Pauschalsumme bestehen, er kann sich aber auch nach der tatsächlich bezogenen Energie berechnen. Er wird gewöhnlich nach Hektowattstunden festgesetzt und ist für Beleuchtungszwecke und für Kraftzwecke (Motorenbetrieb, Heizung 2c.) meist verschieden, woraus weiter folgt, daß der Konsument hinsichtlich der Benützung der ihm zugeführten Energie an die getroffene Vereinbarung gebunden ist. (Wenn die Energie nur zu Kraftzwecken bezogen wird, darf sie nicht zur Lichterzeugung verwendet werden.)

Die Anzahl der Watt- (Amperes-) Stunden wird ermittelt durch den Elektrizitätszähler, der in den Stromkreis eingeschaltet wird. Die Feststellung des Energieverbrauches erfolgt durch Ablesen am Elektrizitätsmesser, und zwar regelmäßig allmonatlich. Damit ist auch die Fälligkeit des Entgeltes gegeben, und laufen von da an die Verzugszinsen. Die Stellung einer ordentlichen, entsprechend spezifizierten Rechnung ist Voraussetzung.

Die Angaben des Zählers bilden aber nur eine Rechtsvermutung, der Beweis allenfallsiger Unrichtigkeiten in den Angaben des Messers kann von jeder der Parteien erbracht werden.

Funktioniert ein Elektrizitätsmesser nicht richtig oder überhaupt nicht, so wird unbeschadet der Verpflichtung des Elektrizitätswerkes, einen anderen Messer einzusetzen, bzw. den alten zu reparieren, für die Dauer der Unterbrechung der sonstige durchschnittliche Stromverbrauch für die Preisberechnung genügende Anhaltspunkte bieten.

Ergeben sich Zweifel über die Richtigkeit eines Messers, so muß derselbe einer genauen Prüfung unterstellt werden. Der Konsument hat ein Recht, die Prüfung zu verlangen. Da zurzeit absolut zuverlässige Elektrizitätszähler nicht existieren, müssen gewisse Fehlergrenzen zugelassen werden. Als solche müssen die in d. Bek. betr. die Ausführung d. Ges. über die elektrischen Maßeinheiten vom 6. Mai 1901 — RGBl. 1901 Nr. 16 S. 129 Ziff. II — (cf. auch § 13 der Prüfordnung für elektrische Meßgeräte vom 28. Dezember 1901, Zentralblatt für das Deutsche Reich 1902 Nr. 11 S. 46 ff.) festgesetzten gelten. — cf. unten T. III —

Ist die Prüfung vom Konsumenten verlangt, und hält sich die Abweichung innerhalb der zulässigen Fehlergrenze, so trägt er die Kosten, andernfalls treffen sie das Elektrizitätswerk, soferne die Beschädigung nicht durch die Schuld des Abnehmers herbeigeführt wurde, in welchem Falle letzterer für die Kosten haftet.

Zählermiete. Der Elektrizitätszähler wird meist dem Konsumenten vom Elektrizitätswerk vertragsweise zur Verfügung gestellt unter Vorbehalt des Eigentums. Diese Abmachungen gehören nicht zum Wesen der Energieverträge und stellen daher eigene Verträge, zu denen allerdings der Energievertrag den Anlaß bietet, dar. Dementsprechend reden die „Bedingungen" und „Reglements" der Elektrizitätswerke meist auch von mietweiser, leihweiser Überlassung der Messer und erheben hiefür einen besonderen jährlichen „Mietzins". Daß das Elektrizitätswerk gewöhnlich — vereinbarungsgemäß! — Art, Größe und Aufstellungsort des Messers bestimmt und Unterhalt, Reparaturen, sowie Auswechslung derselben übernimmt, steht dem nicht entgegen. Es wäre auch denkbar, daß der Energie-Konsument hiefür zu sorgen hätte.

Ohne vorherige rechtzeitige Benachrichtigung des Energie-Lieferanten darf, von Ausnahmefällen (z. B. wenn Gefahr auf Verzug ist) abgesehen, ein Elektrizitätszähler aus dem Stromkreise nicht entfernt werden, wie sich überhaupt der Konsument jeder Manipulation an dem Zähler zu enthalten hat. Bezüglich der strafrechtlichen Seite, Betrug, Betrugsversuch 2c. vgl. Teil II.

Die Bedienung des Messers geschieht durch das Elektrizitätswerk bzw. dessen Personal.

Bezüglich der Haftung des Konsumenten für seine Vertreter und Personen, deren er sich zur Erfüllung seiner Verpflichtungen bedient, vgl. § 278 BGB.

Auch der Produzent, mag er nun eine physische oder eine juristische Person sein, haftet für das Verschulden seiner Organe und Angestellten wie für sein eigenes.

Selbstverständlich kann ein Elektrizitätsmesser Beweis (Rechtsvermutung) nur für das erbringen, was er mißt; ein Brennstundenzähler z. B. (auch Zeitzähler genannt, notiert nur die Zeit, während der elektrische Strom durch ihn hindurchgeht) beweist nichts für die Strom s t ä r k e.

Gemessen wird verschiedenes. So z. B. die Energie des gelieferten Stromes (Volt-Amperes): Wattstundenzähler (Energie-Zähler) oder bei konstanter Spannung lediglich die Stromstärke: Amperestundenzähler (Coulombzähler) 2c.

Die „Miete" für den Elektrizitätszähler ist auch dann zu bezahlen, wenn eine Energie nicht bezogen wird.

Bei Vereinbarung eines P a u s c h a l p r e i s e s sind die Zahl der Lampen oder die Brennstunden die Momente, nach denen der Preis berechnet wird. Eine Zuwiderhandlung gegen die getroffenen Abmachungen kann unter Umständen nicht nur einen Vertragsbruch, sondern auch ein Delikt involvieren. Vergl. Teil II.

Zuleitung der Energie.

Voraussetzung der Lieferung elektrischer Energie ist das Bestehen einer Zuleitungsanlage.

Der Energie-Lieferant muß daher da, wo eine solche Zuleitungsanlage noch nicht besteht, dieselbe auf seine Rechnung herstellen, um dem geschlossenen Energie-Vertrage entsprechend liefern zu können. Bezüglich der Kosten enthält der Hauptvertrag meist die nötigen Vereinbarungen, im Zweifelsfalle treffen sie den Unternehmer, der auch für ordentliches Funktionieren und die Sicherheit der Leitung haftet.

Die notwendigen Reparaturen fallen ihm zur Last, soweit sie nicht durch den Energie-Abnehmer verschuldet sind. Schäden, welche an der Zuleitung durch Dritte, für welche der Konsument nicht zu haften hat, verursacht werden, muß der Energie-Lieferant, vorbehaltlich seines Regreßrechtes, beseitigen.

Was unter guter Leitung zu verstehen, ist quaestio facti und eventuell durch Sachverständige festzustellen.

Hausanschlüsse.

Auch die Herstellung der H a u s a n s c h l ü s s e, welche in der eigentlichen Zuleitungsanlage nicht inbegriffen sind, behält sich das Elektrizitätswerk häufig bevor, und der Energie-Konsument hat zu den Kosten ihrer Herstellung und Unterhaltung lediglich einen einmaligen Beitrag zu leisten.

Daß der Hauseigentümer mit dem Anbringen der Leitung und der Ausführung der hierbei erforderlichen Arbeiten einverstanden sein muß, ist selbstverständlich.

Kontrolle des Energie-Lieferanten.

Da der Produzent an der Beschaffenheit der Zuleitung inkl. der Hausanschlüsse, sowie an der Art und Beschaffenheit der vom Konsumenten verwendeten Apparate das größte Interesse hat und seine ganze Produktionstätigkeit davon beeinflußt werden kann, muß ihm auch das Recht der Kontrolle zugestanden werden, die er entweder selbst oder durch seine legitimierten Angestellten auszuüben berechtigt ist. Er hat auch das Recht, Kontrolle darüber zu üben, daß die von dem Konsumenten übernommenen Verpflichtungen eingehalten werden.

Daß dieses Kontrollrecht nur in loyaler Weise ausgeübt werden darf und jede unnötige Belästigung zu unterbleiben hat, bedarf keiner besonderen Erörterung. Vgl. übrigens auch § 226 des BGB., der die Ausübung eines Rechtes für unzulässig erklärt, wenn sie nur den Zweck haben kann, einem andern Schaden zuzufügen.

Zum Zwecke der Kontrolle muß daher auch den legitimierten Angestellten des Energie-Produzenten von Zeit zu Zeit Zutritt zu den Räumlichkeiten des Konsumenten gewährt werden. Im Falle der unberechtigten Weigerung ist der Produzent zur Unterbrechung der Energie-Lieferung befugt.

Auch muß eine Verpflichtung des Energie-Abnehmers, bei Wahrnehmung von Mängeln oder Schäden in seiner Anlage Anzeige an das Elektrizitätswerk zu erstatten, anerkannt werden.

Höhere Gewalt.

Für höhere Gewalt haftet der Unternehmer nicht.

Was unter „höherer Gewalt" zu verstehen ist, läßt sich nicht allgemein feststellen. Regelmäßig wird man Schneefall, Sturm, Steinschläge, Überschwemmungen, Trockenheit, Blitz nicht darunter begreifen können, wohl aber Erdbeben, Orkane und Feuersbrünste.

Daß die nach dem neuesten Stand der Technik gebotenen Schutzvorrichtungen zur Anwendung gekommen sind, ist selbstverständlich Voraussetzung für die Annahme höherer Gewalt.

Höhere Gewalt liegt nach einer Entscheidung des RGZ. 50, 92 nicht vor, wenn der Unfall dadurch herbeigeführt wird, daß (in einer Großstadt) ein Straßenbahnwagen mit einem plötzlich aus einem Hause rückwärts auf die Straße herausgeschobenen Wagen zusammenstößt. Vgl. auch Bd. 44 S. 30.

Die Einrede der „höheren Gewalt" kann gegenüber der Haftung aus § 1 des Haftpfl.G. nicht auf das unvorsichtige Verhalten eines unter 7 Jahren alten Kindes gegründet werden. Entsch. d. RGZ. Bd. 4 n. F. S. 404.

Pflichten des Energie-Konsumenten.

Der Konsument ist verpflichtet, die übernommenen Vertragsbedingungen genau einzuhalten; insbesondere ist er verpflichtet, die bereitgehaltene Energie nur vertragsmäßig zu verwenden, widrigenfalls dem Energie-Produzenten das Kündigungsrecht, bzw. das Rücktrittsrecht vom Vertrage (Unterbrechung der Zuleitung), eventuell auch Schadensersatzanspruch zusteht.

Abgesehen von dolosen Handlungen des Konsumenten hat der Einstellung der Energie-Lieferung entsprechende Vermahnung vorauszugehen.

Die Vereinbarung einer Konventionalstrafe für den Fall der Nichteinhaltung der Vertragsbedingungen ist zulässig.

Die Nichteinhaltung der Zahlungsverbindlichkeiten seitens des Energieabnehmers berechtigt den Produzenten zur Einstellung seiner Leistung; das Entgelt muß aber fällig sein und der Konsument von seiner Verpflichtung durch Stellung ordnungsgemäßer Rechnung Kenntnis erhalten haben.

Die Festsetzung der Vertragsdauer steht vollkommen im Belieben der Parteien. Kündigung.

Ist eine bestimmte Zeitdauer vereinbart und wird nach Ablauf des Vertrags die Leistung fortgesetzt und von der anderen Seite angenommen, so ist auf stillschweigende Erneuerung des Vertrags zu schließen. Meist werden die Energie-Verträge (auch wenn eine Pauschale als Gegenleistung vereinbart ist) aber auf unbestimmte Zeit geschlossen.

Der Tod des Unternehmers (übrigens meist eine Aktiengesellschaft) ist ohne Einfluß, ebenso im allgemeinen ein Wechsel in der Person des Werkeigentümers. (Konkurs 2c.)

Der Tod des Konsumenten wird im allgemeinen ebenfalls belanglos sein, da die Verpflichtung des Werkes, Energie zu liefern, nach den allgemeinen Vertragsbedingungen meist jedermann gegenüber besteht. (Kontrahierungszwang.)

Der Kontrahierungszwang, d. h. die Verpflichtung des Elektrizitätswerks, für jedermanns[1]) Gebrauch Energie zu liefern, ist zwar keine wesentliche Voraussetzung der Energieverträge, wird aber meist bei Anlage der Elektrizitätswerke zur Vorbedingung der zu gewährenden gemeindlichen 2c. Konzession gemacht. Kontrahierungszwang.

Dieser Kontrahierungszwang findet aber seine Grenze in der jeweiligen Ausdehnung des Kabelnetzes und in den Betriebseinrichtungen, worüber in den meisten „Verträgen", „Bedingungen" entsprechende Bestimmungen sich finden.

Die Überlassung der Energie an einen Dritten ist unzulässig, das Elektrizitätswerk hält sich an seinen Vertragskontrahenten. Ueberlassung an Dritte.

Selbstverständlich ist damit nicht ausgeschlossen, daß Familienglieder oder sonstige zum Haushalte des Energiekonsumenten gehörige Personen oder auch Dritte sich vorübergehend der Apparate desselben bedienen und so Energie konsumieren, z. B. kann ein

---

[1]) Vgl. Meili, Telephonrecht S. 151 ff. Iherings Jahrb. N. F. Bd. 20 S. 267 ff.

Aftermieter in seinem Zimmer die dort auf Rechnung seines Vermieters eingerichtete Beleuchtungsanlage ohne weiteres benützen.

Ebenso ist denkbar, daß der Abnehmer die vom Elektrizitätswerk bezogene Energie nicht selbst verbraucht (Gemeinde 2c.), sondern im Einverständnisse mit diesem weiterleitet und unter andere Konsumenten verteilt. Den letzteren gegenüber hat dann der primäre Abnehmer die Stellung des Energie-Lieferanten.

Nach Beendigung des Vertragsverhältnisses ist der frühere Zustand tunlichst wieder herzustellen (soferne nicht besondere Abmachungen bestehen), also Leitungsstangen, Leitungsdrähte, Kabelkästen, Transformatorenhäuschen, Hausanschlußkästen 2c. 2c., überhaupt alles, was der Energie-Produzent in seinem Interesse bzw. zur Erfüllung seiner Vertragspflichten auf fremden Grund und Boden eingerichtet hat, zu beseitigen.

Zuständigkeit der Gerichte.

Zuständig für Streitigkeiten auf Grund des Vertrages sind die Zivilgerichte; daß daneben unter Umständen auch die Verwaltungsbehörden, welche die Konzession gewährt haben, angegangen werden können, hat auf die prinzipielle Zuständigkeit der Gerichte keinen Einfluß. Eine Klage auf Zurückgabe unrechtmäßig bezogener Energie ist der Natur der Sache nach ausgeschlossen; der Energie-Produzent wird sich mit dem Anspruch auf Ersatz des Schadens begnügen müssen. Eine Klage auf Unterlassung etwaiger schädigender Einwirkung auf die Leitung und auf Beseitigung störender Vorrichtungen ist denkbar.

Der Konsument hat eine Klage auf Lieferung von Energie. Eine eigentliche Zwangsvollstreckung gegen den Energie-Produzenten ist allerdings ausgeschlossen.

Ein Pfandrecht an elektrischer Energie gibt es nicht; eine andere Frage ist, ob nicht das Recht auf den Bezug elektrischer Energie gepfändet werden kann, eine Frage, die wohl schwerlich praktisch werden dürfte, da ohnehin meist Kontrahierungszwang für den Lieferanten besteht.

Als selbstverständlich wird bemerkt, daß, abgesehen von den Energieverträgen, mit dem Elektrizitätswerk auch andere Verträge geschlossen werden können, so z. B. über Lieferung des Elektrizitätsmessers Mietverträge, über Lieferung von Lampen, Motoren 2c. Kaufverträge. Schließt eine Gemeinde mit dem Elektrizitätswerk einen Vertrag, wonach das letztere die Beleuchtung (Hervorbringung des Lichteffekts) der Straßen übernimmt, so liegt offenbar ein Arbeitsvertrag, und zwar ein Werkvertrag vor, da hier nicht die Lieferung der Energie selbst Gegenstand des Vertrags ist.

Die elektrische Energie kann aber auch zur Aufrollung anderer Rechtsfragen Anlaß bieten.

Reichshaftpflichtgesetz.

So haftet nach dem Reichshaftpflichtgesetz vom 7. Juni 1871, abgeändert durch Art. 42 des EG. z. BGB. der Betriebsunternehmer, wenn bei dem Betriebe einer Eisenbahn, wozu die elektrischen Bahnen gehören[1]), ein Mensch getötet oder körperlich verletzt wird, für den dadurch entstandenen Schaden, soferne er nicht beweist, daß der Unfall durch höhere Gewalt oder durch eigenes Verschulden des Getöteten oder Verletzten verursacht ist. (Verjährung in 2 Jahren!)

Hinsichtlich der Feststellung des Schadensersatzes wie überhaupt bezüglich der weiteren Bestimmungen des Gesetzes wird auf dieses selbst (abgedruckt Anhang Nr. X) verwiesen. Vgl. insbesondere Laß-Maier Haftpflichtrecht und Reichsversicherungsgesetzgebung 1902. Hervorgehoben sei nur, daß nach § 2 des erwähnten Gesetzes auch derjenige, der eine „Fabrik“ betreibt, der Haftung unterworfen ist.

Durch Automobile hervorgerufene Beschädigungen fallen nicht unter das Reichshaftpflichtgesetz. Es gelten hier lediglich die Bestimmungen des BGB., soferne nicht landesrechtlich weitergehende Haftungsbestimmungen (cf. EG. z. BGB.) bestehen. In absehbarer Zeit wird an diesem Standpunkte der Gesetzgebung wohl nichts geändert werden.

Zu erwähnen ist noch § 823 des BGB., wonach derjenige, welcher vorsätzlich oder fahrlässig das Leben, den Körper, die Gesundheit, die Freiheit, das Eigentum oder ein sonstiges Recht eines andern verletzt, dem andern zum Schadenersatz verpflichtet ist, und im Zusammenhang damit § 831 BGB., der die Haftung für Dritte zu einer Verrichtung bestellte Personen ausspricht.

Die Frage, wie sich das Verhältnis mehrerer für einen Schaden verantwortlicher Personen zueinander regelt, wenn die eine nach § 833 BGB., die andere nach § 1 des Reichshaftpflichtgesetzes zum Schadensersatz verpflichtet ist, ist in Bd. 8 n. F. S. 335 der Entscheidung des RGZ. behandelt. Entscheidungen des Reichsger.

Die Haftpflicht der Straßenbahnunternehmung nach § 1 des HaftpflG. ist nur davon abhängig gemacht, daß der Unfall eine Folge des Eisenbahnbetriebes ist. Ist dies der Fall, so kommt es nicht darauf an, ob eine besondere, dem Eisen-

[1]) Vgl. Entscheidung d. RGZ. Bd. I S. 252: „Eisenbahn“ ist ein Unternehmen, gerichtet auf wiederholte Fortbewegung von Personen oder Sachen über nicht ganz unbedeutende Raumstrecken auf metallner Grundlage, welche durch ihre Konsistenz, Konstruktion und Glätte den Transport großer Gewichtsmassen, bzw. die Erzielung einer verhältnismäßig bedeutenden Schnelligkeit der Transportbewegung zu ermöglichen bestimmt ist, und durch diese Eigenart in Verbindung mit den außerdem zur Erzeugung der Transportbewegung benutzten Naturkräften (Dampf, Elektrizität, tierischer oder menschlicher Muskeltätigkeit, bei geneigter Ebene der Bahn auch schon der eigenen Schwere der Transportgefäße und deren Ladung u. s. w.) bei dem Betriebe des Unternehmens auf derselben eine verhältnismäßig gewaltige (je nach den Umständen und in bezweckter Weise nützliche oder auch Menschenleben vernichtende und die menschliche Gesundheit verletzende) Wirkung zu erzeugen fähig ist.

Wer ein solches Unternehmen in Betrieb setzt, ist Betriebsunternehmer einer Eisenbahn im Sinne von § 1 des Reichshaftpflichtgesetzes.

bahnbetriebe eigentümliche Gefahr den Unfall herbeigeführt hat. RGZ. Bd. 50 S. 92.

Wenn ein auf einem Straßenbahnwagen befindlicher Fahrgast infolge eines Zusammenstoßes verletzt wird, so kann ihm deshalb, weil er in begründeter Voraussicht des drohenden Zusammenstoßes unerlaubterweise vom Wagen abzuspringen versucht hat, ein Verschulden nicht zur Last gelegt werden. RGZ. Bd. 50 S. 92 ff.

Wird jemand im Kindesalter von einer Straßenbahn verletzt, so muß er bei der späteren Berufswahl darauf Rücksicht nehmen, zu welcher Art erwerblicher Tätigkeit er nach den Folgen des Unfalls fähig erscheint. Diese Beschränkung in der freien Berufswahl geht aber nur dahin, daß der Verletzte einen Beruf zu ergreifen hat, bei dem er seine ihm verbliebene Erwerbsfähigkeit angemessen betätigen kann. RGZ. Bd. 3 n. F. S. 48.

Auch dann ist ein Unfall beim Betriebe einer elektrischen Straßenbahn anzunehmen, wenn jemand durch herabhängende oder auf der Erde liegende Drähte einer elektrischen Bahn verletzt wird zu einer Zeit, zu welcher der Betrieb der Eisenbahn ruht und Ausbesserungen an der oberirdischen Leitung stattfinden. RGZ. Bd. 6 n. F. S. 265 ff.

Selbsthilfe.

Unter Umständen können auch die Bestimmungen des BGB. — §§ 227 bis 231 [1]) — über Selbstverteidigung und Selbsthilfe eine Rolle spielen. So ist die Beschädigung oder Zerstörung einer fremden Sache erlaubt, wenn sie geschieht, um eine durch sie drohende Gefahr von sich oder einem andern abzuwenden. Weitere Darlegungen erübrigen hier, da leicht das nähere in jedem Kommentar zum BGB. sich findet.

Nachbarrecht.

Nicht unerwähnt darf bleiben, daß nach § 906 des BGB. der Eigentümer eines Grundstückes die Zuführung von Wärme, Geräusch, Erschütterungen und ähnliche von einem anderen Grundstücke ausgehenden Einwirkungen insoweit nicht verbieten kann, als die Einwirkung die Benutzung seines Grundstücks nicht oder nur unwesentlich beeinträchtigt, oder durch eine Benutzung des anderen Grundstücks herbeigeführt wird, die nach den örtlichen Verhältnissen bei Grundstücken dieser Lage gewöhnlich ist. So hat das Reichsgericht (30. März 1904 V. Ziv.-Sen., Entscheidung RGZ. Bd. 7 n. F. S. 224 ff.) entschieden, daß sich die Hausbesitzer in der Nähe eines einer Trambahngesellschaft gehörigen Depots den Lärm gefallen lassen müssen, der durch das Hinein- und Herausschieben der Motorwagen verursacht wird, da das Publikum die bei den modernen Verkehrsmitteln entstehenden Ruhestörungen in Kauf nehmen und sich auch mit der durch den Verkehr der Trambahnen erhöhten Lebensgefahr abfinden müsse.

---

[1]) Abgedr. Anhang Nr. XI.

Nach § 907 BGB. kann aber der Eigentümer eines Grundstücks verlangen, daß auf den Nachbargrundstücken nicht Anlagen hergestellt oder gehalten werden, von denen mit Sicherheit vorauszusehen ist, daß ihr Bestand oder ihre Benutzung eine unzulässige Einwirkung auf sein Grundstück zur Folge hat.[1])

Aus dem Einführungsgesetz z. BGB. sind hervorzuheben — Einführungsgesetz z. BGB.

Artikel 105.

Unberührt bleiben die landesgesetzlichen Vorschriften, nach welchen der Unternehmer eines Eisenbahnbetriebs oder eines anderen mit gemeiner Gefahr verbundenen Betriebs für den aus dem Betrieb entstehenden Schaden in weiterem Umfang als nach den Vorschriften des Bürgerlichen Gesetzbuchs verantwortlich ist.

Artikel 106.

Unberührt bleiben die landesgesetzlichen Vorschriften, nach welchen, wenn ein dem öffentlichen Gebrauche dienendes Grundstück zu einer Anlage oder zu einem Betriebe benutzt werden darf, der Unternehmer der Anlage oder des Betriebs für den Schaden verantwortlich ist, der bei dem öffentlichen Gebrauche des Grundstücks durch die Anlage oder den Betrieb verursacht wird.

Artikel 109.

Unberührt bleiben die landesgesetzlichen Vorschriften über die im öffentlichen Interesse erfolgende Entziehung, Beschädigung oder Benutzung einer Sache, Beschränkung des Eigentums und Entziehung oder Beschränkung von Rechten. Auf die nach landesgesetzlicher Vorschrift wegen eines solchen Eingriffs zu gewährende Entschädigung finden die Vorschriften der Artikel 52, 53 EG. z. BGB. Anwendung, soweit nicht die Landesgesetze ein anderes bestimmen.

Artikel 112.

Unberührt bleiben die landesgesetzlichen Vorschriften über die Behandlung der einem Eisenbahn- oder Kleinbahnunternehmen gewidmeten Grundstücke und sonstiger Vermögensgegenstände als Einheit (Bahneinheit), über die Veräußerung und Belastung einer solchen Bahneinheit oder ihrer Bestandteile, insbesondere die Belastung im Falle der Ausstellung von Teilschuldverschreibungen auf den Inhaber, und die sich dabei ergebenden Rechtsverhältnisse sowie über die Liquidation zum Zwecke der Befriedigung der Gläubiger, denen ein Recht auf abgesonderte Befriedigung aus den Bestandteilen der Bahneinheit zusteht.

Durch Urteil des Reichsgerichts vom 24. September 1904 wurde ausgesprochen, daß die mit dem Grund und Boden verbundenen Maschinen eines Elektrizitätswerkes als wesentliche Bestandteile des Grundstücks zu gelten haben (§§ 93, 94 BGB.). Damit ist zugleich festgestellt, daß die Maschinen das Schicksal des Grund und Bodens teilen, also nicht Gegenstand besonderer Rechte sein können. Ein Eigentumsvorbehalt bei Lieferung der Maschinen ist demnach gegenstandslos, sobald die Objekte mit dem Grund und Boden in feste Verbindung gebracht sind. — Wesentliche Bestandteile.

In Bd. 8 n. F. S. 338 RGZ. ist die Frage behandelt, ob und inwieweit eine elektrische Beleuchtungsanlage eines Hotelgrundstücks ein wesentlicher Bestandteil desselben im Sinne der §§ 93, 94 des BGB. ist.

---

[1]) Wandrosetten. Vgl. RegEntsch. Ergänz. Bd. 3 S. 488.

II. Teil.

Die Elektrische Energie im Strafrecht.

Auch auf dem Gebiete des Strafrechts steht dem **Reiche** die Gesetzgebung zu (cf. Art. 4 Ziff. 13 der Reichsverf. Liszt § 20), so daß auch hier die Regelung eine einheitliche ist.

Die Frage, ob die widerrechtliche Entziehung elektrischer Energie strafbar sei, war in der Literatur und Rechtsprechung sehr verschieden beurteilt worden.

Die einen sahen in der Entziehung Diebstahl, andere Betrug oder Sachbeschädigung, wieder andere erklärten das bestehende positive Recht für unzureichend.

Vgl. hierüber: Dernburg DJZ. 1 S. 473, 2 S. 76; Ostwald, daselbst 2 S. 115; Weinrich, Goltd. Arch. 45, S. 11 ff.; Guttmann daselbst 45 S. 84 ff.; Ledig, Gerichtssaal 54 S. 144 ff; Freudenthal, ZStW. 17 S. 488, 881; Danz, Grünhuts Z. 17 S. 611; Stenglein, DJZ. 2 S. 102; Baron, daselbst 3 S. 49; Witko, daselbst 3 S. 73; Liszt, Lehrbuch 1897 § 125; Kohler, Kritische Viertelj.-Schr. n. F. 16 S. 516, DJZ. 5 S. 29 ff.; Thomsen, Das Recht 1899 S. 96; Fick, Elektrotechn. Ztschr. 21 S. 228; A. ten Hompel, ZStW. 19 S. 811; E. Kohlrausch, daselbst 20 S. 461.

Entsch. d. OLG. München vom 15. Januar 1895 u. 20. November 1897, Bl f. RA. 63 S. 80, Reg.Entsch. 16 S. 190, DJZ. 1 S. 40 u. 3 S. 23, Entsch. d. RGSt vom 20. Oktober 1896 u. 1. Mai 1899 RGSt. 29 S. 111, Reg.Entsch. 17 S. 68, RGSt 32 S. 165.

Für das Deutsche Reich ist die Frage gegenstandslos geworden
RG. v. 9. IV. 1900. durch das **Reichsgesetz vom 9. April 1900**, betr. die Bestrafung der Entziehung elektrischer Arbeit (abgedr. Anhang Nr. V) — RGBl. 1900 S. 228 — Dr. S. d. Reichstags 1898/1900 Nr. 671, Stenogr. Ber. Bd. V S. 4320, VI S. 4923, 4929.

Das Gesetz selbst ist ein Spezialgesetz, weshalb die auf den Diebstahl bezüglichen erschwerenden Bestimmungen für den Rückfall (§ 244 StGB.) keine Anwendung finden. Vgl. meine Abhandlung Bl. f. RA. 1901 S. 32/33, E. Kohlrausch ZStW. 20 S. 486.

Im übrigen gehört die Entziehung elektrischer Energie (Arbeit) zu den Vermögensverbrechen.

I. Strafbar ist nach § 1 des Gesetzes, wer einer elektrischen

Anlage oder Einrichtung fremde elektrische Arbeit (Energie) entzieht, wenn diese Entziehung mittels eines Leiters geschieht, der zur ordnungsmäßigen Entnahme von Arbeit nicht bestimmt ist, und wenn diese Handlung zugleich in der Absicht rechtswidriger Zueignung begangen wird.

Eine Definition von „Anlage" und „Einrichtung" gibt das Gesetz nicht; es sind deshalb die allgemein bekannten gewerblichen Begriffe maßgebend, wie sie auch in der Reichsgewerbeordnung Verwendung finden.

„Anlage" ist im allgemeinen eine zur Erzeugung und Fortleitung von elektrischer Energie dienende, — „Einrichtung" eine zur Ansammlung und Aufbewahrung von elektrischer Energie dienende technische Vorrichtung.

Die elektrische Zentrale, sowie die zur Weiterleitung, Fortleitung und Verteilung von Energie bestimmten Vorrichtungen, wie Leitungsdrähte, Kabel, Speiseleitungen usw. fallen regelmäßig unter den Begriff „Anlage", während die Akkumulatoren, die der sog. Aufspeicherung von elektrischer Energie dienen, ferner die bei Wechselströmen vorkommenden Transformatoren unter die „Einrichtungen" zu subsumieren sind. Das Gesetz stellt die Begriffe „Anlage" und „Einrichtungen" einander vollkommen gleich.

„Fremde elektrische Arbeit" muß entzogen werden: das Gesetz spricht nicht von „Elektrizität" oder „Elektrischem Strom" oder „Elektrischer Kraft", Objekt des sog. Elektrizitätsdiebstahls ist somit einzig und allein die elektrische Energie oder Arbeit, was keineswegs gleichbedeutend ist mit einem der drei andern genannten Begriffe.

Das, was entzogen wird, ist elektrische Arbeit oder elektrische Energie. ZStW. 20 S. 465, Bl. f. RA. 1902 S. 12, Pfleghart Bd. 1 S. 35.

Die beiden letzterwähnten Begriffe sind gleichwertig, wenigstens will der im Gesetze zur Verwendung gekommene Ausdruck „elektrische Arbeit" nichts anderes besagen, als was die Physik unter „elektrischer Energie" versteht.

Bl. f. RA. 1901 S. 11, 1902 S. 12; Reuling insbes. S. 16, 17; ZStW. 20 S. 486, 487; Friedr. Kohlrausch „Die Energie oder Arbeit und die Verwendung des elektrischen Stromes"; §§ 5, 6 des Ges. v. 1. Juni 1898; Bl. f. admin. Pr. 1902 S. 144, 145.

Die „elektrische A r b e i t" in dem hier gebrauchten Sinne umfaßt also nicht nur die t a t s ä c h l i c h e A r b e i t s l e i s t u n g des elektrischen Stromes, sondern auch die bei und während der Zuleitung 2c. verlorengehende Energie, auch den sog. S p a n n u n g s v e r l u s t. Reuling S. 21.

F r e m d ist die elektrische Arbeit, wenn ein Rechtstitel, sie zu benützen, ihren wirtschaftlichen Wert auszunützen und über sie zu verfügen, nicht gegeben ist.

E. Kohlrausch nimmt mit Unrecht an, die elektrische Energie

sei eine Sache im Sinne des § 90 des BGB. (cf. oben Teil I) und meint, der Begriff „fremde“ decke sich genau mit dem in § 242 des StGB. gebrauchten, bedeute also soviel als in dem Eigentume eines andern stehend: ZStW. 20 S. 488 ff. cf. dagegen Bl. f. RA. 1902 S. 9, Endemann Bd. 1 S. 226, Reuling S. 10, 11, 12, 16, 17.

Für die Berechnung und Bestimmung der Menge der entzogenen Energie kommt in erster Linie das RG. v. 1. Juni 1898, betr. die elektrischen Maßeinheiten, in Betracht, welches das Ampere, Volt und Ohm als gesetzliche Einheiten normiert, obwohl dadurch natürlich nicht ausgeschlossen ist, daß im Strafprozesse bei Feststellung der Quantität andere Maße z. B. Watt (Produkt aus Volt und Ampere) 2c. Verwendung finden.

Der Ausdruck des Gesetzes „wer . . . entzieht“ ist etwas schief; denn von einem eigentlichen „Entziehen“ kann keine Rede sein, da die Elektrizität (Energie) unzerstörbar ist und durch die Leitungsdrähte, Einrichtungen und Apparate nur hindurchgeleitet wird. Der Stromempfänger, mag er nun befugt oder unbefugt den Strom beziehen, kann den Strom nicht für sich behalten, sondern kann ihn nur durch seine Apparate 2c. hindurchleiten, und dabei leistet die Energie ihm die Arbeit: es setzt sich die elektrische Energie in eine andere Energieform um; der Strom geht aber seinen Weg weiter, zurück zu seinem Ausgangspunkt, entkleidet nun allerdings eines Teiles seiner „Energie“, welche beim Stromempfänger in dessen Apparaten die „Arbeit“ geleistet, dessen Maschinen getrieben, Licht erzeugt hat u. dgl.

„Entziehen“ hat also etwa den Sinn von „ableiten“. Reuling S. 6 ff. Bl. f. RA. 1901 S. 12, 1902 S. 13, Pfleghart 1 S. 34. E. Kohlrausch bringt das „Entziehen“ in Parallele mit dem „Wegnehmen“ des § 242 d. StGB., was sich eben aus seiner Auffassung der elektrischen Energie als Sache erklärt. — ZStW. 20 S. 496. —

Während § 242 StGB. verlangt, daß die Sache „einem andern“ weggenommen werde, ist hier nur verlangt, daß die Energie „einer elektrischen Anlage oder Einrichtung“ entzogen werde; „fremd“ muß sie aber immerhin sein. Hat also jemand die elektrische Energie in Verwahrung bekommen, hat er z. B. einen geladenen Akkumulator in Verwahr, und entzieht er diesem Energie, so ist er, die übrigen Merkmale des Gesetzes vorausgesetzt, strafbar. Cf. auch ZStW. 20 S. 497. („Das neue Gesetz ergreift deshalb nicht nur Fälle des Elektrizitäts-Diebstahls, sondern auch der Elektrizitäts-Unterschlagung“, diesem Satze liegt aber wieder der Gedanke der Sachnatur der elektrischen Energie zugrunde.)

Bei den sog. Akkumulatoren wird die Elektrizität nicht „aufgespeichert“, sondern durch sie nur hindurchgeleitet, wodurch ein chemischer Prozeß im Akkumulator hervorgerufen wird, der diesen geeignet macht, durch Schließung des Stromkreises seinerseits selbständig Elektrizität zu erzeugen. Der Akkumulator selbst bildet eine sog. elektrolytische Zelle. Schließt man bei einem geladenen Akkumulator den Stromkreis, so erhält man elektrische Energie, die aber keineswegs identisch ist mit der in denselben hinein-, bzw. durch denselben hindurchgeleiteten Energie. Der Akkumulator ist somit eine ganz neue Energiequelle, so daß, wenn ihm wieder elektrische Energie „entzogen" wird, der Besitzer des Akkumulators geschädigt wird und nicht derjenige, mit dessen Elektrizität der Akkumulator geladen worden war. Natürlich kann der Besitzer des Akkumulators zugleich Besitzer der elektrischen Anlage sein, in welcher der Akkumulator geladen wurde, so insbesondere bei den in der Zentrale selbst aufgestellten Akkumulatoren; in diesen Fällen ist derjenige der Geschädigte, welcher über die im Akkumulator bereitgestellte, bzw. über die mit demselben erst zu erzeugende Energie zu verfügen berechtigt wäre, also gewöhnlich der Akkumulatorenbesitzer; aber weil dieser zufällig auch Besitzer der Anlage ist, tritt der Unterschied in der Person nicht hervor.

Voraussetzung für die Strafbarkeit der Entziehung fremder elektrischer Energie aus einer Anlage 2c. ist ferner, daß die Entziehung „mittelst eines Leiters" stattfindet, „der zur ordnungsmäßigen Entnahme von Arbeit aus der Anlage oder Einrichtung nicht bestimmt ist."

„Leiter" im Sinne des Gesetzes ist jede stromleitende Vorrichtung, insbesondere also Metalle, Wasser, Kohle, Säuren, Salzlösungen 2c.

Wird ein Leiter nicht verwendet, so ist die Handlung straflos.

Daß der Leiter mit der Anlage oder Einrichtung in unmittelbare Verbindung gebracht werde, ist nicht notwendig, es genügt auch eine nur mittelbare Entziehung, z. B. durch Induktion.

Notwendig ist nur, daß die Entziehung veranlaßt ist durch den Vorgang der Stromleitung, der durch den fraglichen Leiter herbeigeführt wird, so daß die Energie in diesen Leiter durch Induktion ohne unmittelbar leitende Verbindung übergeht.

Nicht strafbar ist demnach z. B. das unbefugte Mitfahren auf einem Wagen, das Anhängen eines Wagens an einen elektrischen Wagen, obwohl auch dadurch elektrische Energie entzogen wird, indem eben mehr geleistet werden muß und mehr Energie verbraucht wird: allein in diesem Falle erfolgt die Entziehung nicht „mittelst eines Leiters 2c.", nicht durch den Vorgang der Stromleitung selbst, sondern durch das Anhängen. Ebenso liegt die Sache, wenn jemand seine Maschine durch eine Transmission oder dergleichen mit einer elektrischen Arbeitsmaschine verbindet und auf diese Weise seine Maschine in

Bewegung setzt, oder allgemeiner gesprochen: nicht strafbar ist, wenn unbefugterweise durch Anschluß an eine elektrische Betriebsvorrichtung eine andere Vorrichtung (ohne Leiter) in Betrieb gesetzt wird.

Der unbefugte Gebrauch einer Sache (furtum usus) ist nach dem deutschen Strafrechte, abgesehen von § 290 StGB. (unbefugtes Ingebrauchnehmen durch einen öffentlichen Pfandleiher) überhaupt nicht strafbar.

Ob der Anhängewagen, die Transmission aus leitendem- oder nichtleitendem Stoffe besteht, also ob aus Eisen oder Holz, Draht oder Feder, ist natürlich gleichgültig. — Daß die elektrische Energie in eine „ordnungswidrige Vorrichtung übergeleitet“ werde, ist nicht erforderlich; es fällt z. B. auch unter das Gesetz, wenn jemand durch Anlegen eines kurzen Drahtes von großem Durchmesser Kurzschluß herstellt und die so entstehende Wärme verwertet. ZStW. 20 S. 499, 500. Liegt nur Schädigungsabsicht vor: cf. die Bemerkungen zu § 2 des Ges. vom 9. April 1900.

Es muß sich aber in allen Fällen, in denen die Entziehung von elektrischer Energie unter das Strafgesetz fallen soll, um einen Leiter handeln, der zur ordnungsmäßigen Entnahme der Energie aus dem betreffenden Stromkreise nicht bestimmt ist. Maßgebend für die Entscheidung der Frage, ob dies der Fall oder nicht, ist der Wille desjenigen, der über die in der Anlage oder Einrichtung erzeugte, bzw. vorhandene elektrische Energie zu verfügen, zu disponieren berechtigt ist. Hat dieser ihn bestimmt, den Zwecken der Anlage zu dienen, so ist eine Entnahme nicht mehr strafbar.

Die Bestimmung kann eine ausdrückliche oder stillschweigende sein und kann auch durch konkludente Handlungen erfolgen.

Maßgebend ist immer der Wille des Unternehmers, und es ist gleichgültig, ob bei andern gleichartigen Anlagen oder Einrichtungen eine solche besondere Art oder überhaupt diese Art der Entnahme vorkommt.

Ebenso ist gleichgültig, ob gleiche Leiter in der betreffenden Anlage 2c. verwendet werden (bestimmungsgemäß), wenn nur dem in Frage stehenden und in Gebrauch genommenen Leiter die betreffende Bestimmung zur ordnungsmäßigen Entnahme elektrischer Energie gerade aus derjenigen Anlage, welcher die Arbeit entzogen wurde, mangelte.

Demnach ist straflos, wenn jemand eine ordnungsmäßig angeschlossene Beleuchtungsvorrichtung oder Arbeitsmaschine unbefugt benützt, z. B. eine Glühlampe aufdreht, sich an einer Elektrisiermaschine elektrisieren läßt, eine stillstehende Maschine laufen läßt 2c., selbst dann, wenn die Handlung in der Absicht begangen wird, einem andern rechtswidrig Schaden zuzufügen, weil die Entziehung der Energie nicht mittels eines

Leiters stattfindet, der zur ordnungsmäßigen Entnahme von Arbeit nicht bestimmt ist, was auch Tatbestandsmerkmal des § 2 des Gesetzes vom 9. April 1900 bildet. Entfernt aber jemand die Glasbirne und schraubt vor der Benützung der Anlage oder Einrichtung eine andere, etwa mitgebrachte Glühlampe an, so geht die Entziehung der elektrischen Energie mittels eines Leiters vor sich, der zur ordnungsmäßigen Entnahme aus dieser Einrichtung nicht bestimmt ist, und der Täter ist deshalb strafbar.

Ist ein Pauschalpreis zwischen den Energie-Konsumenten und dem Produzenten vereinbart, und verheimlicht der Energieabnehmer bei Abschluß des Vertrags das Vorhandensein von Lampen 2c., oder gibt er deren Kerzenstärke nicht richtig an, so macht er sich bei deren Benutzung einer strafbaren Entziehung elektrischer Energie mittels eines Leiters, der zur ordnungsmäßigen Entnahme nicht bestimmt ist, schuldig. Wird der Preis für die verbrauchte Energie nach dem Stande des Zählers bemessen, und werden die verheimlichten Lampen nach Austritt des Stromes aus dem Zähler erst in den Stromkreis eingeschaltet, so wird meist das Merkmal der Rechtswidrigkeit fehlen, so daß die Handlung straflos bleibt.

Wird die Entnahme elektrischer Arbeit gegen eine Pauschalsumme gestattet, und ist dabei, was die Regel bildet, Zahl und Kerzenstärke der zu verwendenden Lampen bestimmt, so ist die nachträgliche — ohne Vorwissen des Elektrizitätswerkes — Ingebrauchnahme einer größeren Anzahl von Lampen oder von Lampen mit größerer Normalkerzenstärke strafbar.

So verurteilte das Landgericht München II (16. Februar 1901) eine Hotelbesitzerin, welche laut Vertrags mit dem Elektrizitätswerk (Pauschalpreis!) Glühkörper mit nur fünf Normalkerzenstärke verwenden durfte, trotzdem aber zuließ, daß von ihrem Personal Glühkörper von höherer Kerzenstärke verwendet wurden.

Strafbar ist, wenn jemand elektrische Energie zu Motorenbetrieb vertragsmäßig bezieht und, statt den Motor laufen zu lassen, seine Lampen brennen läßt, weil in diesem Falle die eingeschalteten Lampen einen Leiter darstellen, der zur ordnungsmäßigen Entnahme der zur Verfügung gestellten Energie in diesem Falle nicht bestimmt ist.

Findet ein Überschreiten der vertragsmäßigen Zeit statt, hat z. B. ein Konsument das Recht, gegen ein Pauschale eine Lampe täglich 12 Stunden brennen zu lassen, und brennt er sie statt dessen 24 Stunden, so geht die Entziehung nicht mittels eines ordnungswidrigen Leiters vor sich, und die Handlung ist straflos. ZStW. 20 S. 504.

Die zivilrechtlichen Bestimmungen über Vertragsauflösung und Entschädigung bleiben natürlich unberührt.

Wird eine Veränderung am Elektrizitätszähler vorgenommen in der Absicht, den Stromproduzenten über die wahre Menge der verbrauchten Energie zu täuschen und sich dadurch einen rechtswidrigen Vermögensvorteil zu verschaffen, so treten die Bestimmungen des § 263 StGB. über den Betrug ein. Vgl. hier auch Entsch. d. RGSt. 35 S. 311.

Ein Betrugsfall ist auch dann gegeben, wenn ein Energie-Abnehmer merkt, daß der Zähler — wenn auch ohne Verschulden des Energie-Abnehmers — aus irgend einem Grunde nicht oder nicht richtig funktioniert und zum Nachteil des Energie-Lieferanten falsche Angaben macht, trotzdem aber keine Anzeige an das Werk erstattet.

Stellt das Werk Zähler auf, von denen es weiß, daß sie einen größeren Verbrauch registrieren als in Wirklichkeit der Fall ist, und schädigt es so das Vermögen des Abnehmers, so trifft ebenfalls § 263 StGB. (Betrug) zu. Daneben ist das RG. vom 1. Juni 1898 §§ 6 und 12 zu beachten, welch letztere Bestimmungen nur verkehrspolizeilicher Natur sind.

Ob der Täter den ordnungswidrigen Leiter selbst erst herstellt, oder ob er denselben schon vorfindet und ihn nur in Kenntnis von dessen Ordnungswidrigkeit benützt, ist gleichbedeutend.

Ist einem Leiter, welcher früher zur ordnungsmäßigen Entnahme bestimmt war, später diese Bestimmung entzogen worden und hat hiervon der Benützende Kenntnis (fehlt diese, so mangelt es an dem erforderlichen Vorsatze, bei Begehung der Handlung — cf. Liszt S. 152, und außerdem würde § 59 StGB. in Frage kommen) so liegt gleichfalls eine strafbare Handlung vor. ZStW. S. 504.

Obwohl der Gesetzgeber die Entziehung elektrischer Energie nicht als Diebstahlsverbrechen auffaßt, so dienten doch die Bestimmungen über den Diebstahl mehr oder minder zum Vorbild, und kann insbesondere der Begriff „des zur ordnungsmäßigen Eröffnung nicht bestimmten Werkzeugs" (§ 243 Ziff. 3 des StGB.), wie er durch die Rechtsprechung feststeht, verwendet werden bei der Interpretation des „Leiters, der zur ordnungsmäßigen Entnahme von Arbeit" nicht bestimmt ist.

Wird bei der Entziehung fremder elektrischer Energie die Leitung, Anlage oder Einrichtung beschädigt oder zerstört, so kommen die Vorschriften des § 303 d. StGB. über die Sachbeschädigung zur Anwendung. Idealkonkurrenz zwischen § 1 des RG. vom 9. April 1900 und § 303, oder auch § 263 StGB. ist denkbar.

Der Vollständigkeit halber mögen hier §§ 263 und 303 StGB. im Wortlaut wiedergegeben werden:

§. 263.

Wer in der Absicht, sich oder einem Dritten einen rechtswidrigen Vermögensvortheil zu verschaffen, das Vermögen eines Anderen dadurch beschädigt, daß er durch Vorspiegelung falscher oder durch Entstellung oder Unterdrückung wahrer Thatsachen einen Irrtum erregt oder unterhält, wird wegen Betruges mit Gefängniß bestraft, neben welchem auf Geldstrafe bis zu dreitausend Mark, sowie auf Verlust der bürgerlichen Ehrenrechte erkannt werden kann.

Sind mildernde Umstände vorhanden, so kann ausschließlich auf die Geldstrafe erkannt werden.

Der Versuch ist strafbar.

Wer einen Betrug gegen Angehörige, Vormünder oder Erzieher begeht, ist nur auf Antrag zu verfolgen. Die Zurücknahme des Antrages ist zulässig.

§. 303.

Wer vorsätzlich und rechtswidrig eine fremde Sache beschädigt oder zerstört, wird mit Geldstrafe bis zu eintausend Mark oder mit Gefängniß bis zu zwei Jahren bestraft.

Der Versuch ist strafbar.

Die Verfolgung tritt nur auf Antrag ein.

Ist das Vergehen gegen einen Angehörigen verübt, so ist die Zurücknahme des Antrags zulässig.

Wann und wo die Entziehung vor sich geht, ist Tatfrage, bemerkt sei nur, daß sie überall im ganzen Stromkreise stattfinden kann, sowohl vor Durchgang des Stromes durch die Meßapparate (Zähler) als auch nachher.

Für den Gerichtsstand gelten die allgemeinen Normen der Reichsstrafprozeßordnung.

In subjektiver Beziehung ist zu beachten, daß der Täter bei Begehung der Handlung die Absicht haben muß, die elektrische Arbeit (Energie) sich rechtswidrig zuzueignen. Es genügt demnach nicht die Voraussicht des Erfolges, der Vorsatz; die rechtswidrige Zueignung muß auch Zweck der Handlung, das Verlangen nach dem Eintritt des Erfolges Beweggrund zum Handeln sein. Die Feststellung dieses subjektiven Momentes ist in jedem einzelnen Falle notwendig.

cf. auch Liszt § 39 I. 1 S. 150 und § 242 StGB.: „Wer ... in der Absicht wegnimmt."

Gewinnsüchtige Absicht ist nicht erforderlich.

Der Ausdruck „zueignen" ist selbstverständlich nur in bildlichem Sinne aufzufassen, nachdem die Elektrizität der Körperlichkeit vollkommen entbehrt, etwa so viel wie „für sich in eine andere Energieform umwandeln".

Besondere Bestimmungen für den Fall zu treffen, daß jemand im Interesse eines Dritten handelt, bestand keine Veranlassung. Es finden eben auf ihn die allgemeinen Bestimmungen des StGB. über die Teilnahme in ihren verschiedenen Formen Anwendung. So ist z. B. ein Elektrotechniker, der ohne Wissen des Hauseigentümers mittelst eines Leiters 2c. fremde elektrische Energie entzieht und hiermit vielleicht eine Wohnung beleuchtet, Täter nach § 1, bzw. 2 des RG. vom 9. April 1900. Handelt er im Auftrage des Eigentümers oder Wohnungsinhabers, so ist er in der Regel Gehilfe.

Vergl. nachstehend §§ 47, 48, 49 StGB.

§ 47.

Wenn Mehrere eine strafbare Handlung gemeinschaftlich ausführen, so wird Jeder als Thäter bestraft.

§. 48.

Als Anstifter wird bestraft, wer einen anderen zu der von demselben begangenen strafbaren Handlung durch Geschenke oder Versprechen, durch Drohung, durch Mißbrauch des Ansehens oder der Gewalt, durch absichtliche Herbeiführung oder Beförderung eines Irrthums oder durch andere Mittel vorsätzlich bestimmt hat.

Die Strafe des Anstifters ist nach demjenigen Gesetze festzusetzen, welches auf die Handlung Anwendung findet, zu welcher er wissentlich angestiftet hat.

§. 49.

Als Gehülfe wird bestraft, wer dem Thäter zur Begehung des Verbrechens oder Vergehens durch Rath oder That wissentlich Hülfe geleistet hat.

Die Strafe des Gehülfen ist nach demjenigen Gesetze festzusetzen, welches auf die Handlung Anwendung findet, zu welcher er wissentlich Hülfe geleistet hat, jedoch nach den über die Bestrafung des Versuches aufgestellten Grundsätzen zu ermäßigen.

Die Zueignung muß eine „rechtswidrige" sein, und ist das Vorhandensein der Rechtswidrigkeit immer eigens zu prüfen.

Die Rechtswidrigkeit wird wohl dann zu verneinen sein, wenn jemand ohne Vorwissen des Stromlieferanten zwar fremde elektrische Energie mittelst eines Leiters 2c. entzieht, aber für die entzogene Energie von vorneherein Entschädigung, etwa den üblichen Preis zu leisten beabsichtigt, wenn er z. B. den Strom mittels eines Leiters, der zur ordnungsmäßigen Entnahme von Arbeit nicht bestimmt ist, einer Anlage oder Einrichtung erst entzieht, nachdem — ihm bewußt — der Strom aus dem Elektrizitätszähler ausgetreten ist, so daß sich das Mehr im Zähler aufzeichnet und so sich die Absicht, auch das Mehr zu bezahlen, dokumentiert. Obschon die Entziehung eine rechtswidrige sein kann, so ist dies doch gleichgültig, wenn nur anzunehmen ist, daß der Stromlieferant mit der Zueignung einverstanden ist, dieser also die Rechtswidrigkeit fehlt.

Der Versuch ist strafbar. Vergl. § 43 StGB. Liszt § 46 S. 181 ff. Auch hier ist Entziehung elektrischer Energie durch Induktion denkbar.

Vom Versuche zu unterscheiden sind die (straflosen) Vorbereitungshandlungen.

Vollendet ist die Handlung mit der Entziehung, also wenn der Strom den ordnungswidrigen Leiter passiert und der Stromkreis vom Unberechtigten geschlossen wird, und zwar an dem

Punkte, wo der Strom den ordnungsmäßigen Leiter verläßt und auf den ordnungswidrigen übertritt.

Die Handlung ist ein Offizialdelikt.

II. Nach § 2 des RG. vom 9. April 1900 ist strafbar, wer die in § 1 bezeichnete Handlung in der Absicht begeht, einem andern rechtswidrig Schaden zuzufügen: objektiv also ist der Tatbestand in § 1 und § 2 vollkommen gleich, und liegt der Unterschied nur darin, daß nach § 1 die Entziehung elektrischer Arbeit strafbar ist, wenn sie in der Absicht geschieht, die elektrische Energie sich rechtswidrig zuzueignen, während § 2 Anwendung findet, wenn die Entziehung in der Absicht geschieht, einem andern rechtswidrig Schaden zuzufügen.

Entscheidend ist demnach die „Absicht“ des Täters.

Hat der Täter nicht nur die Absicht, „einem anderen rechtswidrig Schaden zuzufügen“, sondern beabsichtigt er auch „die elektrische Arbeit sich rechtswidrig zuzueignen“, so tritt Konkurrenz zwischen § 1 und § 2 ein.

Daß § 303 des StGB. auch mit § 2 des gegenwärtigen Gesetzes eventuell konkurrieren kann, sei nebenbei bemerkt. Es ist auch möglich, daß neben der Absicht „einem anderen rechtswidrig Schaden zuzufügen“ (§ 2) auch die Absicht auf Erlangung von Vorteilen vorhanden sein kann, ohne daß gerade eine rechtswidrige Zueignung (§ 1) gegeben sein muß, so z. B. wenn der Täter aus Geschäftsinteressen, Konkurrenzneid handelt. Eine rechtliche Bedeutung kommt einer solchen Nebenabsicht aber nicht zu.

Eine aus bloßem Mutwillen ohne Schädigungsabsicht begangene Entziehung von Energie bleibt nach gegenwärtigem Gesetz straflos.

Vor allem kommen bei § 2 die Fälle des Kurzschlusses und des Erdschlusses in Frage. Das Einschalten von Regulier-Widerständen in der Zentrale ist nicht strafbar, da sie an und für sich hierzu bestimmt sind.

Es handelt sich bei § 2 insbesondere um eine Entwertung von elektrischer Arbeit, d. h. um ihre Umsetzung in eine wirtschaftlich überhaupt nicht oder doch schlechter verwertbare Form. ZStW. 20 S. 506.

Soferne durch die rechtswidrige Handlung weitere Folgen, wie Feuersbrünste, Körperverletzung, Tötung, Sachbeschädigung, eintreten, greifen die allgemeinen Bestimmungen des StGB. Platz. Hier kann auch der Dolus eventualis (cf. Liszt S. 151) von Bedeutung werden.

Im allgemeinen gilt für § 2 das nämliche, was bei § 1 bereits ausgeführt wurde, insbesondere ist auch hier die Absicht der rechtswidrigen Schadenszufügung erforderlich.

Notwendig ist auch, daß die elektrische Arbeit der Anlage 2c. entzogen wird; also nicht strafbar eine bloße Betriebsstörung, wie z. B. durch die Verbindung verschiedener Telegraphenleitungen,

Zuführen von fremden Strömen. (Bei öffentlichen Telegraphen kommt aber die Strafbestimmung des § 317 StGB. in Betracht.) ZStW. 20 S. 507.

Voraussetzung für § 2 ist aber auch wie bei § 1, daß die Entziehung mittels eines Leiters ꝛc. erfolgt. Würde z. B. Kurzschluß durch Zusammenbiegen der Leitungsdrähte herbeigeführt, also ohne jedwede stromleitende Vorrichtung, und würde dabei auch die Substanz der Anlage, Leitung nicht beschädigt, so daß auch § 303 StGB. nicht Platz greifen kann, so bliebe die Handlung straflos.

In den Fällen, wo die Schädigung durch Erdschluß herbeigeführt wird, ist zu unterscheiden, ob die Leitung isoliert ist, d. h. ob die Zu- und Rückleitung des Stromes durch besondere Leiter erfolgt, die Erde also zur Leitung nicht bestimmt ist: oder ob die Erde als Leiter bestimmt ist; im ersten Falle ist die Herstellung eines Erdschlusses und die Benützung der Erde als Leiter auch dann strafbar, wenn diese Verbindung ohne Zuhilfenahme eines Metalleiters, etwa durch bloßes Herunterbiegen des Drahtes bis zur Erde erfolgt, im letzteren Falle ist die Handlung straflos, vorausgesetzt, daß der Erdschluß ohne Benützung eines besonderen Verbindungsstückes hergestellt wird, da die Erde ja in diesem Falle ein ordnungsmäßiger Leiter ist. ZStW. 20 S. 509.

Das Strafmaß ist bei § 2 niederer gegriffen als bei § 1. Die Handlung des § 1 ist in erster Linie mit Gefängnis (1 Tag bis 5 Jahre) und mit Geldstrafe (3 Mk. bis 1500 Mk.) bedroht, und erst in zweiter Linie ist die Möglichkeit gegeben, gesondert auf eine der beiden Strafarten zu erkennen, also nur dann, wenn besondere dem Ermessen des Gerichts überlassene Gründe dafür sprechen, während § 2 an erster Stelle Geldstrafe (3 Mk. bis 1000 Mk.) androht und nur wahlweise Gefängnis (1 Tag bis 2 Jahre) in beschränkter Höhe.

Zu beachten ist auch § 28 Abs. II des StGB., wonach eine nicht beizutreibende Geldstrafe bei Vergehen, bei denen „Geldstrafe allein oder an erster Stelle . . .“ angedroht ist, ausnahmsweise in Haft umgewandelt werden kann, wenn die erkannte Strafe nicht den Betrag von 600 Mk. und die an ihre Stelle tretende Freiheitsstrafe nicht die Dauer von sechs Wochen übersteigt.

Ein weiteres erschwerendes Moment ist, daß neben der Gefängnisstrafe bei § 1 auch auf Verlust der bürgerlichen Ehrenrechte erkannt werden kann, was bei § 2 nicht der Fall ist. Natürlich ist § 32 des StGB. zu beachten, wonach neben der Gefängnisstrafe auf den Verlust der bürgerlichen Ehrenrechte nur erkannt werden darf, wenn die Dauer der erkannten Strafe drei Monate erreicht.

Der Versuch ist bei § 2 nicht strafbar.

Vollendet ist auch bei § 2 die Handlung mit der Entziehung.

Das Delikt ist Antragsdelikt, die Zurücknahme des Antrags aber auch dann ausgeschlossen, wenn das Vergehen gegen Angehörige sich richtet. Bezüglich der Berechtigung zur Antragstellung cf. v. Liszt S. 176 ff.; ebenso bezüglich der übrigen Erfordernisse des Antrags.

Abgesehen von der bisher behandelten Frage der Entziehung elektrischer Energie sind in strafrechtlicher Beziehung noch zu erwähnen § 315 und § 316 des StGB., die von der Gefährdung der Transportunternehmungen (Eisenbahntransporten) handeln. (§§ 317, 318 StGB. bleiben außer Betracht, da das Telegraphen- und Telephonrecht hier eine Berücksichtigung nicht findet.)

Reichsstrafgesetzbuch §§ 315, 316 u. 366 Ziff. 10.

§ 315.

Wer vorsätzlich Eisenbahnanlagen, Beförderungsmittel oder sonstiges Zubehör derselben dergestalt beschädigt, oder auf der Fahrbahn durch falsche Zeichen oder auf andere Weise solche Hindernisse bereitet, daß dadurch der Transport in Gefahr gesetzt wird, wird mit Zuchthaus bis zu zehn Jahren bestraft.

Ist durch die Handlung eine schwere Körperverletzung verursacht worden, so tritt Zuchthausstrafe nicht unter fünf Jahren und, wenn der Tod eines Menschen verursacht worden ist, Zuchthausstrafe nicht unter zehn Jahren oder lebenslängliche Zuchthausstrafe ein.

§. 316.

Wer fahrlässigerweise durch eine der vorbezeichneten Handlungen den Transport auf einer Eisenbahn in Gefahr setzt, wird mit Gefängniß bis zu Einem Jahre oder mit Geldstrafe bis zu 900 Mark und, wenn durch die Handlung der Tod eines Menschen verursacht worden ist, mit Gefängniß von Einem Monat bis zu drei Jahren bestraft.

Gleiche Strafe trifft die zur Leitung der Eisenbahnfahrten und zur Aufsicht über die Bahn und den Beförderungsbetrieb angestellten Personen, wenn sie durch Vernachlässigung der ihnen obliegenden Pflichten einen Transport in Gefahr setzen.

Die elektrischen Straßenbahnen sind Eisenbahnen im Sinne der genannten Bestimmungen und genießen daher den Schutz dieser Paragraphen. Cf. Urteil des Reichsgerichts vom 17. September 1885, Entsch. Bd. 17 S. 371.

Aus den Gründen dieses Urteils sei nachstehendes hervorgehoben:

„Die elektrische Eisenbahn fällt unter die §§ 315, 316 StGB.; dieselbe ist eine Eisenbahn, sie hat mit den Dampfbetrieben nicht allein die Geleise gemeinsam, sondern auch die Anwendung einer elementaren, der menschlichen Führung nicht unbedingt unterworfenen Naturkraft, welche entfesselt gefährlich werden kann; die Wirkung des elektrischen Stroms für die Schnelligkeit der Fortbewegung und die bei Störungen daraus entstehenden Folgen für den Transport von Menschen und Sachen sind annähernd die gleichen; der Grund der strengen Strafbestimmungen in den §§ 315,

316 StGB. trifft also auch bei den elektrischen Bahnen zu; der Wortlaut ist nicht entgegen; das Strafgesetz enthält nirgends eine Andeutung, daß man nur die eine Naturkraft, den Dampfbetrieb sichern wollte; daraus, daß man bei Abfassung des Gesetzes zunächst an diese Art der bewegenden Kraft dachte, folgt nicht, daß man den gleich nötigen Schutz einer etwa künftig anzuwendenden elementaren Kraft versagen wollte; wie schon in dem Urteile vom 1. Dezember 1884 ausgesprochen, ist die Unterstellung nicht berechtigt, daß der Gesetzgeber seine Anordnungen lediglich für die zurzeit der Entstehung des Gesetzes übliche Konstruktion der Eisenbahn erlassen wollte; deshalb kann auch der Entstehungsgeschichte des Paragraphen keine Bedeutung für vorliegende Frage eingeräumt werden."

§ 316 StGB. kannte ursprünglich bei fahrlässigen Vergehen nur Gefängnisstrafe, was sich in zahlreichen Fällen aber als besondere Härte erwies. Wiederholt wandte sich der Verband deutscher Lohnfuhrunternehmer, bzw. die Fuhrwerksberufsgenossenschaft mit Petitionen und Vorschlägen an den Reichstag, bis endlich durch RG. vom 27. Dezember 1899 — RGBl. S. 729 — die Möglichkeit geschaffen wurde, fahrlässige Delikte lediglich mit Geldstrafe zu ahnden.

Bezüglich der Interpretation der erwähnten Bestimmungen verweise ich der Kürze halber auf die Kommentare zum Reichsstrafgesetzbuch.

§ 366 Ziff. 10 des Reichsstrafgesetzbuches gibt der landesrechtlich zuständigen Polizeibehörde die Befugnis, zur Erhaltung der Sicherheit, Bequemlichkeit, Reinlichkeit und Ruhe auf den öffentlichen Wegen, Straßen und Plätzen Polizei-Verordnungen zu erlassen. Diese Bestimmung ist rein polizeilicher Natur.

Auf Grund dieser Bestimmungen ist eine Regelung des Automobilverkehrs wohl möglich. (So Bayern oberpolizeil. Vorschr. vom 7. Mai 1902.) Demnächst wird übrigens eine für das ganze Deutsche Reich geltende Verordnung über den Automobilverkehr erlassen werden, was dem Verkehrsbedürfnisse am ehesten entspricht. Frankreich, Spanien, England, Österreich haben bereits derartige Bestimmungen.

RG. v. 1. VI. 1898 (§§ 6 u. 12) Ein weiteres Gesetz, das bei Betrachtung der strafrechtlichen Seite der Elektrizität in Frage kommt, ist das Reichsgesetz vom 1. Juni 1898 (RGBl. S. 905), betr. die elektrischen Maßeinheiten, welches (§§ 6 und 12) bestimmt, daß bei der gewerbsmäßigen Abgabe elektrischer Arbeit nur solche Meßwerkzeuge Verwendung finden dürfen, deren Maßangaben auf den gesetzlich normierten Einheiten beruhen, vorausgesetzt, daß die fraglichen Meßinstrumente nach den Lieferungsbedingungen zur Bestimmung der Vergütung dienen sollen. Der Gebrauch unrichtiger Meßgeräte ist verboten und jede Zuwiderhandlung mit Strafe bedroht.

Hier interessiert nur die strafrechtliche Seite des Gesetzes, und muß bezüglich der weiteren Bestimmungen auf Teil III verwiesen werden.

Es muß sich vor allem immer um eine gewerbsmäßige Abgabe elektrischer Arbeit handeln, also um eine auf Erwerb gerichtete, sich wiederholende Tätigkeit. Cf. v. Landmann, Reichsgewerbeordnung 1903 Bd. 1 zu § 1; Seydel, Bayer. Staatsrecht 1896 § 360 Anm. 1; Reger-Stößel, Reichsgewerbeordnung 1901 S. 1, 2.

Das Gesetz bezweckt vor allem den Schutz der Energie-Konsumenten, die meist nicht in der Lage sind, ihrerseits die Menge der verbrauchten Energie mit Sicherheit nachzuprüfen und sich lediglich auf die Angaben des Unternehmers, bzw. des von diesem gestellten Zählers verlassen müssen.

Erfolgt die Abgabe nicht gewerbsmäßig, überläßt z. B. jemand aus seiner elektrischen Privatanlage einem andern aus Gefälligkeit 2c. elektrischen Strom, so finden die Beschränkungen des Gesetzes bezüglich der Meßapparate keine Anwendung, wie auch in wissenschaftlichen Versuchsstationen, Laboratorien, überhaupt in Anlagen, bei denen elektrische Energie nicht an Dritte, wenigstens nicht gewerbsmäßig abgegeben wird, insbesondere auch im inneren Fabrikbetriebe Meßinstrumente jeder Art Verwendung finden können.

„Arbeit" hat hier den gleichen Sinn wie in dem Gesetze vom 9. April 1900 und ist gleichwertig mit „Energie" (Produkt aus der Benutzungszeit, der Stromstärke und der elektrischen Spannung), also mit „Fähigkeit, eine Arbeit zu leisten", eine Wirkung hervorzubringen, gebraucht. So leistet der elektrische Strom „Arbeit", wenn er durch die Kohlenfäden der Glühlampe hindurchgeht, eine Maschine treibt, durch den Akkumulator hindurchgeleitet wird usw.

Was unter „Meßwerkzeugen" zu verstehen sei, sagt das Gesetz nicht; der Begriff ist möglichst weit zu fassen, und fallen darunter alle Instrumente, die zu Messungen elektrischer Größen dienen. Die Zahl derselben ist ziemlich groß und deren Konstruktion eine sehr verschiedene; die gebräuchlichsten sind die Volta-Meter, Ampere-Meter, Wattstundenzähler, Amperestundenzähler, Spannungsmesser (Voltmeter), Zeitzähler.

Eine weitere Voraussetzung des Gesetzes ist, daß die Meßwerkzeuge nach den Lieferungsbedingungen maßgebend sein sollen für die Berechnung der Vergütung. Ob dies in den Lieferungsbedingungen ausdrücklich oder stillschweigend, generell oder speziell, zum Ausdruck kommt, und ob die Bedingungen schriftlich oder mündlich vereinbart sind, ist gleichgültig. Das Entgelt braucht nicht notwendig in Geld zu bestehen.

Es scheiden demnach aus solche Fälle, in denen für die Energielieferung nur eine Pauschalsumme entrichtet werden soll oder in denen die Vergütung nach der Zahl der Lampen 2c. sich richtet, und wo die eventuell vorhandenen Apparate etwa dem persönlichen Interesse des Unternehmers dienen, um seinerseits die Rentabilität des Werkes, des Betriebes bestimmen oder die Bücher führen zu können.

Die Angaben der Meßgeräte müssen auf den gesetzlichen Einheiten (§ 1 des Ges. v. 1. Juni 1898, cf. Teil III) beruhen; daß sie in den gesetzlichen Einheiten erfolgen, ist nicht verlangt, es entsprechen daher auch Instrumente den gesetzlichen Bestimmungen, welche die Stromleistung (Watt, Wattstunden) angeben, bzw. bei denen durch Multiplikation mit einer auf dem Apparate angegebenen Zahl (Konstante) die Angaben auf die gesetzlichen Einheiten zurückgeführt werden können. (Cf. auch § 11 der Prüfordnung für elektrische Meßgeräte vom 28. Dezember 1901.)

Auch werden nicht absolut richtige Angaben der Meßgeräte vom Gesetze verlangt, es ist vielmehr ein gewisser Spielraum gelassen und eine Fehlergrenze bestimmt, innerhalb der die Angaben der Apparate differieren können. Halten sich die Abweichungen der Apparate innerhalb der Fehlergrenzen, so kann von „unrichtigen" Meßgeräten im Sinne des Gesetzes nicht gesprochen werden.

In Betracht kommt hiefür die Bekanntmachung des Bundesrats vom 6. Mai 1901 (RGBl. S. 127)[1]) betr. die Ausführung des Gesetzes über die elektrischen Maßeinheiten, erlassen auf Grund der §§ 5 und 6 Abs. I Satz 3 des RG. v. 1. Juni 1898 und die Prüfordnung für elektrische Meßgeräte vom 28. Dezember 1901 (Zentralblatt für das Deutsche Reich 1902 S. 46 ff.)[2]) § 13, erlassen auf Grund des § 10 des mehrerwähnten Gesetzes.

Hiernach sind Fehlergrenzen nur für Elektrizitätszähler, nicht aber auch für die übrigen Meßgeräte, also nicht für Stromspannungs-Leistungsmesser normiert.

Die Verordnung bestimmt:

I. Für die Gleichstromzähler.

a) Die Abweichung der Verbrauchsanzeige nach oben oder nach unten von dem wirklichen Verbrauche darf bei einer Belastung zwischen dem Höchstverbrauche, für welchen der Zähler bestimmt ist, bis zu dem zehnten Teile desselben nirgends mehr betragen als $^6/_{1000}$ dieses Höchstverbrauchs, vermehrt um $^6/_{100}$ des jeweiligen Verbrauchs, und ferner bei einer Belastung von $^1/_{25}$ des obigen Höchstverbrauchs nicht mehr als $^2/_{100}$ des letzteren.

Auf Zähler, die in Lichtanlagen verwendet werden, finden diese Bestimmungen nur insoweit Anwendung, als die anzuzeigende Leistung nicht unter 30 Watt sinkt.

b) Während einer Zeit, in welcher kein Verbrauch stattfindet, darf der Vorlauf oder der Rücklauf des Zählers nicht mehr be-

[1]) Abgedruckt im Anhang sub II.
[2]) Abgedruckt im Anhang sub. III.

tragen, als einem halben Hundertel seines oben bezeichneten Höchstverbrauchs entspricht.

II. Für die Wechselstrom= nnd Mehrphasenzähler.

Für diese gelten dieselben Bestimmungen wie unter I, jedoch mit der Maßgabe, daß, wenn in der Verbrauchsleitung zwischen Spannung und Stromstärke eine Verschiebung besteht, der nach I a ermittelte Fehler in Hundertel des jeweiligen Verbrauchs umgerechnet und der entstehenden Zahl der Hundertel die doppelte trigonometrische Tangente des Verschiebungswinkels hinzugefügt wird. Dabei bedeutet der Verschiebungswinkel den Winkel, dessen Cosinus gleich dem Leistungsfaktor ist. Alle zur Berechnung der Fehler dienenden Größen sind mit dem gleichen Vorzeichen zu nehmen.

§ 14 der Prüfordnung vom 28. Dezember 1901 kommt für das Strafrecht nicht in Frage, derselbe setzt nur die Bedingungen fest, unter denen eine Beglaubigung von Meßgeräten (Zählern) stattfindet.

Die Strafe trifft denjenigen, der die elektrische Arbeit gewerbsmäßig abgibt; es ist also ganz gleichgültig, ob der Produzent oder Konsument Eigentümer oder Besitzer der Meßgeräte ist und auch gleichgültig, ob der Stromabgeber die Meßapparate an den Stromabnehmer vermietet oder ohne Entgelt überlassen hat.

Das Gesetz kann auch dadurch nicht umgangen werden, daß in die Lieferungsbedingungen entgegenstehende oder das Gesetz illusorisch machende Bestimmungen bezüglich der Kontrolle der Messer, ihrer Prüfung ꝛc. aufgenommen werden.

Nachdem es sich um eine verkehrspolizeiliche Vorschrift handelt, ist Vorsatz nicht erforderlich, einfache Fahrlässigkeit genügt. Freilich ist das Moment der Verschuldung hier ebenso wesentlich wie bei den Übertretungen des Reichsstrafgesetzbuches.

Die Strafe ist Geldstrafe in erster Linie, Haftstrafe (bis 4 Wochen) wird wohl in Anlehnung an die Praxis, die bei § 369 Ziff. 2 des StGB. (Maß= und Gewichtspolizei) sich herausgebildet hat, selten vorkommen, und auch die Geldstrafe wird im allgemeinen in niedrigen Beträgen sich bewegen. (Liegt Betrugsabsicht vor, so konkurriert ja ohnehin § 263 des StGB. Cf. oben.)

Neben der Strafe kann auch auf Einziehung der vorschriftswidrigen Instrumente erkannt werden, und darin liegt bei dem oft ganz respektablen Werte der Meßwerkzeuge eine empfindliche Erhöhung. Aber auch hiervon wird aus den eben erwähnten Erwägungen wohl nur ausnahmsweise Gebrauch gemacht werden. Für sich allein darf eine Einziehung nicht ausgesprochen werden, sie ist nur möglich neben einer Strafe.

Die strafrechtlichen Bestimmungen in §§ 6 und 12 des Gesetzes vom 1. Juni 1898, betreffend die elektrischen Maßeinheiten, sind am 1. Januar 1902 in Kraft getreten. (§ 13 des Ges.)

III. Teil.

Die elektrische Energie im Verwaltungsrecht.

Die Gesetzgebung auf dem Gebiete des Verwaltungsrechts steht prinzipiell nicht dem Reiche, sondern den Einzelstaaten zu. Das Reich hat regelmäßig nur ein Aufsichtsrecht über die Verwaltungstätigkeit der Einzelstaaten.

Allerdings gehen die Reichsgesetze den Landesgesetzen vor. (Art. 2 der ReichsVerf.) Soweit aber solche nicht im Wege stehen, haben die Landesgesetze freie Bewegung. Die Bundesstaaten können auch Verwaltungsvorschriften zum Vollzuge von Reichsgesetzen erlassen; denn das Recht des Reiches, Verwaltungsverordnungen zu erlassen (Art. 7 Ziff. 2 der ReichsVerf.) ist kein ausschließliches.

Die RGO. (§ 1) gestattet *jedermann* den Betrieb eines Gewerbes, soweit nicht durch die RGO. selbst Ausnahmen oder Beschränkungen vorgeschrieben oder zugelassen sind.

Was die Eisenbahnunternehmungen betrifft, so bestimmt § 6 der RGO., daß sie auf diese keine Anwendung finde: unter den Begriff der Eisenbahnen im Sinne der *Reichs-Gewerbe-Ordnung* fallen aber auch die elektrischen Bahnen, seien sie nun Straßenbahnen oder sog. Vollbahnen. Hier haben also die jeweiligen landesrechtlichen Vorschriften Platz zu greifen. Cf. unten.

Gewerberechtliche Bestimmungen.

Reichsgew.O. a) Die Errichtung von *Anlagen zur Herstellung von elektrischen Zündern*[1]) ist von der Genehmigung der nach den Landesgesetzen zuständigen Behörde abhängig. RGO. § 16 Abs. 1 und 3, Bek. vom 31. Oktober 1899, — RGBl. S. 664 — genehmigt 5. Dezember 1899 — RGBl. S. 727. —

Elektrische Beleuchtungsanlagen gehören *nicht* zu den nach § 16 RGO. zu genehmigenden Anstalten. Urteil d. RG. vom 4. Dezember 1894 RegEntsch. Bd. 15 S. 369.

---

[1]) Die Herstellung bezw. Fabrikation von Glühfäden ist nach § 16 RGO. — chemische Fabriken aller Art — konzessionspflichtig. Vergl. meine Mitteilung in Elektrotechn. Ztschr. 1902 S. 320.

b) In § 24 d. RGO. ist ganz allgemein bestimmt, daß zur Anlegung [1]) von Dampfkesseln, dieselben mögen zum Maschinenbetrieb bestimmt sein oder nicht, die Genehmigung der nach den Landesgesetzen zuständigen Behörde erforderlich ist. Da in den meisten Elektrizitätswerken die Verwendung von Dampfkesseln in Frage kommt, ist bei ihrer Errichtung die Einhaltung dieser Vorschrift zu beachten. Dem Gesuche um Genehmigung sind die zur Erläuterung erforderlichen Zeichnungen und Beschreibungen beizufügen. Die Zulässigkeit der Anlage (von Dampfkesseln) wird von der Behörde nach den bau-, feuer- und gesundheitspolizeilichen Vorschriften und nach denjenigen allgemeinen polizeilichen Bestimmungen geprüft, welche von dem Bundesrat über die Anlegung von Dampfkesseln erlassen sind. (Vgl. BundesratsVO. vom 5. August 1890 RGBl. S. 163.)

Auf die Anlage, welcher der Dampfkessel dient, bezieht sich die Genehmigungspflicht des § 24 nicht. Die Genehmigung wird entweder versagt oder unbedingt erteilt, oder es werden bei Erteilung derselben die etwa noch erforderlichen Vorkehrungen und Einrichtungen vorgeschrieben. Vor der Inbetriebnahme des Kessels ist zu untersuchen, ob die Ausführung den Bestimmungen der erteilten Genehmigung entspricht. Vor dem Empfang der hierüber auszufertigenden Bescheinigung darf der Betrieb nicht begonnen werden bei Vermeidung einer Geldstrafe bis zu 300 Mark (im Unvermögensfalle Haft) und eventueller Beseitigung der Anlage, § 147 RGO. —

Die Genehmigung zu einer in §§ 16 und 24 RGO. bezeichneten Anlage bleibt solange in Kraft, als keine Änderung in der Lage oder Beschaffenheit der Betriebsstätte vorgenommen wird, und bedarf unter dieser Voraussetzung auch dann, wenn die Anlage an einen neuen Erwerber übergeht, einer Erneuerung nicht. Sobald aber eine Veränderung der Betriebsstätte vorgenommen wird, ist dazu die Genehmigung der zuständigen Behörde wieder notwendig. Vgl. § 25 RGO. Desgleichen bei wesentlichen Veränderungen in dem Betriebe einer der in § 16 RGO. genannten Anlagen. (Herstellung elektr. Zünder.) Die zuständige Behörde kann jedoch auf Antrag des Unternehmers von der Bekanntmachung nach § 17 der RGO. Abstand nehmen, wenn sie die Überzeugung gewinnt, daß die beabsichtigte Veränderung für die Besitzer oder Bewohner benachbarter Grundstücke oder das Publikum überhaupt neue oder größere Nachteile, Gefahren oder Belästigungen, als mit der vorhandenen Anlage verbunden sind, nicht herbeiführen werde.

§ 26 der RGO. bestimmt, daß, soweit die bestehenden Rechte zur Abwehr nachteiliger Einwirkungen auf ein Grundstück,

---

[1]) § 24 RGO. bezieht sich nur auf die Anlegung, nicht auch auf den Betrieb und Gebrauch.

dem Eigentümer oder Besitzer desselben eine Klage gewähren (in Betracht kommen §§ 903 BGB. ff., insbesondere §§ 906, 907 und 1004 a. a. O.), diese Klage einer gemäß §§ 16 und 24 (für uns kommen Anlagen für elektr. Zünder und Dampfkesselanlagen hauptsächlich in Frage) genehmigten Anlage gegenüber (und zwar nur dieser gegenüber, nicht auch bezüglich der übrigen damit etwa verbundenen Anlage, z. B. nicht bezüglich einer mit einer Dampfkesselanlage verbundenen elektrischen Anlage) niemals auf Einstellung des Gewerbebetriebs, sondern nur auf Herstellung von Einrichtungen gerichtet werden kann, welche die benachteiligende Einwirkung ausschließen oder, soweit solche Einrichtungen untunlich oder mit dem Gewerbebetrieb unvereinbar sind, auf Schadloshaltung.

§ 906 d. BGB. bestimmt, daß der Eigentümer eines Grundstücks die Zuführung von Gasen, Dämpfen, Gerüchen, Rauch, Ruß, Wärme, Geräusch, Erschütterungen und ähnliche von einem andern Grundstück ausgehende Einwirkungen insoweit nicht verbieten kann, als die Einwirkung die Benutzung seines Grundstücks nicht oder nur unwesentlich beeinträchtigt oder durch eine Benutzung des andern Grundstücks herbeigeführt wird, die nach den örtlichen Verhältnissen bei Grundstücken dieser Lage gewöhnlich ist. Die Zuführung durch eine besondere Leitung ist unzulässig.

Nach § 907 BGB. kann der Eigentümer eines Grundstücks verlangen, daß auf den Nachbargrundstücken nicht Anlagen hergestellt oder gehalten werden, von denen mit Sicherheit vorauszusehen ist, daß ihr Bestand oder ihre Benutzung eine unzulässige Einwirkung auf sein Grundstück zur Folge hat. Genügt eine Anlage den landesgesetzlichen Vorschriften, die einen bestimmten Abstand von der Grenze oder sonstige Schutzmaßregeln vorschreiben, so kann die Beseitigung der Anlage erst verlangt werden, wenn die unzulässige Einwirkung tatsächlich hervortritt.

Wird das Eigentum in anderer Weise als durch Entziehung oder Vorenthaltung des Besitzes b e e i n t r ä c h t i g t, so kann der Eigentümer von dem Störer die Beseitigung der Beeinträchtigung verlangen. Sind weitere Beeinträchtigungen zu besorgen, so kann der Eigentümer auf Unterlassung klagen. Der Anspruch ist ausgeschlossen, wenn der Eigentümer zur Duldung verpflichtet ist. (§ 1004 BGB.)

Einschlägig sind hier noch Art. 124 des EG. z. BGB, wonach die landesgesetzlichen Bestimmungen, welche das Eigentum an Grundstücken zugunsten der N a c h b a r n noch andern als den im BGB. bestimmten Beschränkungen unterwerfen, in Geltung bleiben und Art. 125 a a. O., welcher landesgesetzliche Vorschriften zuläßt, die die Vorschrift des § 26 der RGO. auf Eisenbahn-, Dampfschiffahrts- und ähnliche Verkehrsunternehmungen erstrecken (so Bayern Art. 80 bay. AusfG. z. BGB.).

Vgl. hierher auch Entsch. d. RGZ. Bd. 2 neue Folge S. 63 ff.

c) Die Unterhaltung des öffentlichen Verkehrs innerhalb der Orte durch Wagen aller Art und andere Transportmittel untersteht gemäß § 37 der RGO. der Regelung durch die Ortspolizeibehörde. Die elektrischen Bahnen (cf. § 6 RGO.) fallen nicht hierunter, wohl aber Automobile mit elektrischer Triebkraft.

d) § 51 der RGO. bestimmt, daß wegen überwiegender Nachteile und Gefahren für das Gemeinwohl die fernere Benutzung einer jeden gewerblichen Anlage durch die höhere Verwaltungsbehörde zu jeder Zeit untersagt werden kann, gleichviel, ob es sich um eine Anlage im Sinne der §§ 16 und 24 der RGO.

handelt oder nicht. Vgl. Reg.-Entsch. Bd. 9 S. 6, Bd. 17 S. 383. Allerdings muß in diesem Falle dem Besitzer für den erweislichen Schaden Ersatz geleistet werden.

Gegen die Untersagung ist Rekurs zulässig; wegen der Höhe der Entschädigung steht der Zivilrechtsweg offen.

Elektrische Bahnen werden hiervon nicht getroffen. (§ 6 RGO.)[1]

e) Nach § 76 der RGO. ist die Ortspolizeibehörde in Übereinstimmung mit der Gemeindebehörde befugt, für die Benutzung von Wagen und anderen Transportmitteln (z. B. elektrischen Automobilen), welche öffentlich zum Gebrauche aufgestellt sind, Taxen festzusetzen. Auf elektrische Bahnen findet die Bestimmung keine Anwendung. (§ 6 RGO.)

f) § 105 d der RGO. gestattet dem Bundesrate, Ausnahmen von dem Gebote der Sonntagsruhe (§ 105 b a. a. O.) zugunsten kontinuierlicher Gewerbe zu machen. Vgl. hierher Bek. d. Reichskanzlers vom 5. Februar 1895 — RGBl. S. 12 —, (Herstellung elektrischer Maschinen und Apparate) Zugelassene Arbeiten: die Prüfung von Dynamomaschinen und Apparaten am Herstellungs- und am Aufstellungsorte. Diese Ausnahme findet auf das Weihnachts-, Neujahrs-, Oster-, Christi-Himmelfahrts- und Pfingstfest keine Anwendung.

g) § 105 e der RGO. ermächtigt die höhere Verwaltungsbehörde, Ausnahmen von dem Gebote der Sonntagsruhe für sogenannte Bedürfnisgewerbe zu statuieren, also für Gewerbe, deren vollständige oder teilweise Ausübung an Sonn- und Festtagen zur Befriedigung täglicher oder an diesen Tagen besonders hervortretender Bedürfnisse der Bevölkerung erforderlich ist. Der Bundesrat trifft über die Voraussetzungen und Bedingungen der Zulassung von Ausnahmen nähere Bestimmungen.

Hierunter fallen die Elektrizitätswerke.

h) § 154 Abs. 3 der RGO. erstreckt die Bestimmungen in §§ 135 bis 139 b der RGO. (Beschäftigung jugendlicher Arbeiter beiderlei Geschlechts und von erwachsenen Arbeiterinnen) — abgedr. Anhang unter Nr. XII — auf Arbeitgeber und Arbeiter in Werkstätten, in welchen durch elementare Kraft (. . . Elektrizität) bewegte Triebwerke nicht bloß vorübergehend zur Verwendung kommen, mit der Maßgabe, daß der Bundesrat für gewisse Arten von Betrieben Ausnahmen von den im § 135 Abs. 2, 3 §§ 136, 137 Abs. 1 bis 3 und § 138 RGO. vorgesehenen Bestimmungen nachlassen kann. Vgl. auch Kais. VO. v. 9. Juli 1900 — RGBl. S. 565 — wonach § 154 Abs. 3 RGO. am 1. Jan. 1901 in Kraft trat, mit der Maßgabe, daß §§ 138 a und 139 RGO. nur auf Werkstätten mit Motorbetrieb Anwendung finden, in welchen

[1] Vgl. auch § 12 des TelG. v. 1892.

in der Regel 10 oder mehr Arbeiter beschäftigt werden, und daß § 154 Abs. 3 auf Werkstätten mit Motorbetrieb, in denen der Arbeitgeber ausschließlich zu seiner Familie gehörige Personen beschäftigt, überhaupt keine Anwendung findet.

§ 154 Abs. 3 findet Anwendung auf elektrische Anlagen, nicht aber auf elektr. Eisenbahnunternehmungen.

i) Reichsgesetzlich geregelt ist auch das Verfahren bei Herstellung von Akkumulatoren. Vgl. die Bek. v. 11. Mai 1898 (RGBl. S. 176 ff.), die Einrichtung und den Betrieb von Anlagen zur Herstellung elektrischer Akkumulatoren aus Blei oder Bleiverbindungen betr. — abgedr. im Anhang Nr. VI. — Die Vorschriften erstrecken sich auf die Beschaffenheit der Arbeitsräume, der Arbeitsvorrichtungen, die Erstellung von Wasch-, Ankleide- und Speiseräumen, Verwendung von Arbeiterinnen und jugendlichen Arbeitern, Arbeitszeit, Einrichtung einer ärztlichen Kontrolle 2c.

k) Das RG. vom 30. März 1903 betr. Kinderarbeit in gewerblichen Betrieben — RGBl. S. 113 — findet auf Beschäftigung von Kindern in Betrieben, welche als gewerbliche im Sinne der RGO. anzusehen sind, Anwendung, also nicht auf Beschäftigungen bei Eisenbahnunternehmungen (elektrischen Bahnen).

Messungen der elektrischen Energie.

Messung der Energie: RG. v. 1. VI. 1898.

Durch das RG. v. 1. Juni 1898 — RGBl. S. 905 — (abgedr. Anhang Nr. I) wurden als gesetzliche Einheiten für elektrische Messungen aufgestellt: das Ohm, das Ampere und das Volt (§§ 1 bis 4 des Gesetzes).

a) Das Ohm gilt als die Einheit des elektrischen Widerstandes,

b) das Ampere gilt als die Einheit der elektrischen Stromstärke,

c) das Volt gilt als die Einheit der elektromotorischen Kraft (der Spannung des elektrischen Stromes).

Das Produkt aus elektromotorischer Kraft (Volt) und Stärke des Stromes (Ampere) ergibt den Effekt (Watt) des Stromes.

Das Ohm wird dargestellt durch den Widerstand einer Quecksilbersäule von der Temperatur des schmelzenden Eises, deren Länge bei durchweg gleichem, einem Quadratmillimeter gleich zu achtendem Querschnitte 106,3 cm und deren Masse 14,4521 g beträgt; das Ampere wird dargestellt durch den unveränderlichen Strom, welcher bei dem Durchgange durch eine wässerige Lösung von Silbernitrat in einer Sekunde 0,001118 g Silber niederschlägt; das Volt endlich durch die elektromotorische Kraft, welche in einem Leiter, dessen Widerstand ein Ohm beträgt, einen elektrischen Strom von einem

Ampere erzeugt. Vergleiche hierher auch Bundesratsbekanntmachung vom 6. Mai 1901 — RGBl. S. 127 —, betr. die Ausführung des Gesetzes über die elektrischen Maßeinheiten (abgedr. Anhang Nr. II), wodurch festgelegt wurden

a) die Bedingungen, unter denen bei der Darstellung des Ampere die Abscheidung des Silbers stattzufinden hat,

b) die Bezeichnungen elektrischer Einheiten (Amperestunde, Watt, Wattstunde, Farad, Henry,)

c) die Bezeichnungen für die Vielfachen und Teile der elektrischen Einheiten (Kilowatt, Megawatt ꝛc.)

d) die Berechnung der Stärke, der elektromotorischen Kraft (Spannung) und der Leistung von Strömen wechselnder Stärke oder Richtung,

e) die äußersten Grenzen der bei gewerbsmäßiger Abgabe elektrischer Arbeit zu duldenden Abweichungen der Elektrizitätszähler. (Vgl. Teil II oben.)

Die Physikalisch-Technische Reichsanstalt in Charlottenburg stellt Quecksilbernormale des Ohm her und sorgt für deren Kontrolle und sichere Aufbewahrung an verschiedenen Orten. Der Widerstandswert von Normalen aus festen Metallen, welche zu den Beglaubigungsarbeiten dienen, ist durch alljährlich zu wiederholende Vergleichungen mit den Quecksilbernormalen sicherzustellen (§ 7 des Ges.). Die Physikalisch-Technische Reichsanstalt sorgt auch für die Ausgabe amtlich beglaubigter Widerstände und galvanischer Normalelemente zur Ermittlung von Stromstärke und Spannung. (§ 8 des Ges.)

Die amtliche Prüfung und Beglaubigung elektrischer Meßgeräte — Verwendung elektrischer Meßgeräte bei gewerbsmäßiger Abgabe elektrischer Arbeit: vgl. §§ 6 und 12 des alleg. Ges. (abgedr. unten Anhang) und Teil II S. 30 ff. — ist der Physikalisch-Technischen Reichsanstalt übertragen.

Durch Bekanntmachung des Reichskanzlers vom 3. März 1902, bzw. vom 16. Mai 1902 ist diese Befugnis zur amtlichen Prüfung und Beglaubigung auch den Elektrischen Prüfämtern zu Ilmenau, Hamburg und München übertragen. Ilmenau führt die Nummer 1, Hamburg 2, München 3. Es bestehen überdies noch Prüfämter in Chemnitz, Nürnberg und Frankfurt a. M. (Siehe Anhang Nr. IV.)

Alle zur Ausführung der amtlichen Prüfung benutzten Normale und Normalgeräte müssen durch die Physikalisch-Technische Reichsanstalt beglaubigt sein, welche auch darüber zu wachen hat, daß bei der amtlichen Prüfung und Beglaubigung elektrischer Meßgeräte im ganzen Reichsgebiete nach übereinstimmenden Grundsätzen verfahren wird. Ihr steht die technische Aufsicht über das Prüfungswesen zu, und sie hat auch alle darauf bezüglichen technischen Vorschriften zu erlassen. Insbesondere hat sie zu bestimmen, welche Arten von Meßgeräten zur amtlichen Beglaubigung zugelassen werden sollen, ebenso Material und sonstige Beschaffenheit und Bezeichnung der Meßgeräte, endlich regelt sie das bei der Prüfung und Beglaubigung zu beobachtende Verfahren, sowie die Gebühren und das bei der Beglaubigung anzuwendende Stempelzeichen. (§ 10 des Ges.)

Auf Grund dieser gesetzlichen Bestimmungen hat denn auch die Physikalisch-Technische Reichsanstalt unterm 28. Dezember 1901 (Zentralbl. f. d. Deutsche Reich 1902 S. 46 ff.) eine „Prüfordnung für elektrische Meßgeräte" erlassen, welche im Anhang Nr. III abgedruckt ist.

Deren wesentlicher Inhalt ist folgender: Prüfung und Beglaubigung (§ 1), der Reichsanstalt vorbehaltene Arbeiten (§ 2), Beantragung von Systemprüfungen (§ 3), Ausführung der Systemprüfungen (§ 4), Zulassung von Systemen zur Beglaubigung (§ 5), Änderungen der zur Beglaubigung zugelassenen Systeme (§ 6), Zurücknahme der Zulassung eines Systems (§ 7), Befugnisse der Prüfämter (§ 8), Meßbereiche der Prüfämter (§ 9), Ort der Prüfung (§ 10), Beschaffenheit der zur Prüfung oder Beglaubigung kommenden Meßgeräte (§ 11), Ausnahme-Bestimmungen (§ 12), Verkehrsfehlergrenzen für Zähler (§ 13), Beglaubigungsfehlergrenzen für Zähler (§ 14), Beglaubigungsfehlergrenzen für Strom-, Spannungs- und Leistungsmesser § 15), Verfahren bei der Prüfung (Vor- und Hauptprüfung) (§ 16), Berichtigung und Reinigung der zu prüfenden Meßgeräte (§ 17), Stempel- und Verschlußzeichen (§ 18), Gebühren (§ 19), Verfahren bei Beschädigung geprüfter Apparate (§ 20).

Die nach Maßgabe des Gesetzes vom 1. Juni 1898 beglaubigten Meßgeräte können im ganzen Umfange des Reiches im Verkehr angewendet werden.

Zur Beglaubigung zugelassene elektrische Meßgeräte.

Auf Grund des § 10 des Gesetzes, betreffend die elektrischen Maßeinheiten, vom 1. Juni 1898 (RGBl. S. 905) sind nachstehende Systeme elektrischer Meßgeräte zur Beglaubigung durch die elektrischen Prüfämter im Deutschen Reiche (Physikalische-Technische Reichsanstalt in Charlottenburg, Prüfamt zu Ilmenau, Hamburg, München, Nürnberg, Chemnitz, Frankfurt a. M.) zugelassen:

1. Umschaltzähler für Gleichstrom, Form K und L, der Elektrizitätszählerfabrik H. Aron in Charlottenburg, — Nr. 1 —

2. Umschaltzähler für ein- und mehrphasigen Wechselstrom, Form P und N der Elektrizitätszählerfabrik H. Aron in Charlottenburg, — Nr. 2 —

3. Motorzähler für Gleichstrom, Form GW, GWU, GB und GK der Elektrizitäts-Aktiengesellschaft vormals Schuckert & Co. in Nürnberg, — Nr. 3 —

4. Flügelzähler für Gleichstrom der Aktiengesellschaft Sie-

mens & Halske in Berlin und der Siemens-Schuckert Werke in Nürnberg — Zeichen „⊆ 4“, welches auf den Meßgeräten anzubringen ist,

5. a) Motorzähler für Gleichstrom, Form S, KF, P u. P_1,

b) Induktionszähler für einphasigen Wechselstrom, Form T,

c) Induktionszähler für Drehstrom, Form VD,

der Union-Elektrizitätsgesellschaft in Berlin, — Zeichen für das erste System „⊆ 5“, für das zweite „⊆ 6“, und für das dritte „⊆ 7“. —

Die Herstellung dieser 3 Systeme ist nunmehr auf die Allgemeine Elektrizitätsgesellschaft in Berlin übergegangen. Diese versieht die Motorzähler (sub lit. a) für Gleichstrom der Form S jetzt mit springenden Ziffern an Stelle der früher angewandten Zählwerke mit schleichenden Zeigern und bezeichnet sie dann mit den Buchstaben SA. Diese Ausführungsform ist als zu dem System ⊆ 5 gehörig zu erachten.

Ferner stellt die Allgemeine Elektrizitätsgesellschaft an Stelle der früheren Ausführungsform KF neuerdings eine abgeänderte, mit LR bezeichnete Form her. Diese Form LR ist zur Beglaubigung durch die elektrischen Prüfämter im Deutschen Reiche zugelassen und dem System ⊆ 5 eingereiht worden.

6. Gleichstromzähler O'Keenanscher Bauart, Form Z, der Aktiengesellschaft Danubia für Gaswerks-, Beleuchtungs- und Meßapparate in Wien und Straßburg i. E. — Zeichen ⊆ 8, —

7. a) Oszilierende Motorzähler für Gleichstrom, Form KG, G und GG, — Zeichen ⊆ 9 —

b) Rotierende Motorzähler für Gleichstrom, Form R, — Zeichen ⊆ 10 —

c) Magnetmotorzähler für Gleichstrom, Form RA, RAR und RAM, — Zeichen ⊆ 11 —

der Allgemeinen Elektrizitätsgesellschaft in Berlin.

8. a) Isariazähler für Wechselstrom, Form FEM, — Zeichen ⊆ 12 —

b) Isariazähler für Drehstrom mit gleichbelasteten Zweigen, Form FDS, — Zeichen ⊆ 13 —

der Luxschen Industriewerke, A.-G. in Ludwigshafen a. Rh. und in München.

Die Fabrikation dieser Elektrizitäts-Zähler-Systeme ist nunmehr auf die Firma: Isaria-Zähler-Werke, G. m. b. H. in München übergegangen.

9. Außer den oben erwähnten (sub Ziff. 1 u. 2) zur Beglaubigung zugelassenen Elektrizitätszählern der Formen K, L, P und

N stellt die Elektrizitätszählerfabrik H. Aron in Charlottenburg neuerdings noch vier ähnliche Formen her, welche mit den Buchstaben KG, LG, PW und ND bezeichnet werden.

Diese vier neuen Formen sind zur Beglaubigung durch die elektrischen Prüfämter im Deutschen Reiche zugelassen und die beiden ersteren dem Systeme 1, die beiden letzteren dem Systeme 2 eingereiht worden.

10. Motorzähler für Gleichstrom, Form AG, — Zeichen 14 — der Aktiengesellschaft Mix & Genest, Telephon- und Telegraphenwerke in Berlin.

11. Induktionszähler für Wechselstrom, Form W_2, — Zeichen 15 — der Siemens-Schuckertwerke in Nürnberg.

Die Veröffentlichung der Systeme, welche zur Beglaubigung zugelassen werden, erfolgt durch das Zentralblatt für das Deutsche Reich, herausgegeben im Reichsamt des Innern. Vgl. Zentralbl. 1903 S. 140, Bek. v. 18. März 1903; 1904 S. 1, Bek. v. 18. Dez. 1903, S. 62, Bek. v. 25. Febr. 1904 und 1905 S. 97, Bek. v. 14. April 1905; 1905 S. 56, Bek. v. 7. März 1905; S. 100, Bek. v. 18. April 1905; S. 126, Bek. v. 6. Mai 1905; S. 234, Bek. v. 31. August 1905.

Die Bekanntmachung der Systembeschreibung erfolgt jeweils in der Elektrotechnischen Zeitschrift, die im Verlage von Julius Springer, Berlin, erscheint, woselbst auch Sonderabdrücke bezogen werden können.

Telegraphen- und Telegraphenwege-Gesetz.

Reichs-telegraphenges. Nach § 12 des Reichstelegraphengesetzes (abgedr. Anhang Nr. XIII) vom 6. April 1892 — RGBl. S. 467 — sind elektrische Anlagen, wenn eine Störung des Betriebes der einen Leitung durch die andere eingetreten oder zu befürchten ist, auf Kosten desjenigen Teiles, welcher durch eine spätere Anlage oder durch eine später eintretende Änderung seiner bestehenden Anlage diese Störung oder die Gefahr derselben veranlaßt, nach Möglichkeit so auszuführen, daß sie sich nicht störend beeinflussen. Streitigkeiten gehören vor die ordentlichen Gerichte. Das gerichtliche Verfahren ist zu beschleunigen (§ 13).

Diese Bestimmungen gelten auch für Bayern und Württemberg (cf. § 15 des alleg. Ges.).

§ 12 des Telegraphengesetzes ist jedoch durch das Telegraphenwegegesetz vom 18. Dezember 1899 als das neuere insoweit außer Anwendung gekommen, als das Telegraphenwegegesetz das Verhältnis der öffentlichen Telegraphenlinien zu elektrischen Anlagen innerhalb der „Verkehrswege" — vgl. § 1 TelWG. — berührt.

Soweit jedoch außerhalb der „Verkehrswege" öffentliche Telegraphenanlagen und elektrische Anlagen zusammentreffen oder auch nur eine der beiden Anlagen außerhalb des „Verkehrsweges" ist, hat § 12 des Telegraphengesetzes seine Geltung beibehalten. Vgl. v. Rohr, TelWG. 1900 S. 23.

Vergleiche hier nachstehende Entscheidungen des Reichsgerichts in Zivilsachen:

α) Bd. 50 S. 83: Hiernach genügt der schutzpflichtige Unternehmer der ihm gesetzlich obliegenden Pflicht, wenn seine jüngere Anlage nach Möglichkeit so ausgeführt wird, daß eine störende Beeinflussung der älteren Anlage oder Leitung derzeit ausgeschlossen ist. Dies ist nach Möglichkeit im Sinne des Gesetzes dann geschehen, wenn solche Einrichtungen getroffen sind, welche nach dem derzeitigen Stande der Technik den wirksamsten Schutz gegen Störungen zu bieten vermögen. Nicht aber kann der neuen Anlage zugemutet werden, daß sie für alle Zeiten, solange die beiderseitigen Anlagen bestehen werden, die Verpflichtung haben soll, jedesmal die Kosten zu tragen, so oft die bisherigen Vorrichtungen im Gebiete der Technik eine Verbesserung erfahren oder von einer neuen Erfindung abgelöst werden.

β) Bd. 2 n. F. S. 63 ff.: Hier ist ausgesprochen, daß nach § 12 des TelG. der Unternehmer der neueren elektrischen Anlage (Straßenbahn) zwar verpflichtet ist, die Kosten für die Herstellung der zum ungestörten Betrieb der älteren Anlage notwendig gewordenen Schutzvorrichtungen zu tragen, daß ihm aber nicht auch die Kosten für die Unterhaltung der zum Schutze der älteren Anlage getroffenen Vorrichtungen überbürdet werden können. Die Ersatzpflicht bleibt auf die Herstellungskosten beschränkt, und es ist im Gesetze kein Anhaltspunkt gegeben dafür, daß der älteren Anlage der gesamte Nachteil ersetzt werden müßte, welcher ihr aus der Konkurrenz mit der jüngeren erwachsen könnte.

γ) Bd. 43 S. 252 ff. behandelt die Frage, ob die Verantwortlichkeit des Unternehmers einer elektrischen Straßenbahn für den Schaden, der durch den Übertritt des Starkstroms in den Schwachstromdraht einer Fernsprechstelle entsteht, nur von dem Bestehen einer Schutzpflicht nach § 12 des Gesetzes über das Telegraphenwesen vom 6. April 1892 oder von der Nichteinhaltung einer Konzessionsbedingung abhängig ist; ferner, ob konkurrierendes Verschulden des Unternehmers der Fernsprechanlage vorliegen kann auch dann, wenn diese der elektrischen Bahn gegenüber nicht schutzpflichtig im Sinne des § 12 des TelWG. ist.

Von einschneidender Bedeutung für die Rechtsverhältnisse der elektrischen Energie ist das Reichs-Telegraphenwegegesetz vom 18. Dezember 1899 — RGBl. S. 705 ff. — (abgedr. im Anhang Nr. XIV).[1]

Reichs-Telegraphenwegegesetz.

[1]) Vgl. Rohr, Tel.W.G. 1900.

Nach Art. 52 der ReichsVerf. steht dem Reiche ausschließlich die Gesetzgebung über die Vorrechte der Telegraphie zu, so daß das Telegraphenwegegesetz nicht nur für das Reichstelegraphengebiet, sondern auch für Bayern und Württemberg einheitliche Normen schafft. (§ 16 des TelWG.)

Das Wege-Recht im allgemeinen ist in Deutschland nicht einheitlich geregelt, hat sich vielmehr partikularistisch entwickelt.

Durch das Telegraphenwegegesetz, welches den Telegraphenverwaltungen (§ 16 d. Ges.) die Benutzung der „Verkehrswege“ für ihre zu öffentlichen Zwecken dienenden Telegraphen- und Telephon-Linien gestattet (§ 1), soweit nicht dadurch der Gemeingebrauch der Verkehrswege dauernd beschränkt wird, ist der Gebrauch der „Verkehrswege“ für andere elektrische Anlagen, Straßenbahnen, Starkstromleitungen 2c. stark eingeengt worden. Als „Verkehrswege“ kommen in Betracht die öffentlichen Wege, Plätze, Brücken und die öffentlichen Gewässer nebst deren dem öffentlichen Gebrauche dienenden Ufern, und zwar inkl. Luftraum und Erdkörper.

Was unter öffentlichen Wegen und Gewässern zu verstehen, ist nach Landesrecht zu beurteilen. Die gemäß §§ 2 und 3 des TelG. vom 6. April 1892 bestehenden Telegraphenlinien von Privatunternehmern, Gemeinden 2c. genießen die Vorteile des TelWG. nicht.

Solange freilich die Telegraphenverwaltungen einen Weg 2c. nicht in Anspruch nehmen, kann derselbe anderweit nach Belieben uneingeschränkt benutzt werden; insbesondere braucht in solchen Fällen nicht etwa auf künftige Anlagen der Telegraphenverwaltung Rücksicht genommen zu werden. (Vgl. Kommissionsbericht DrS. Nr. 498 S. 4.)

Übrigens bestimmt § 5 des TelWG. ausdrücklich, daß die Telegraphenverwaltungen die Telegraphen- und Telephonlinien so auszuführen haben, daß etwaige auf den Verkehrswegen schon vorhandene besondere Anlagen, z. B. elektrische Beleuchtungs- und Kraftübertragungs-Anlagen, Schienenstränge 2c., nicht störend beeinflußt werden.

Die Kosten für allenfalls erforderlich werdende Schutzvorrichtungen haben die Telegraphenverwaltungen zu tragen.

Die Verlegung oder Veränderung vorhandener besonderer Anlagen kann nur gegen Entschädigung und nur dann verlangt werden, wenn die Benutzung des Verkehrsweges für die Telegraphen- oder Telephon-Linie sonst unterbleiben müßte und die besondere Anlage auch anderweit ihrem Zweck entsprechend untergebracht werden kann. Aber auch beim Vorhandensein dieser Voraussetzungen hat die Benutzung des Verkehrsweges für die Telegraphenlinie dennoch zu unterbleiben, wenn der aus der Verlegung oder Veränderung der besonderen Anlage entstehende Schaden gegenüber den Kosten, welche der Telegraphenverwaltung aus der Benutzung eines andern ihr zur Verfügung stehenden Verkehrsweges erwachsen, unverhältnismäßig groß sind.

Während sich § 5 des alleg. Ges. auf die bei der Herstellung der Telegraphen- und Telephon-Linien bereits vorhandenen besonderen Anlagen bezieht, regelt § 6 a. a. O. das Verhältnis der Telegraphenverwaltung zu solchen besonderen Anlagen, welche erst später, nach Herstellung der Telegraphen- ꝛc. -Leitungen, zur Ausführung gelangen. Diese späteren besonderen Anlagen sind dann nach Möglichkeit so auszuführen, daß sie die bereits vorhandenen Telegraphen- ꝛc. -Linien nicht beeinflussen.

Dem Verlangen der Verlegung oder Veränderung einer Telegraphenlinie muß auf Kosten der Telegraphenverwaltung stattgegeben werden, wenn sonst die Herstellung einer späteren besonderen Anlage unterbleiben müßte oder wesentlich erschwert werden würde, welche aus Gründen des öffentlichen Interesses, insbesondere aus volkswirtschaftlichen oder Verkehrsrücksichten, von den Wegeunterhaltungspflichtigen oder unter überwiegender Beteiligung eines oder mehrerer derselben zur Ausführung gebracht werden soll. Die Verlegung einer nicht lediglich dem Orts-, Vororts- oder Nachbarortsverkehr dienenden Telegraphenlinie kann nur dann verlangt werden, wenn die Telegraphenlinie ohne Aufwendung unverhältnismäßig hoher Kosten anderweitig ihrem Zwecke entsprechend untergebracht werden kann.

Muß wegen einer solchen späteren besonderen Anlage die schon vorhandene Telegraphenlinie mit Schutzvorkehrungen versehen werden, so sind die dadurch entstehenden Kosten von der Telegraphenverwaltung zu tragen.

Ueberläßt ein Wegeunterhaltungspflichtiger seinen Anteil einem nicht unterhaltungspflichtigen Dritten, so sind der Telegraphenverwaltung die durch die Verlegung oder Veränderung oder durch die Herstellung der Schutzvorkehrungen erwachsenen Kosten, soweit sie auf dessen Anteil fallen, zu erstatten.

Die Unternehmer anderer als der in Abs. 2 (des § 6 TelWG.) bezeichneten besonderen Anlagen haben die aus der Verlegung oder Veränderung der vorhandenen Telegraphenlinien oder aus der Herstellung der erforderlichen Schutzvorkehrungen an solchen erwachsenden Kosten zu tragen.

Auf spätere Aenderungen vorhandener besonderer Anlagen finden die Vorschriften der Abs. 1 bis 5 (des § 6 TelWG.) entsprechende Anwendung.

Streitigkeiten, welche aus §§ 5 und 6 des TelWG. entstehen, sind im ordentlichen Rechtswege auszutragen. Vgl. auch § 13 Abs. 3 und 4 a. a. O.

Vor der Benutzung eines Verkehrsweges zur Ausführung neuer Telegraphenlinien oder wesentlicher (wenn die Änderung im Vergleich zum bisherigen Zustand einen neuen erheblichen Eingriff in die Rechtssphäre der Beteiligten enthält, z. B. Umwandlung eines einfachen Gestänges in ein Doppelgestänge oder Verlegung des Gestänges auf die andere Wegseite, vgl. Wengler S. 85) Änderungen vorhandener Telegraphen- und Telephon-Linien haben die Telegraphenverwaltungen einen Plan aufzustellen. (§ 7 Abs. 1 a. a. O.)

Dieser Plan ist in allen Fällen, in denen die Verlegung oder Veränderung einer der in § 5 des TelWG. bezeichneten Anlagen (i. e. besondere Anlagen, wie Schienenbahnen, elektrische Anlagen u. dgl.) verlangt wird, oder die Störung einer solchen Anlage zu erwarten ist, dem Unternehmer der Anlage mitzuteilen. (§ 7 Abs. 2 Satz 2 des TelWG.)

Der Unternehmer der besonderen Anlage kann innerhalb einer Frist von 4 Wochen, welche mit der Zustellung des Planes beginnt (§ 8 Abs. 2 a. a. O.), Einspruch bei der Behörde, welche den Plan ausgelegt hat, d. i. diejenige Behörde, welche die Telegraphenanlage ausführen will und deshalb einen Plan auslegen muß, (aber auch Post- oder Telegraphenamt, cf. AusfB. zum TelWG. vom 26. Januar 1900), einlegen. (§ 8 TelWG.)

Für das Einspruchsverfahren gelten folgende Bestimmungen:

A. Der Einspruch ist schriftlich oder zu Protokoll zu erklären. Die Einspruchsschrift soll die zur Begründung des Einspruchs dienenden Tatsachen enthalten.

Zur Entgegennahme des Einspruchs sind an Stelle der Behörde, die den Plan ausgelegt hat, auch die Post- und Telegraphenämter ermächtigt, bei denen der Plan ausgelegt ist.

B. Nach Ablauf der Einspruchsfrist werden die Einsprüche gegen den Plan, sofern dies die Behörde, die den Plan ausgelegt hat, zur Aufklärung der Sachlage oder zur Herbeiführung einer Verständigung für zweckdienlich erachtet, in einem Termine vor einem Beauftragten der genannten Behörde erörtert.

C. Zu dem Termine werden diejenigen, welche Einspruch erhoben haben, vorgeladen.

Denjenigen, welchen der Plan gemäß § 7 Abs. 2 mitgeteilt ist, wird von dem Termine Kenntnis gegeben.

Die Erschienenen werden mit ihren Erklärungen zu Protokoll gehört.

Der Beauftragte hat die Verhandlungen nach ihrem Abschlusse der Behörde, die den Plan ausgelegt hat, einzureichen.

D. Die Behörde die den Plan ausgelegt hat. übersendet die Verhandlungen, sofern die erhobenen Einsprüche nicht zurückgenommen sind, der höhern Verwaltungsbehörde.

E. Die höhere Verwaltungsbehörde entscheidet auf Grund der ihr übersandten Verhandlungen und des Ergebnisses der etwa weiter von ihr angestellten Ermittelungen.

Sie hat ihre Entscheidung der Behörde, die den Plan ausgelegt hat, sowie denjenigen, welche Einspruch erhoben haben, zuzustellen.

F. Die Beschwerde ist bei der höheren Verwaltungsbehörde, deren Entscheidung angefochten werden soll, oder bei der Landeszentralbehörde schriftlich einzulegen und zu rechtfertigen.

G. Zustellungen erfolgen unter entsprechender Anwendung der §§ 208 bis 213 der Zivilprozeßordnung (RGBl. 1898 S. 410 ff.).

H. Die in dem Einspruchsverfahren zugezogenen Zeugen und Sachverständigen erhalten Gebühren nach Maßgabe der Gebührenordnung für Zeugen und Sachverständige (RGBl. 1898 S. 689 ff.).

J. Im Einspruchsverfahren kommen Gebühren und Stempel nicht zum Ansatze.

Die durch unbegründete Einwendungen erwachsenen Kosten fallen demjenigen zur Last, der sie verursacht hat; die übrigen Kosten trägt die Telegraphenverwaltung. Den Beteiligten wird für ihr Erscheinen oder für ihre Vertretung vor der Behörde eine Entschädigung nicht gewährt.

K. Im Einspruchsverfahren ist von Amts wegen über die Verpflichtung zur Tragung der entstandenen Kosten und über die Höhe der zu erstattenden Beträge zu entscheiden.

Die Kosten werden durch Vermittelung der höheren Verwaltungsbehörde in derselben Weise beigetrieben wie Gemeindeabgaben.

L. Das Einspruchsverfahren ist in allen Instanzen als schleunige Angelegenheit zu behandeln.

Für die Berechnung der Frist cf. § 188 BGB.

Der Einspruch kann nur auf eine Verletzung der Vorschriften der §§ 1 bis 5 des TelWG. oder der auf Grund des § 18 TelWG. erlassenen Vorschriften (Ausf=Bestimmungen des Reichskanzlers vom 26. Januar 1900, RA. Nr. 30 vom 1. Februar 1900, abgedr. im Anhang sub Nr. XV) gestützt werden.

Die Einwendungen nach § 5 des TelWG., welche bei elektrischen Anlagen in erster Linie in Frage kommen, stehen jedermann zu, der ein Interesse hat, sie geltend zu machen. Der Kreis der Einspruchsberechtigten ist durch das Gesetz nicht begrenzt (Mot. z. TelWG. S. 23).

Wird ein Einspruch innerhalb der gesetzlichen Frist nicht eingelegt, so ist die Telegraphenverwaltung zur Ausführung des Planes befugt. (§ 8 Abs. 1 des TelWG.)

Über den Einspruch entscheidet die höhere Verwaltungsbehörde (Preußen: Regierungspräsident, Bayern: die Regierung, bezüglich der übrigen Staaten vgl. Wengler S. 444, 445, Rohr T. V). Ist die höhere Verwaltungsbehörde nicht zugleich Landeszentralbehörde, so ist binnen einer Frist von 2 Wochen nach der Zustellung weitere Beschwerde an die Landeszentralbehörde zulässig. (§ 8 Abs. 4 TelWG.) Letztere hat in allen Fällen vor der Entscheidung die Zentraltelegraphenbehörde zu hören.

Auf Antrag der Telegraphenverwaltung kann die Entscheidung der höheren Verwaltungsbehörde für vorläufig vollstreckbar erklärt werden. Wird eine für vorläufig vollstreckbar erklärte Entscheidung aufgehoben oder abgeändert, so ist die Telegraphenverwaltung zum Ersatze des Schadens verpflichtet, der dem Gegner durch die Ausführung der Telegraphenlinie entstanden ist. (§ 8 Abs. 4 des TelWG.)

§ 12 des TelWG. gibt den Telegraphenverwaltungen sogar die Befugnis, Telegraphenlinien durch den Luftraum über Grundstücken, die nicht Verkehrswege im Sinne des TelWG. (§ 1) sind, zu führen, soweit nicht dadurch die Benutzung des Grundstücks nach den zur Zeit der Herstellung der Anlage bestehenden Verhältnissen wesentlich beeinträchtigt wird. Tritt später eine solche Beeinträchtigung ein, so hat die Telegraphenverwaltung auf ihre Kosten die Leitungen zu beseitigen. Beeinträchtigungen in der Benutzung eines Grundstücks, welche ihrer Natur nach lediglich vorübergehend sind, stehen der Führung der Telegraphenlinien durch den Luftraum nicht entgegen; doch ist der entstehende Schaden zu ersetzen. Ebenso ist für Beschädigungen des Grundstücks und seines Zubehörs, die infolge der Führung der Telegraphenlinien durch den Luftraum eintreten, Ersatz zu leisten. (§ 12 Abs. 2 a. a. O.)

Die Verjährung der auf Grund des TelWG. etwa erwachsenden Ersatzansprüche (vgl. hierher besonders §§ 5 und 6) und die Festsetzung dieser Ansprüche ist in § 13 des TelWG. geregelt.

Die Vorschriften des TelWG. finden auch auf Telegraphenlinien, welche die Militärverwaltung oder die Marineverwaltung für ihre Zwecke herstellen läßt, entsprechende Anwendung. (§ 17 a. a. O.)

Unter Telegraphenlinien im Sinne des TelWG. sind auch Fernsprechlinien zu verstehen. (§ 1 Abs. 2 a. a. O.)

Amtliche Ausgabe des TelWG. vom 18. Dezember 1899 nebst den vom Reichskanzler erlassenen AusfB. vom 26. Januar 1900, sowie den Erläuterungen und Ausf.-Anweisungen des Reichspostamts erschien bei J. Guttentag, Berlin.

Erwähnung verdient noch die Entscheidung d. RGZ. vom 14. März 1904 Bd. 7 n. F. S. 364 ff. Hier ist ausgesprochen, daß, wenn wegen einer späteren in § 6 Abs. 2 des TelWG. bezeichneten gemeinnützigen Anlage (Straßenbahn) des Weg-Unterhaltungspflichtigen eine schon vorhandene Telegraphenlinie mit Schutzvorrichtungen versehen werden muß, die dadurch entstehenden Kosten von der Telegraphenverwaltung zu tragen sind, gleichgültig, ob es sich um Kosten für Schutzvorrichtungen handelt, welche an den Telegraphenleitungen angebracht werden, oder um solche, welche an der Straßenbahn zum Schutze der früheren (Telegr.-)Anlage anzubringen sind.

Weitere gesetzl. Bestimmungen.

Neben den Bestimmungen des TelG. und des TelWG. bestehen in den Einzelstaaten jeweils noch eine Reihe von Rechtsverordnungen und Verwaltungsvorschriften zum Schutze der Telegraphen- und Telephonleitungen (vgl. in dieser Beziehung Wengler S. 96 ff.) gegen schädigende Beeinflussung durch elektrische Starkstromanlagen aus Sicherheits- und Straßenpolizeilichen Rücksichten.

Vgl. u. a.: Preußen, Erl. v. 20. Sept. 1897, MBl. d. i. Verw. S. 266, v. 21. Juni 1898 a. a. O. S. 140, v. 28. Okt. 1898 a. a. O. S. 230 und v. 20. März 1900 a. a. O. S. 194, Ges. v. 21. März 1905, Elektrotechn. Ztschr. 1905 S. 364 (auch a. a. O. S. 129), ferner Elektrotechn. Ztschr. 1904 S. 192, 408, 455; Bayern, ME. v. 17. Okt. 1887, v. 5. Dez. 1896 und v. 30. April 1898, v. 7. Okt. 1903 (Elektrotechn. Ztschr. 1903 S. 889); Sachsen, VO. v. 12. Okt. 1883, GVBl. S. 74, v. 26. Febr. 1894 (Fischers Ztschr. Bd. 15 S. 245); Oldenburg, MVerfügung v. 4. Nov. 1886, Ztschr. f. oldenburg. Verw. 1886 S. 166.

Im übrigen ist die Ausführung elektrischer Anlagen, unter denen die Starkstromanlagen wegen ihrer allgemeinen Bedeutung und Gefährlichkeit die erste Stelle einnehmen, gesetzlich nicht geregelt. Allerdings werden seit einer Reihe von Jahren Verhandlungen gepflogen zwecks Erlasses eines Reichs elektrizitätsgesetzes, allein eine greifbare Form haben diese Verhandlungen nicht angenommen;

sodaß eine Reihe von Jahren der gegenwärtige Stand noch vorhalten dürfte.[1])

Zu erwähnen ist, daß der Verband deutscher Elektrotechniker eine Reihe von Sicherheitsvorschriften erlassen hat, welche zwar keine gesetzlich bindenden Vorschriften darstellen, aber trotzdem im Deutschen Reiche allgemeine Beachtung finden. Sicherheitsvorschriften.

Vgl. Sicherheitsvorschriften für den Betrieb elektrischer Starkstromanlagen, desgleichen für die Errichtung elektrischer Starkstromanlagen (giltig ab 1. Januar 1904) für Niederspannung und Hochspannung, wozu auch Erläuterungen von Weber erschienen sind, desgleichen für elektrische Bahnanlagen. Diese sämtlichen Vorschriften sind bei J. Springer in Berlin erschienen und jedem Elektrotechniker ohnehin zur Hand, so daß hier von einem weiteren Eingehen auf dieselben abgesehen werden kann und auf sie lediglich zu verweisen ist. Die vom Verbande deutscher Privatfeuerversicherungsgesellschaften zur Beurteilung der Feuersicherheit elektrischer Anlagen aufgestellten Grundsätze, die im Geschäftsbereiche dieses Verbandes Geltung haben, sind im Anhang sub Nr. XXII abgedruckt.

Elektrische Eisenbahnen.

Eisenbahnen.

Vgl. Hilse, Handbuch der Straßenkunde, Bd. I „Das Straßenbahnrecht" 1892. Zeitschr. f. Kleinbahnen, herausg. im Kgl. Preuß. Ministerium für öffentliche Arbeiten. Gleim, Ges. über Kleinbahnen und Anschlußbahnen.

Nach Art. 4 Ziff. 8 der ReichsVerf. unterliegt das Eisenbahnwesen der Beaufsichtigung und der Gesetzgebung des Reiches, in Bayern vorbehaltlich der Bestimmung in Art. 46 a. a. O. Geregelt ist dasselbe in der ReichsVerf. durch die Art. 41 bis 47.

Artikel 41.

Eisenbahnen, welche im Interesse der Vertheidigung Deutschlands oder im Interesse des gemeinsamen Verkehrs für nothwendig erachtet werden, können kraft eines Reichsgesetzes auch gegen den Widerspruch der Bundesglieder, deren Gebiet die Eisenbahnen durchschneiden, unbeschadet der Landeshoheitsrechte, für Rechnung des Reichs angelegt, oder an Privatunternehmer zur Ausführung konzessionirt und mit dem Expropriationsrechte ausgestattet werden.

Jede bestehende Eisenbahnverwaltung ist verpflichtet, sich den Anschluß neu angelegter Eisenbahnen auf Kosten der letzteren gefallen zu lassen.

---

[1]) Vgl. Entwurf einer Verordnung, Starkstromanlagen betr., in Bayern aufgestellt von der am 28. Sept. 1903 in München tagenden Versammlung der größeren bayer Elektrizitätswerke. Elektrotechn. Zeitschr. 1903 S. 870. — Dem Bundesrat ist 1904 von 9 angesehenen industriellen Vereinigungen eine Petition zugegangen, es möge in Erwägung gezogen werden, ob nicht der Erlaß von Vorschriften über die Überwachung der elektr. Starkstromanlagen angezeigt sei. — Notwendigkeit eines Starkstromwege-Gesetzes: Elektrotechn. Zeitschr. 1904 S. 566.

Die gesetzlichen Bestimmungen, welche bestehenden Eisenbahn-Unternehmungen ein Widerspruchsrecht gegen die Anlegung von Parallel- oder Konkurrenzbahnen einräumen, werden unbeschadet bereits erworbener Rechte für das ganze Reich hierdurch aufgehoben. Ein solches Widerspruchsrecht kann auch in den künftig zu ertheilenden Konzessionen nicht weiter verliehen werden.

Artikel 42.

Die Bundesregierungen verpflichten sich, die deutschen Eisenbahnen im Interesse des allgemeinen Verkehrs wie ein einheitliches Netz verwalten und zu diesem Behuf auch die neu herzustellenden Bahnen nach einheitlichen Normen anlegen und ausrüsten zu lassen.

Artikel 43.

Es sollen demgemäß in thunlichster Beschleunigung übereinstimmende Betriebseinrichtungen getroffen, insbesondere gleiche Bahnpolizei-Reglements eingeführt werden. Das Reich hat dafür Sorge zu tragen, daß die Eisenbahnverwaltungen die Bahnen jederzeit in einem die nöthige Sicherheit gewährenden baulichen Zustande erhalten und dieselben mit Betriebsmaterial so ausrüsten, wie das Verkehrsbedürfniß es erheischt.

Artikel 44.

Die Eisenbahnverwaltungen sind verpflichtet, die für den durchgehenden Verkehr und zur Herstellung ineinander greifender Fahrpläne nöthigen Personenzüge mit entsprechender Fahrgeschwindigkeit, desgleichen die zur Bewältigung des Güterverkehrs nöthigen Güterzüge einzuführen, auch direkte Expeditionen im Personen- und Güterverkehr unter Gestattung des Ueberganges der Transportmittel von einer Bahn auf die andere gegen die übliche Vergütung einzurichten.

Artikel 45.

Dem Reiche steht die Kontrolle über das Tarifwesen zu. Dasselbe wird namentlich dahin wirken:

1) daß baldigst auf allen deutschen Eisenbahnen übereinstimmende Betriebsreglements eingeführt werden;
2) daß die möglichste Gleichmäßigkeit und Herabsetzung der Tarife erzielt, insbesondere, daß bei größeren Entfernungen für den Transport von Kohlen, Koaks, Holz, Erzen, Steinen, Salz, Roheisen, Düngungsmitteln und ähnlichen Gegenständen ein dem Bedürfniß der Landwirtschaft und Industrie entsprechender ermäßigter Tarif, und zwar zunächst thunlichst der Einpfennig-Tarif eingeführt werde.

Artikel 46.

Bei eintretenden Nothständen, insbesondere bei ungewöhnlicher Theuerung der Lebensmittel, sind die Eisenbahnverwaltungen verpflichtet, für den Transport, namentlich von Getreide, Mehl, Hülsenfrüchten und Kartoffeln, zeitweise einen dem Bedürfniß entsprechenden, von dem Kaiser auf Vorschlag des betreffenden Bundesraths-Ausschusses festzustellenden, niedrigen Spezialtarif einzuführen, welcher jedoch nicht unter den niedrigsten auf der betreffenden Bahn für Rohprodukte geltenden Satz herabgehen darf.

Die vorstehend, sowie die in den Artikeln 42 bis 45 getroffenen Bestimmungen sind auf Bayern nicht anwendbar.

Dem Reiche steht jedoch auch Bayern gegenüber das Recht zu, im Wege der Gesetzgebung einheitliche Normen für die Konstruktion und Ausrüstung der für die Landesvertheidigung wichtigen Eisenbahnen aufzustellen.

Artikel 47.

Den Anforderungen der Behörden des Reichs in Betreff der Benutzung der Eisenbahnen zum Zweck der Vertheidigung Deutschlands haben sämmtliche Eisenbahnverwaltungen unweigerlich Folge zu leisten. Insbesondere ist das Militär und alles Kriegsmaterial zu gleichen ermäßigten Sätzen zu befördern

Für Bayern sind demnach (Art. 46 Abs. 2) die Art. 42 bis 45, sowie 46 Abs. 1 nicht anwendbar, wohl aber steht dem Reiche auch Bayern gegenüber das Recht zu, im Wege der Gesetzgebung einheitlicher Normen für die Konstruktion und Ausrüstung der für die Landesverteidigung wichtigen Eisenbahnen aufzustellen. Vgl. auch Art. 41 a. a. O.

Wegen der Württembergischen Eisenbahnen cf. Verhandlung vom 25. November 1870.

Bezüglich Elsaß-Lothringen cf. RG. vom 11. Dezember 1871. RGBl. S. 444.

Die Frage, ob die elektrischen Eisenbahnen unter den Begriff der „Eisenbahnen" im Sinne der ReichsVerf. fallen, läßt sich nicht allgemein entscheiden. Ob einer elektrischen Bahn eine Bedeutung im Interesse des allgemeinen Verkehrs oder der Landesverteidigung (Art. 4 Ziff. 8 d. ReichsVerf.) zukommt, kann nur im Einzelfall entschieden werden; die Entscheidung dieser Frage steht dem Reiche zu, und kann dieses Recht durch landesgesetzliche Bestimmungen nicht eingeengt werden.

Im allgemeinen besteht eine reichsrechtliche Regelung der Rechtsverhältnisse der elektrischen Bahnen nicht.

Preußen.

Maßgebend ist hier das Gesetz über Kleinbahnen und Privat-Anschlußbahnen vom 28. Juli 1892 — GS. f. KPrSt. S. 225 — (abgedr. Anhang Nr. XVI) nebst Ausführungsanweisung hiezu vom 13. August 1898 (abgedr. Anhang sub Nr. XVII) und Betriebsvorschriften für Kleinbahnen mit Maschinenbetrieb vom 13. August 1898 (abgedr. Anhang Nr. XVIII.)

Dieses Gesetz regelt die Rechtsverhältnisse der elektrischen Bahnen (Kleinbahnen) nicht vollständig, sondern lediglich die öffentlich rechtliche Seite derselben, soweit ihrer Natur nach besondere, von dem allgemeinen Rechte abweichende Normen vom Gesetzgeber für erforderlich erachtet wurden. Das Privatrecht dieser Bahnen findet keine Berücksichtigung.

Neben der in § 2 des erwähnten Gesetzes statuierten Genehmigung der staatlichen Behörde ist gemäß § 6 a. a. O., soweit ein öffentlicher Weg benutzt werden soll, auch die Zustimmung des zur Unterhaltung des Weges Verpflichteten erforderlich.

Im übrigen sei hier auf die Kommentare zum Preuß. Kleinbahngesetz verwiesen. Hervorgehoben sei nur noch folgendes:

Die aus Gründen des öffentlichen Rechts zur Unterhaltung des Weges Verpflichteten (Gemeinden ꝛc.) sind berechtigt, für die Benutzung des Weges durch den Straßenbahnunternehmer ein angemessenes Entgelt zu beanspruchen und sich den Erwerb der Bahn im Ganzen nach Ablauf einer bestimmten Frist gegen angemessene Schadloshaltung des Unternehmers vorzubehalten. Vgl. Gleim, Ges. über Kleinbahnen. Eger, „Eisenbahnrechtliche Entscheidungen" Bd. XV S. 1.

Vgl. auch Ges. betr. Pfandrecht an Privateisenbahnen und Kleinbahnen und die Zwangsvollstreckung in dieselben v. 19. Aug. 1895 in der Fassung der Bek. v. 8. Juli 1902 — GS. f. KPrSt. S. 237 ff. —

Bayern.

In Betracht kommt das Ges. vom 30. Januar 1868, das Gewerbewesen betreffend (GBl. f. d. K. Bayern 1866/69 S. 309 ff.), und zwar: Art. 8 Ziff. 1, Art. 10, 11, 12, 28, 29, 30 und 31. — Königliche Verordnung vom 20. Juni 1855, die Erbauung von Eisenbahnen betreffend (RBl. 1855 S. 653) abgedr. Anhang sub Nr. XIX. — M.-E. vom 17. Oktober 1887 (Weber GesSamml. Bd. 18 S. 597), vom 10. Februar 1895, 5. Dezember 1896 und 30. April 1898.

Bezüglich des Expropriationsrechtes vgl. Ges. vom 17. November 1837, Zwangsenteignung von Grundeigentum betreffend.

Die staatliche Genehmigung ist in Bayern eine doppelte, a) die Bewilligung zu den Vorarbeiten (Projektierungskonzession) und b) die Bewilligung zum Baue und Betriebe der Bahn (Eisenbahnkonzession). Erstere steht dem Verkehrsministerium zu, letztere wird von Sr. Majestät dem Könige erteilt.

Neben der staatlichen Konzession ist auch hier Privatvertrag mit dem Wege- ꝛc. Eigentümer (Gemeinden ꝛc.) erforderlich.

Art. 152 des Polizeistrafgesetzbuches, der im wesentlichen mit § 37 der Reichsgewerbeordnung übereinstimmt, stellt die Regelung der Unterhaltung des öffentlichen Verkehrs innerhalb der Orte durch Wagen aller Art . . . und andere Transportmittel den Polizeibehörden anheim.

Art. 154 daselbst gibt die Möglichkeit, in den Fällen, in welchen zum Betriebe eines Gewerbes eine besondere Konzession oder eine polizeiliche Erlaubnis erforderlich ist, die Einholung einer solchen Konzession ꝛc. durch Strafmittel zu erzwingen.

Sachsen.

Maßzugeben hat die Allerh. Verordnung vom 26. Juni 1851, die Ressortverhältnisse in Eisenbahnangelegenheiten betr. (GVBl. S. 285, abgedr. im Auszuge Anhang Nr. XX). Hiernach bedürfen elektrische Bahnen der staatlichen Genehmigung.

Vgl. ferner Verordnung vom 29. Dezember 1892 — sächs. WBl. 1893 S. 32 —, VO. v. 30. Sept. 1872, die technischen Vorarbeiten für den Bau von Privateisenbahnen betr. (GVBl. S. 439, Wengler S. 287), VO. v. 7. Oktober 1897 — Wengler S. 283 —, VO. v. 15. Febr. 1899 über die Zuständigkeit des Regierungskommissars — Wengler S. 286 —, VO. v. 19. Aug. 1898 — sächs. WBl. S. 207 —, VO. v. 20. Juli 1898 — sächs. WBl. S. 186 —, VO. v. 26. Juni 1899 — Fischers Ztschr. f. Praxis und Gesetzgebung der Verwaltung Bd. 22 S. 346, Wengler S. 293 —, VO. v. 9. Dezember 1896 — sächs. WBl. 1897 S. 1 —, VO. v. 23. März 1899 — sächs. WBl. S. 76 —, VO. v. 26. Mai 1894 — Fischers Ztschr. Bd. 15 S. 329 —, VO. v. 4. April 1896 — sächs. WBl. S. 144 —.

Ein dem preußischen Kleinbahnengesetz ähnliches Gesetz existiert nicht.

Bezüglich der Mitbenutzung oder Berührung fiskalischen oder Gemeinde- oder sonstigen Privatareals ist Genehmigung der fiskalischen oder Gemeindeverwaltungen oder der beteiligten Privaten zum Bau und Betriebe der konzessionierten Bahn besonders einzuholen.

Bezüglich der Bedingungen, unter denen die Erlaubnis zur Anlage und zum Betriebe elektrischer Eisenbahnen in Sachsen regelmäßig erteilt wurde, siehe Wengler S. 297 u. 298, 299, 300 und 301 ff.

Württemberg.

Besondere Bestimmungen hinsichtlich elektrischer Straßenbahnen existieren nicht.

Die elektrischen Straßenbahnen fallen unter das Gesetz vom 18. April 1843, betr. den Bau von Eisenbahnen. In Betracht kommen vor allem die Art. 6—9 (abgedr. Anhang Nr. XXI).

Vgl. auch die im Regierungsblatt für Württemberg 1897 S. 223 veröffentlichten Konzessionsbedingungen der Straßenbahn Ulm—Bahnhof Neu-Ulm (Wengler S. 333 ff.), ferner: Erlaß des Ministeriums des Innern v. 8. Januar 1895 (Wengler S. 120 u. S. 337), sowie v. 8. Februar 1896 (Wengler S. 121).

Vorschriften über Benützung der öffentlichen Wege für die Anlegung und den Betrieb elektrischer Nebeneisenbahnen v. 31. August 1898 (Wengler S. 341).

Ges. v. 20. Dezember 1888 Zwangsenteignung von Grundstücken 2c. betr., RegBl. S. 446. Ges. v. 4. Juni 1903 RegBl. S. 213, die Haftung für den Sachschaden bei dem Eisenbahnbetrieb betr.

Baden.

Straßengesetz v. 14. Juni 1884 — GVBl. S. 285 — (Wengler S. 343 ff.).

Vor Konzessionierung elektrischer Straßenbahnen ist die Oberpostdirektion einzuvernehmen.

Gesetz, betr. Genehmigung bei Eisenbahnanlagen v. 23. Juni 1900 — GVBl. S. 824 —.

Hessen.

Gesetz vom 29. Mai 1884, die Nebenbahnen betr., und Ausf.-VO. v. 13. Juni 1885, den Bau und Betrieb von Nebeneisenbahnen betr.

Gesetz v. 26. Juli 1884, die Enteignung von Grundeigentum betr. — RegBl. Nr. 24 — insbesondere Art. 1, 2, 3 und 76. (Bek. v. 30. Sept. 1899 RegBl. S. 677.)

Gesetz v. 8. Juli 1884, gleichmäßige Besteuerung der Gewerbe betr. — RegBl. Nr. 15 — Art. 1 u. 4 mit VO. v. 28. Dezember 1860, Gewerbesteuer betr. — RegBl. Nr. 40 — § 1 (cf. Wengler S. 345 bis 364).

VO. v. 1. Juli 1890, betr. die Unterhaltung der von Nebenbahnen mitbenutzten öffentlichen Straßen und Wege (Wengler S. 363).

Bek., den Bau und Betrieb einer elektrischen Straßenbahn in Mainz betr. nebst Abdruck der Konzessionsurkunde v. 5. Mai 1904 RegBl. S. 149 ff.

Landesrechtlich besteht für die Einrichtung elektrischer Straßenbahnen durchgehends Konzessionszwang.

Im Interesse der öffentlichen Sicherheit und Ordnung wird auch allgemein auf Grund der Konzessionsbedingungen eine „Betriebsordnung", auch „Bahnordnung" genannt, aufgestellt, in welcher Vorschriften über Betriebsleitung und Betriebspersonal, Beschaffenheit der Wagen, Art des Betriebes selbst, Rechte und Pflichten der Fahrgäste, Verhalten des übrigen Publikums Aufnahme finden.

Vgl. z. B. Betriebsordnung für die Leipziger, Dresdener und Darmstädter Straßenbahn (im wesentlichen abgedruckt bei Wengler S. 374 ff.).

Für das Rechtsgebiet des preußischen Kleinbahnengesetzes vgl. § 14 des Kleinb.-Ges. u. Ausf.-Anweis. hierzu, cf. auch Gleim, Kleinb.-Ges. zu § 4 Note 2 Abs. 4 und Note 4 und 6, und zu § 22 Note 1, 3 u. 4.

Für Braunschweig vgl. Gesetz vom 30. Dezember 1897 (G. u. VO. Samml. 1898 S. 3), betr. die Bestrafung der Übertretung von Vorschriften des Betriebsreglements für elektrische, nicht der Reichsaufsicht unterstehende Eisenbahnen, ferner Reglement für den

Betrieb der elektrischen Bahn Braunschweig—Wolfenbüttel und in Wolfenbüttel v. 15. Januar 1898 (G. u. VO. Samml. S. 9).

Für Hamburg vgl. Polizei-Reglement v. 29. April 1895 Amtsbl. S. 323) — für Lübeck Verordnung v. 7. Mai 1896, betr. den Betrieb der Straßenbahn in Lübeck (Samml. d. LVO. und Bek. S. 102).

Außerdem hat der Verband deutscher Elektrotechniker „Sicherheitsregeln für elektrische Bahnanlagen" herausgegeben (Verlag Julius Springer in Berlin 1904).

Versicherungs-Gesetze.

I. Krankenversicherungsgesetz.

Dem Reichskrankenversicherungsgesetz vom 15. Juni 1883 in der Fassung vom 10. April 1892 (mit Novelle vom 30. Juni 1900 und 25. Mai 1903, RGBl. 1892, 417; 1900, 332; 1903, 233) unterstehen alle Personen, welche gegen Gehalt oder Lohn in Fabriken, in stehenden Gewerbebetrieben oder in Betrieben beschäftigt werden, in denen Dampfkessel oder durch elementare Kraft, — wozu auch die elektrische Energie gehört, — bewegte Triebwerke zur Verwendung kommen, soferne diese Verwendung nicht ausschließlich in vorübergehender Benutzung einer nicht zur Betriebsanlage gehörenden Kraftmaschine besteht und unter der weiteren Voraussetzung, daß die Beschäftigung nicht durch die Natur ihres Gegenstandes oder durch den Arbeitsvertrag im voraus auf einen Zeitraum von weniger als einer Woche beschränkt ist.

Bezüglich der im staatlichen Telephon- und Telegraphen-Dienst beschäftigten Personen wird auf das KrankVG. selbst § 1 Abs. 2 und die hiefür bestehenden besonderen Bestimmungen verwiesen. Eine nähere Erörterung hat hier zu unterbleiben.

§ 2 des KrankVG. gibt die Möglichkeit, durch statutarische Bestimmung einer Gemeinde oder eines weiteren Kommunalverbandes die Versicherungspflicht auch auf die Personen auszudehnen, deren Beschäftigung durch die Natur ihres Gegenstandes oder im voraus durch Vertrag auf einen Zeitraum von weniger als einer Woche beschränkt ist. Derartige Bestimmungen bedürfen der Genehmigung der höheren Verwaltungsbehörde und sind in der für Bekanntmachungen der Gemeindebehörden üblichen Form zu veröffentlichen.

Betriebsbeamte, Werkmeister und Techniker unterliegen der Versicherungspflicht nur, wenn ihr Arbeitsverdienst an Lohn oder Gehalt sechszweidrittel Mark für den Arbeitstag oder 2000 Mark für das Jahr gerechnet übersteigt. (§ 2 b KrankVG.)

Träger der Versicherung ist primär die Betriebs-(Fabrik-) Krankenkasse, insofern jeder Unternehmer, welcher in seinen Betrieben fünfzig oder mehr dem Krankenversicherungszwange unterliegende Personen beschäftigt, berechtigt, eventuell verpflichtet ist, eine derartige Krankenkasse zu errichten. (§§ 4 und 59 ff. KrankVG.) Ist eine Betriebs-Krankenkasse nicht vorhanden, so tritt die Ortskrankenkasse und in letzter Linie die Gemeindekrankenkasse ein. (§ 4 KrankVG.)

Als Krankenunterstützung ist mindestens zu gewähren, und zwar auf die Dauer von sechsundzwanzig Wochen, freie ärztliche Behandlung, Arznei rc. vom Beginne der Krankheit an und im Falle der Erwerbsunfähigkeit vom dritten Tage nach dem Tage der Erkrankung ab für jeden Arbeitstag ein Krankengeld in der Höhe der Hälfte des ortsüblichen Tagelohns gewöhnlicher Tagearbeiter rc. (§§ 6, 20, 64 KrankVG.)

Im übrigen muß auf die Kommentare zum KrankVG. verwiesen werden.

II. Unfallversicherungsgesetz.

Auf Grund des Gewerbeunfallversicherungsgesetzes vom 30. Juni 1900 — RGBl. S. 573 ff. — § 1 sind alle Arbeiter und Betriebsbeamten (auch Werkmeister und Techniker), letztere, sofern ihr Arbeitsverdienst an Lohn oder Gehalt 3000 Mark nicht übersteigt, versichert, wenn sie beschäftigt sind in Fabriken oder im gesamten Betriebe der Post-, Telegraphen- und Eisenbahnverwaltungen, und zwar einschließlich der Bauten, welche von diesen Verwaltungen für eigene Rechnung ausgeführt werden, oder im gewerbsmäßigen Fuhrwerksbetriebe oder im Gewerbebetrieb des Schiffsziehens (Treidelei) rc. rc. (Vgl. des näheren das Gesetz selbst.)

Als Fabriken gelten alle Betriebe, für welche Dampfkessel oder durch elementare Kraft (Wind, Wasser, Dampf, Gas, Elektrizität) bewegte Triebwerke nicht bloß vorübergehend zur Anwendung kommen, insbesondere diejenigen Betriebe, in welchen die Bearbeitung oder Verarbeitung von Gegenständen gewerbsmäßig ausgeführt wird und zu diesem Zwecke mindestens zehn Arbeiter regelmäßig beschäftigt werden.

Als Träger der Versicherung kommen die Berufsgenossenschaften in Betracht, für die elektrischen Bahnen in Sonderheit die Privatbahnberufsgenossenschaft in Lübeck und die Straßenbahnberufsgenossenschaft in Berlin.

Für die Post- und Telegraphen-Verwaltungen, sowie für die vom Reiche oder einem Bundesstaat verwalteten Eisenbahnbetriebe tritt an die Stelle der Berufsgenossenschaft das Reich, bzw. der Staat, für dessen Rechnung die Verwaltung geführt wird. (§ 134 ff. GewUVG.)

Zu leisten ist im allgemeinen der Ersatz des Schadens, welcher durch die Körperverletzung oder Tötung entsteht.

Bezüglich des Details muß auf die Reichsunfallversicherungsgesetze selbst — vom 30. Juni 1900 — insbesondere das GewUVG. verwiesen werden.

Hinsichtlich des Reichshaftpflichtgesetzes vgl. oben S. 14 ff.

Über das Verhältnis zwischen Unfallgesetzen und Reichshaftpflichtgesetz vgl. Laß-Maier.

Über das Verhältnis zwischen Berufsgenossenschaften und Krankenkassen vgl. die Begründung zur Novelle zum KrankVG. v. 1903 Reichstagsaktenstücke 1900/1903 Nr. 870 S. 5826, 5827 und §§ 25 bis 27 GewUVG.

III. Invalidenversicherungsgesetz.

Das Gesetz vom 13. Juli 1899 in der Fassung der Bekanntmachung vom 19. Juli 1899 — RGBl. S. 393 ff. — unterstellt der Versicherung alle Personen vom vollendeten sechzehnten Lebensjahre ab, welche als Arbeiter, Gehilfen, Gesellen, Lehrlinge oder Dienstboten gegen Lohn oder Gehalt beschäftigt werden, ferner Betriebsbeamte, Werkmeister und Techniker, sowie sonstige Angestellte, deren dienstliche Beschäftigung ihren Hauptberuf bildet, sofern ihr Lohn oder Gehalt zweitausend Mark nicht übersteigt.

Es fallen also unter die Versicherung auch alle in elektrischen Anlagen und Straßenbahnbetrieben beschäftigten Personen.

Gegenstand der Versicherung ist der Anspruch auf Gewährung einer Rente für den Fall der Erwerbsunfähigkeit oder des Alters.

Träger der Versicherung ist die Versicherungsanstalt. (§ 65 ff. InvVG.)

Im einzelnen vgl. das Gesetz selbst.

Fremde Rechte.

Nachstehend folgt eine Zusammenstellung von wichtigeren ausländischen Gesetzen und Entscheidungen ꝛc.

(Ohne Anspruch auf Vollständigkeit.)

Amerika.

Die Gerichte des Staates New-York sehen in der elektrischen Energie einen Handelsartikel und nehmen Diebstahl an elektrischer Energie an. Barnard: Electrical Law of the State of New-York S. 23.

Dänemark.

In § 9 Abs. 2 des Gesetzes v. 11. Mai 1897 ist bestimmt, daß an Stellen, wo bereits kommunale oder private Telegraphen- oder Fernsprechleitungen oder Elektrizitätsleitungen angebracht sind, Staats-Telegraphen- oder Fernsprechleitungen nur angebracht werden dürfen, soweit dies ohne Übelstände für die ersterwähnten Leitungen geschehen kann.

England.

Gesetz v. 18. August 1882, Electric Ligthing Act. In Art. 23 a. a. O. ist der widerrechtliche Entzug elektrischer Energie unter Strafe gestellt. Vgl. hiezu auch Electric Lighthing Clauses Act 1899. (Will: The Law relating to Electric Ligthing and Energy, London 1900 S. 126.)

Siehe ferner: Board of Trade Regulations for Ensuring à Proper and Sufficient Supply of Electrical Energie 1895.

Frankreich.

Auch hier wird die elektrische Energie als eine Ware betrachtet (Dalloz: Jurisprudence générale 1899 Teil 2 S. 477), wobei zu bemerken ist, daß die französische Rechtswissenschaft als Sache im Rechtssinne sowohl körperliche wie unkörperliche Dinge gelten läßt. (Pfleghart S. 52.)

Vgl. ferner Urteil des Tribunal correctionel von Trojes v. 7. Nov. 1893 (Dalloz 1895 Teil 2 S. 102), — Pfleghart S. 93 —, Urteil des Strafgerichts in Toulouse v. 2. Mai 1897 (Dalloz a. a. O. 1897 Teil 2 S. 367) und des Pariser Appellhofes v. 8. Juni 1899 (Dalloz a. a. O. 1899 Teil 2 S. 477 ff.). —

Loi déclarant d'utilité publique une distribution d'énergie électrique produite par une chute d'eau dérivée du Rhône en amont de Lyon v. 10. Juli 1892.

Loi de l'Etablissement de conducteurs d'energie électrique autres que les conducteurs télégraphiques et téléphoniques vom 26. Juni 1895.

Sarraud: Traité du Droit pénal français 1901 Bd. V S. 383 ff.

Italien.

Der Kassationshof in Rom erklärte in seiner Entsch. v. 22. August 1899 (Foro italiano Bd. 24 S. 1017 ff.) die elektrische Energie gleich dem Gase als eine Ware.

Vgl. ferner:

Verordnung v. 16. Juni 1892,

Gesetz v. 7. Juni 1894, betr. Übertragung elektrischer Ströme, (Legge sulla trasmissione a distanza delle correnti elettriche destinata al trasporto ed alla distribuzione delle energie per uso industriale).

Der Kassationshof in Rom, der Appellhof von Neapel und der Prätor von Pavia sehen in der widerrechtlichen Entziehung elektrischer Energie die Merkmale des Diebstahls. Cf. Pipia: L'Elettricità nel Diritto S. 18 u. 20, Foro italiano Bd. 23 1898 S. 422.

Urteil des Kassationshofes von Rom v. 14. Mai 1901 Foro italiano Bd. 26 S. 902 ff.

Urteil des Kassationshofes von Neapel v. 13. Juni 1900.

Urteil des Kassationshofes in Rom v. 16. August 1899 (Foro italiano Bd. 24 S. 1073 ff.).

Literatur:

Pipia: L'Elettricità nel Diritto, Mailand 1900.
Frassati: Rivista penale, Supplemento V/VI p. 257 ff.
Barassi: Sulla natura del contratto di distribuzione dell' energia elettrica (Monitore dei trib. 1900 S. 321).
Bonfante: (Foro italiano Bd. XXVI S. 905).

Österreich.

Die Entziehung elektrischer Energie wird als Betrug aufgefaßt. (Juristenzeitung Bd. 2 S. 467.)

Eisenbahnkonzessionsgesetz v. 14. Sept. 1854 RGBl. Nr. 238 und Ges. über Bahnen niederer Ordnung v. 31. Dezember 1894, RGBl. Nr. 2 ex 1905. — Eichamtliche Prüfung und Beglaubigung von Elektrizitätsverbrauchsmessern, VO. v. 21. Dez. 1903 RGBl. S. 815 ff.

Portugal.

Nach Art. 42 des Dekretes v. 1. Dezember 1892 darf keine elektrische Leitung, ober- und unterirdische, sei es zur Beleuchtung, Kraftübertragung oder zu einem anderen Zwecke ohne Genehmigung der Regierung angelegt werden, nachdem zuvor die Post- und Telegraphendirektion hierüber gehört worden ist. Letzterer steht ebenfalls die Überwachung darüber zu, daß der Betrieb solcher Linien in ungefährdeter Weise für das Publikum, den Telegraphen- und Fernsprechdienst, sowie für ähnliche Unternehmungen stattfindet.

Schweiz.

Bundesgesetz v. 24. Juni 1902, betr. die elektrischen Stark- und Schwachstromanlagen. (Abgedr. Anhang unter Nr. XXIII.)

Anhang.

Zusammenstellung der einschlägigen gesetzlichen Bestimmungen, Verordnungen usw.

I.

Reichs-Gesetz vom 1. Juni 1898, betr. die elektrischen Maßeinheiten.

(RGBl. 1898 S. 905.)

§ 1.

Die gesetzlichen Einheiten für elektrische Messungen sind das Ohm, das Ampere und das Volt.

§ 2.

Das Ohm ist die Einheit des elektrischen Widerstandes. Es wird dargestellt durch den Widerstand einer Quecksilbersäule von der Temperatur des schmelzenden Eises, deren Länge bei durchweg gleichem, einem Quadratmillimeter gleich zu achtendem Querschnitt, 106,3 Zentimeter und deren Masse 14,4521 Gramm beträgt.

§ 3.

Das Ampere ist die Einheit der elektrischen Stromstärke. Es wird dargestellt durch den unveränderlichen Strom, welcher bei dem Durchgange durch eine wässerige Lösung von Silbernitrat in einer Sekunde 0,001118 Gramm Silber niederschlägt.

§ 4.

Das Volt ist die Einheit der elektromotorischen Kraft. Es wird dargestellt durch die elektromotorische Kraft, welche in einem Leiter, dessen Widerstand ein Ohm beträgt, einen elektrischen Strom von einem Ampere erzeugt.

§ 5.

Der Bundesrat ist ermächtigt,

a) die Bedingungen festzusetzen, unter denen bei Darstellung des Ampere (§ 3) die Abscheidung des Silbers stattzufinden hat,
b) Bezeichnungen für die Einheiten der Elektrizitätsmenge, der elek-

trischen Arbeit und Leistung, der elektrischen Kapazität und der elektrischen Induktion festzusetzen,

c) Bezeichnungen für die Vielfachen und Teile der elektrischen Einheiten (§ 1, 5 b) vorzuschreiben,

d) zu bestimmen, in welcher Weise die Stärke, die elektromotorische Kraft, die Arbeit und Leistung der Wechselströme zu berechnen ist.[1])

§ 6.

Bei der gewerbsmäßigen Abgabe elektrischer Arbeit dürfen Meßwerkzeuge, sofern sie nach den Lieferungsbedingungen zur Bestimmung der Vergütung dienen sollen, nur verwendet werden, wenn ihre Angaben auf den gesetzlichen Einheiten beruhen. Der Gebrauch unrichtiger Meßgeräte ist verboten. Der Bundesrat hat nach Anhörung der Physikalisch-Technischen Reichsanstalt die äußersten Grenzen der zu duldenden Abweichungen von der Richtigkeit festzusetzen.[2])

Der Bundesrat ist ermächtigt, Vorschriften darüber zu erlassen, inwieweit die im Absatz 1 bezeichneten Meßwerkzeuge amtlich beglaubigt oder einer wiederkehrenden amtlichen Ueberwachung unterworfen sein sollen.

§ 7.

Die Physikalisch-Technische Reichsanstalt hat Quecksilbernormale des Ohm herzustellen und für deren Kontrolle und sichere Aufbewahrung an verschiedenen Orten zu sorgen. Der Widerstandswert von Normalen aus festen Metallen, welche zu den Beglaubigungsarbeiten dienen, ist durch alljährlich zu wiederholende Vergleichungen mit den Quecksilbernormalen sicherzustellen.

§ 8.

Die Physikalisch-Technische Reichsanstalt hat für die Ausgabe amtlich beglaubigter Widerstände und galvanischer Normalelemente zur Ermittlung der Stromstärken und Spannungen Sorge zu tragen.

§ 9.

Die amtliche Prüfung und Beglaubigung elektrischer Meßgeräte erfolgt durch die Physikalisch-Technische Reichsanstalt. Der Reichskanzler kann die Befugnis hierzu auch anderen Stellen übertragen. Alle zur Ausführung der amtlichen Prüfung benutzten Normale und Normalgeräte müssen durch die Physikalisch-Technische Reichsanstalt beglaubigt sein.

§ 10.

Die Physikalisch-Technische Reichsanstalt hat darüber zu wachen, daß bei der amtlichen Prüfung und Beglaubigung elektrischer Meßgeräte im ganzen Reichsgebiete nach übereinstimmenden Grundsätzen verfahren wird. Sie hat die technische Aufsicht über das Prüfungswesen zu führen und alle darauf bezüglichen technischen Vorschriften zu erlassen. Insbesondere liegt ihr ob, zu bestimmen, welche Arten von Meßgeräten zur amtlichen Beglaubigung zugelassen werden sollen, über Material, sonstige Beschaffenheit und Bezeichnung der Meßgeräte Bestimmungen zu treffen, das bei der Prüfung und Beglaubigung zu beobachtende Verfahren zu regeln, sowie die zu erhebenden Gebühren und das bei den Beglaubigungen anzuwendende Stempelzeichen festzusetzen.

---

[1]) Geschehen zu Ziff. a—d mit Bek. v. 6 Mai 1901 Ziff. I — RGBl. S. 127 —.

[2]) Geschehen mit Bek. v 6. Mai 1901 Ziff. II — RGBl. S. 127 — (siehe auch S. 62.)

§ 11.

Die nach Maßgabe dieses Gesetzes beglaubigten Meßgeräte können im ganzen Umfange des Reichs im Verkehre angewendet werden.

§ 12.

Wer bei der gewerbsmäßigen Abgabe elektrischer Arbeit den Bestimmungen in § 6 oder den auf Grund derselben ergehenden Verordnungen zuwiderhandelt, wird mit Geldstrafe bis zu einhundert Mark oder mit Haft bis zu vier Wochen bestraft. Neben der Strafe kann auf Einziehung der vorschriftswidrigen oder unrichtigen Meßwerkzeuge erkannt werden.

§ 13.

Dieses Gesetz tritt mit den Bestimmungen in §§ 6 und 12 am 1. Januar 1902, im übrigen am Tage seiner Verkündung in Kraft.

II.

Bekanntmachung des Bundesrats vom 6. Mai 1901, betr. die Ausführung des Gesetzes über die elektrischen Maßeinheiten.

(RGBl. 1901 S. 127.)

I. Auf Grund des § 5 des Gesetzes, betreffend die elektrischen Maßeinheiten, vom 1. Juni 1898 (RGBl. S. 905) wird folgendes bestimmt:

1. Zu § 5a. Bedingungen, unter denen bei der Darstellung des Ampere die Abscheidung des Silbers stattzufinden hat.

Die Flüssigkeit soll eine Lösung von 20 bis 40 Gewichtsteilen reinen Silbernitrats in 100 Teilen chlorfreien destillierten Wassers sein; sie darf nur solange benutzt werden, bis im ganzen 3 Gramm Silber auf 100 Kubikzentimeter der Lösung elektrolytisch abgeschieden sind.

Die Anode soll, soweit sie in die Flüssigkeit eintaucht, aus reinem Silber bestehen. Die Kathode soll aus Platin bestehen. Uebersteigt die auf ihr abgeschiedene Menge Silber 0,1 Gramm auf das Quadratzentimeter, so ist das Silber zu entfernen.

Die Stromdichte soll an der Anode ein Fünftel, an der Kathode ein Fünfzigstel Ampere auf das Quadratzentimeter nicht überschreiten.

Vor der Wägung ist die Kathode zunächst mit chlorfreiem destillierten Wasser zu spülen, bis das Waschwasser bei dem Zusatz eines Tropfens Salzsäure keine Trübung zeigt, alsdann 10 Minuten lang mit destilliertem Wasser von 70 Grad bis 90 Grad auszulaugen und schließlich mit destilliertem Wasser zu spülen. Das letzte Waschwasser darf kalt durch Salzsäure nicht getrübt werden. Die Kathode wird warm getrocknet, bis zur Wägung im Trockengefäß aufbewahrt, und nicht früher als 10 Minuten nach der Abkühlung gewogen.

2. Zu § 5b. Bezeichnungen elektrischer Einheiten.

a) Die Elektrizitätsmenge, welche bei einem Ampere in einer Sekunde durch den Querschnitt der Leitung fließt, heißt eine Amperesekunde (Coulomb), die in einer Stunde hindurchfließende Elektrizitätsmenge heißt eine Amperestunde.

b) Die Leistung eines Ampere in einem Leiter von einem Volt Endspannung heißt ein Watt.

c) Die Arbeit von einem Watt während einer Stunde heißt eine Wattstunde.

d) Die Kapazität eines Kondensators, welcher durch eine Amperesekunde auf ein Volt geladen wird, heißt ein Farad.

e) Der Induktionskoeffizient eines Leiters, in welchem ein Volt induziert wird durch die gleichmäßige Aenderung der Stromstärke um ein Ampere in der Sekunde, heißt ein Henry.

3. Zu § 5c. Bezeichnungen für die Vielfachen und Teile der elektrischen Einheiten.

Als Vorsätze vor dem Namen einer Einheit bedeuten:

Kilo	das Tausendfache,
Mega (Meg) . . .	das Millionfache,
Milli	den tausendten Teil,
Mikro (Mikr) . .	den millionten Teil.

4. Zu § 5d. Berechnung der Stärke, der elektromotorischen Kraft (Spannung) und der Leistung von Strömen wechselnder Stärke oder Richtung.

a) Als wirksame (effektive) Stromstärke — oder, wenn nichts anderes festgesetzt ist, als Stromstärke schlechthin — gilt die Quadratwurzel aus dem zeitlichen Mittelwerte der Quadrate der Augenblicks-Stromstärken.

b) Als mittlere Stromstärke gilt der ohne Rücksicht auf die Richtung gebildete zeitliche Mittelwert der Augenblicks-Stromstärken.

c) Als elektrolytische Stromstärke gilt der mit Rücksicht auf die Richtung gebildete zeitliche Mittelwert der Augenblicks-Stromstärken.

d) Als Scheitelstromstärke periodisch veränderlicher Ströme gilt deren größter Augenblickswert.

e) Die unter a bis d für die Stromstärke festgesetzten Bezeichnungen und Berechnungen gelten ebenso für die elektromotorische Kraft oder die Spannung.

f) Als Leistung gilt der mit Rücksicht auf das Vorzeichen gebildete zeitliche Mittelwert der Augenblicksleistungen.

II. Auf Grund des § 6 Abs. 1 des Gesetzes, betreffend die elektrischen Maßeinheiten, vom 1. Juni 1898 werden die äußersten Grenzen der bei gewerbsmäßiger Abgabe elektrischer Arbeit zu duldenden Abweichungen der Elektrizitätszähler von der Richtigkeit wie folgt bestimmt:

1. Gleichstromzähler.

a) Die Abweichung der Verbrauchsanzeige nach oben oder nach unten von dem wirklichen Verbrauche darf bei einer Belastung zwischen dem Höchstverbrauche, für welchen der Zähler bestimmt ist, und dem zehnten Teile desselben nirgends mehr betragen als sechs Tausendtel dieses Höchstverbrauchs, vermehrt um sechs Hundertel des jeweiligen Verbrauchs und ferner bei einer Belastung von ein Fünfundzwanzigstel des obigen Höchstverbrauchs nicht mehr als zwei Hundertel des letzteren.

Auf Zähler, die in Lichtanlagen verwendet werden, finden diese Bestimmungen nur insoweit Anwendung, als die anzuzeigende Leistung nicht unter 30 Watt sinkt.

b) Während einer Zeit, in welcher kein Verbrauch stattfindet, darf der Vorlauf oder der Rücklauf des Zählers nicht mehr betragen, als einem halben Hundertel seines oben bezeichneten Höchstverbrauchs entspricht.

2. Wechselstrom- und Mehrphasenstromzähler.

Für diese gelten dieselben Bestimmungen wie unter 1, jedoch mit der Maßgabe, daß, wenn in der Verbrauchsleitung zwischen Spannung und Stromstärke eine Verschiebung besteht, der nach 1 a ermittelte Fehler in Hundertel des jeweiligen Verbrauchs umgerechnet und der entstehenden Zahl der Hundertel die doppelte trigonometrische Tangente des Verschiebungswinkels hinzugefügt wird. Dabei bedeutet der Verschiebungswinkel den Winkel, dessen

Kosinus gleich dem Leistungsfaktor ist. Alle zur Berechnung der Fehler dienenden Größen sind mit dem gleichen Vorzeichen zu nehmen.

III.
Prüfordnung für elektrische Meßgeräte.

(Zentralblatt f. d. Deutsche Reich 1902 Nr. 11 S. 46 ff)

Auf Grund des § 10 des Gesetzes, betreffend die elektrischen Maßeinheiten, vom 1. Juni 1898 (RGBl. S. 905) wird nachstehende Prüfordnung für elektrische Meßgeräte erlassen.

(Erlassen von der physikalisch-technischen Reichsanstalt).

§ 1.
Prüfung und Beglaubigung.

Die amtliche Prüfung elektrischer Meßgeräte erfolgt durch die Physikalisch-Technische Reichsanstalt — Abteilung II — und durch diejenigen Stellen (elektrischen Prüfämter), welchen der Reichskanzler die Befugnis hierzu auf Grund des § 9 des genannten Gesetzes übertragen hat.

Mit der Prüfung kann bei Meßgeräten, für welche die Systemprüfung durch die Physikalisch-Technische Reichsanstalt eine hinlängliche Unveränderlichkeit der Angaben erwiesen hat, eine Beglaubigung verbunden werden, wenn die betreffenden Instrumente den Vorschriften der §§ 11, 14, 15 dieser Prüfordnung entsprechen und die daselbst angegebenen Beglaubigungs-Fehlergrenzen einhalten.

§ 2.
Der Reichsanstalt vorbehaltene Arbeiten.

Die der Physikalisch-Technischen Reichsanstalt zufallende Tätigkeit, soweit dieselbe die Prüfung und Beglaubigung elektrischer Meßgeräte betrifft, ist durch §§ 9 und 10 des Gesetzes[1]) bestimmt. Die Reichsanstalt hat die technische Aufsicht über das Prüfungswesen im ganzen Reichsgebiete zu führen und alle darauf bezüglichen technischen Vorschriften zu erlassen. Sie hat zu bestimmen, welche Arten von elektrischen Meßgeräten zur amtlichen Beglaubigung zugelassen werden sollen, und die hierfür erforderlichen Systemprüfungen auszuführen.

Außerdem führt sie die Prüfung und Beglaubigung aller derjenigen elektrischen Meßgeräte aus, welche nicht zu den Prüfungsbefugnissen (§ 8) der elektrischen Prüfämter gehören, sowie endlich die Prüfung und Beglaubigung derjenigen zur Messung von Strom, Spannung, Leistung und Verbrauch dienenden Apparate, welche als Arbeitsnormale bei der Herstellung elektrischer Meßgeräte verwendet werden.

§ 3.
Beantragung von Systemprüfungen.

Die Zulassung eines jeden Systems elektrischer Meßgeräte zur Beglaubigung setzt einen Antrag des Erfinders oder des Verfertigers, oder eines hierzu bevollmächtigten Vertreters derselben voraus. Mit diesem Antrage sind fünf Meßgeräte der betreffenden Gattung von verschiedenem Meßbereich, eine Beschreibung und eine zur photographischen Verviel-

---

[1]) Vom 1. Juni 1898, abgedr. oben sub. I.

fältigung geeignete Zeichnung (Größe 33 × 21 cm), welche den Mechanismus der Meßgeräte deutlich erkennen läßt, sowie die im § 19 unter A angegebenen Gebühren an die Physikalisch-Technische Reichsanstalt — Abteilung II — einzusenden. Wenn besondere Gründe vorliegen, kann die Anzahl der für die Systemprüfung einzureichenden Meßgeräte beschränkt, anderseits aber auch die Einreichung von Meßgeräten bestimmter Meßbereiche verlangt werden.

In dem Antrag ist anzugeben:

1. von wem und unter welcher Bezeichnung das betreffende System hergestellt und in den Verkehr gebracht wird,
2. welche Größenstufen und besonderen Ausführungsformen des Systems angefertigt werden sollen,
3. ob, seit wann und in welcher Anzahl Apparate dieser Gattung
   im Deutschen Reiche,
   in anderen Ländern
   im Gebrauche sind,
4. die etwaige Patent- oder Musterschutznummer.

Die Beschreibung soll sich namentlich beziehen auf:

a) Schaltung, Material, Abmessungen, Windungszahlen und Widerstände der stromführenden Teile, Material und Abmessungen der Magnete und magnetisch wirksamen Eisenteile,
b) das Uebersetzungsverhältnis auf das Zählwerk von Elektrizitätszählern,
c) die Einrichtungen und das Verfahren für die Gangregelung,
d) die Vorschriften für Aufhängung und Wartung der Apparate.

§ 4.

Ausführung der Systemprüfungen.

Die Systemprüfung, soweit sie nicht nach den bisherigen Erfahrungen der Reichsanstalt teilweise entbehrt werden kann, besteht in einer Untersuchung der eingereichten Apparate in der Reichsanstalt und in einer Erprobung des Systems im praktischen Betriebe. Wenn der erstere Teil der Prüfung, der nach Erledigung etwaiger erforderlicher Vorverhandlungen mit dem Antragsteller innerhalb dreier Monate abgeschlossen sein soll, ein befriedigendes Ergebnis geliefert hat, ohne daß über die Bewährung im Betriebe genügende Erfahrungen vorliegen, kann auf Antrag des Anmelders eine zeitweilige Zulassung zur Beglaubigung für eine Dauer bis zu drei Jahren bewilligt werden. Spätestens ein Jahr vor Ablauf dieser Zeit wird dem Antragsteller die endgültige Entscheidung übermittelt.

Nach Abschluß des Zulassungsverfahrens werden drei der eingereichten Meßgeräte dem Antragsteller zurückgegeben, die beiden anderen verbleiben als Muster und für etwaige fernere Untersuchungen zur dauernden Verfügung der Physikalisch-Technischen Reichsanstalt.

Wird die Zulassung des Systems zur Beglaubigung versagt, so werden sämtliche fünf eingereichten Meßgeräte dem Antragsteller zurückgegeben.

§ 5.

Zulassung von Systemen zur Beglaubigung.

Jede endgültige Zulassung eines Systems elektrischer Meßgeräte zur Beglaubigung wird in dem Zentral-Blatte für das Deutsche Reich und im Reichsanzeiger bekannt gemacht.

Bei der Zulassung wird eine Bezeichnung des Systems festgesetzt, welche auf den Meßgeräten anzubringen ist.

Eine Veröffentlichung einer zeitweiligen Zulassung eines Systems zur Beglaubigung findet nur auf Antrag des Anmelders statt.

§ 6.

Aenderungen der zur Beglaubigung zugelassenen Systeme.

Von allen Aenderungen der messenden Teile der zur Beglaubigung zugelassenen Systeme, sowie von einem Uebergange der Verfertigung der Meßgeräte auf eine andere Firma hat der Verfertiger Anzeige an die Reichsanstalt zu machen. Die letztere entscheidet darüber, ob so wesentliche Aenderungen stattgefunden haben, daß eine Ergänzung der früher ausgeführten Systemprüfung erforderlich ist. Mit dem Antrag einer Ergänzungsprüfung sind zwei Meßgeräte der geänderten Form und die im § 19 unter A 3 angegebenen Gebühren einzusenden.

Nach Abschluß der Ergänzungsprüfung wird das eine der eingereichten Meßgeräte dem Anmelder zurückgegeben.

§ 7.

Zurücknahme der Zulassung eines Systems.

Die Zulassung eines Systems zur Beglaubigung kann wegen amtlich zur Kenntnis gekommener Mängel desselben von der Reichsanstalt zurückgenommen werden. Die Zurücknahme erfolgt jedoch erst dann, wenn der Verfertiger trotz Aufforderung durch die Reichsanstalt die erwähnten Mängel seiner Erzeugnisse nicht innerhalb eines Jahres nachgewiesenermaßen beseitigt hat.

Die Zurücknahme wird, wie im § 5 Abs. 1 angegeben, bekannt gemacht.

§ 8.

Befugnisse der Prüfämter.

Die Tätigkeit der Prüfämter erstreckt sich auf die Prüfung und Beglaubigung.

1. der bei der gewerbsmäßigen Abgabe elektrischer Arbeit zur Bestimmung der Vergütung benutzten Meßgeräte (Elektrizitätszähler usw.),
2. der zur Messung von Strom, Spannung und Leistung bestimmten Schalttafel- und Montage-Instrumente, sofern sie einem beglaubigungsfähigen System angehören (§ 4 und 5) und mit Gleichstrom geprüft werden können.

§ 9.

Meßbereiche der Prüfämter.

Die Prüfämter zerfallen in solche für Prüfungen mit Gleichstrom und solche für Prüfungen mit Gleich- und Wechselstrom (einschließlich Drehstrom). Jedes Prüfamt muß in seinem Laboratorium Messungen bis zu 500 Volt und 200 Ampere ausführen können.

Trifft ein Prüfamt die für eine Erweiterung seiner Prüfungsbefugnis erforderlichen Einrichtungen und weist deren ordnungsmäßige Beschaffenheit nach, so kann seine Befugnis durch die Physikalisch-Technische Reichsanstalt den Einrichtungen entsprechend erweitert werden.

Meßgeräte für solche Stromstärken und Spannungen, welche das Meßbereich des Prüfamts überschreiten, sind einem anderen Prüfamte von weiterer Prüfungsbefugnis oder der Reichsanstalt zur Prüfung zu überweisen.

§ 10.

Ort der Prüfung.

Die Prüfungen und Beglaubigungen dürfen nur in den Arbeitsräumen der Prüfämter oder nach Bedarf am Verwendungsort ausgeführt werden.

Ausnahmen hiervon, z. B. Prüfungen in Räumen, welche von Elektrizitätswerken oder Fabriken von elektrischen Meßgeräten zur Verfügung gestellt werden, bedürfen der Genehmigung der Physikalisch-Technischen Reichsanstalt.

§ 11.

Beschaffenheit der zur Prüfung oder Beglaubigung kommenden Meßgeräte.

Die Angaben der zur Prüfung oder Beglaubigung eingereichten, in §§ 2 und 8 genannten elektrischen Meßgeräte müssen unmittelbar in den gesetzlichen Maßeinheiten (Bekanntmachung, betreffend die Ausführung des Gesetzes über die elektrischen Maßeinheiten, vom 6. Mai 1901. Reichs-Gesetzbl. S. 127) erfolgen oder durch Multiplikation mit einer auf dem Apparat angegebenen Zahl (Konstante) auf dieselben zurückgeführt werden. Die Angaben sollen entweder durch Zeiger oder deutlich sichtbare Marken vor einer Skale oder durch springende Ziffern geschehen.

Die Meßgeräte müssen mit einem Schutzgehäuse umgeben sein, welches Vorkehrungen zum Anlegen von Bleisiegeln und ein von innen in das Gehäuse eingesetztes Schauglas vor dem Zifferblatt enthält.

Auf dem Zifferblatte, dem Gehäuse oder auf einem von außen nicht abnehmbaren Schilde soll die Firma und der Wohnort des Verfertigers oder dessen eingetragenes Fabrikzeichen, die laufende Fabrikations-Nummer, die Maßeinheit, nach welcher die Angabe erfolgt (z. B. Ampere, Volt, Watt, Kilowatt, Kilowattstunde), und das Meßbereich nebst Bezeichnung des Verteilungssystems (z. B. 2 × 200 Volt bis 2 × 100 Amp.) deutlich sichtbar angebracht sein.

Außerdem sind daselbst in deutscher Sprache die Apparaten-Gattung und -Stromart (z. B. Drehstromzähler) anzugeben, sowie — falls diese Umstände auf die Richtigkeit der Angaben der Instrumente von Einfluß sind — auch die Einschaltungsdauer (z. B. Leistungsmesser für kurzdauernde Einschaltung) und bei Wechselstrom-Meßgeräten die Polwechselzahl und Belastungsart (z. B. Zähler für induktionslose Belastung, Drehstromzähler für gleich belastete Zweige).

§ 12.

Ausnahme-Bestimmungen.

Bis zum 1. Januar 1905 wird von den Vorschriften des § 11 Abs. 3 und 4 abgesehen.

Meßgeräte, welche für die Ausfuhr bestimmt sind, dürfen Aufschriften in fremder Sprache tragen, wenn mit dem Prüfungsantrag eine deutsche Uebersetzung eingereicht wird.

§ 13.

Verkehrs-Fehlergrenzen für Zähler.

Die im Verkehre zulässigen Fehlergrenzen der Elektrizitätszähler[1]) sind durch die Ausführungsbestimmungen zum Gesetze, betreffend die elektrischen Maßeinheiten, vom Bundesrate wie folgt festgesetzt worden:

---

[1]) Reichs-Gesetzbl. 1901 Nr. 16 S. 129 unter II. Für die übrigen elektrischen Meßgeräte (Strom-, Spannungs-, Leistungsmesser) sind seitens des Bundesrats keine Verkehrs-Fehlergrenzen festgesetzt.

1. Gleichstromzähler.

a) Die Abweichung der Verbrauchsanzeige nach oben oder nach unten von dem wirklichen Verbrauche darf bei einer Belastung zwischen dem Höchstverbrauche, für welchen der Zähler bestimmt ist, bis zu dem zehnten Teile desselben nirgends mehr betragen als sechs Tausendtel dieses Höchstverbrauchs, vermehrt um sechs Hundertel des jeweiligen Verbrauchs, und ferner bei einer Belastung von ein Fünfundzwanzigstel des obigen Höchstverbrauchs nicht mehr als zwei Hundertel des letzteren.

Auf Zähler, die in Lichtanlagen verwendet werden, finden diese Bestimmungen nur insoweit Anwendung, als die anzuzeigende Leistung nicht unter 30 Watt sinkt.

b) Während einer Zeit, in welcher kein Verbrauch stattfindet, darf der Vorlauf oder der Rücklauf des Zählers nicht mehr betragen, als einem halben Hundertel seines oben bezeichneten Höchstverbrauchs entspricht.

2. Wechselstrom- und Mehrphasenzähler.

Für diese gelten dieselben Bestimmungen wie unter 1, jedoch mit der Maßgabe, daß, wenn in der Verbrauchsleitung zwischen Spannung und Stromstärke eine Verschiebung besteht, der nach 1a ermittelte Fehler in Hundertel des jeweiligen Verbrauchs umgerechnet und der entstehenden Zahl der Hundertel die doppelte trigonometrische Tangente des Verschiebungswinkels hinzugefügt wird. Dabei bedeutet der Verschiebungswinkel den Winkel, dessen Cosinus gleich dem Leistungsfaktor ist. Alle zur Berechnung der Fehler dienenden Größen sind mit dem gleichen Vorzeichen zu nehmen.

§ 14.

Beglaubigungs-Fehlergrenzen für Zähler.

Die Beglaubigung von Meßgeräten, welche zur Bestimmung der Vergütung bei der gewerbsmäßigen Abgabe elektrischer Arbeit dienen sollen, findet statt, wenn ihr System von der Reichsanstalt zur Beglaubigung zugelassen worden ist (§§ 4 und 5), und wenn sie die Hälfte der im § 13 genannten Verkehrs-Fehlergrenzen einhalten. Jedoch soll bei Wechselstromzählern der Zusatzfehler, welcher im § 13 unter 2 für eine Verschiebung φ zwischen Spannung und Stromstärke festgesetzt ist, mit seinem ganzen Betrage (2 tg φ) in Rechnung gestellt werden.

§ 15.

Beglaubigungs-Fehlergrenzen für Strom-, Spannungs- und Leistungsmesser.

Strom-, Spannungs- und Leistungsmesser werden zur Prüfung durch die Prüfämter nur dann zugelassen, wenn sie einem von der Reichsanstalt als beglaubigungsfähig erklärten System angehören und mit Gleichstrom geprüft werden können. Ihre Beglaubigung erfolgt, wenn die gefundenen Fehler entweder nicht über $\pm$ $0{,}2$ des betreffenden Skalen-Intervalls, oder nicht über $\pm$ $0{,}01$ des Sollwerts hinausgehen. Es kommt hierbei stets diejenige der beiden Bestimmungen zur Anwendung, welche für die Zulassung des Meßgeräts zur Beglaubigung die mildere ist. Bei Meßgeräten mit verkürzter Skale soll der Fehler $\pm$ $0{,}01$ des Sollwerts nicht übersteigen. Dasselbe gilt von solchen Meßgeräten, deren Anwendung durch eine entsprechende Aufschrift (z. B. „Strommesser richtig von . . . bis . . . Ampere") auf einen bestimmten Teil der vorhandenen Skale eingeschränkt worden ist.

§ 16.

Verfahren bei der Prüfung (Vorprüfung und Hauptprüfung).

Die Prüfung der elektrischen Meßgeräte durch die Prüfämter erstreckt sich auf die äußere Beschaffenheit, die Erfüllung der im § 11 enthaltenen Vorschriften (Vorprüfung) und auf das Einhalten der in §§ 13—15 angegebenen Fehlergrenzen (Hauptprüfung).

Nach vollzogener Hauptprüfung erhält jedes Meßgerät einen Schein über den Ausfall der Prüfung, sowie gegebenenfalls das im § 18 festgesetzte Stempelzeichen. Der zahlenmäßige Betrag der gefundenen Abweichungen von der Richtigkeit wird in den Scheinen nicht angegeben.

Auf besonderen Antrag werden Elektrizitätswerken und Fabrikanten von elektrischen Meßgeräten Verzeichnisse der an ihren Meßgeräten ermittelten Abweichungen von der Richtigkeit gegen besondere Gebühr ausgefertigt.

Meßgeräte, welche die Verkehrs-Fehlergrenzen überschreiten oder sonstige Mängel zeigen, werden durch Anbinden eines Zettels mit entsprechender Aufschrift gekennzeichnet.

§ 17.

Berichtigung und Reinigung der zu prüfenden Meßgeräte.

Bei Gelegenheit von Prüfungen dürfen auf Antrag der Beteiligten von den Prüfämtern Berichtigungen an den Meßgeräten, falls hierzu geeignete Stellvorrichtungen vorhanden sind, sowie Reinigungen des Werkes und kleine Ausbesserungen ausgeführt werden.

Bei Streitfällen und Revisionen ist jeder Eingriff in die Apparate untersagt, und ein von neuem notwendig werdender Bleiverschluß ist tunlichst ohne Verletzung bereits vorhandener Plomben anzulegen.

§ 18.

Stempel- und Verschlußzeichen.

a) Als Zeichen, daß ein Meßgerät bei der Prüfung die für den Verkehr zugelassenen Fehlergrenzen (§ 13) eingehalten hat, dient ein an dem Meßgerät anzubringender Verkehrsstempel, welcher das amtliche Stempelzeichen des betreffenden elektrischen Prüfamts (bestehend aus den Buchstaben EPA und der Nummer des Prüfamts), sowie die Angabe des Kalenderjahrs und des Vierteljahrs der Prüfung trägt.

b) Als Zeichen, daß ein Meßgerät einem beglaubigungsfähigen System angehört, den Vorschriften des § 11 entspricht und bei der Prüfung die Beglaubigungs-Fehlergrenzen (§§ 14 und 15) eingehalten hat, dient ein Beglaubigungsstempel, welcher den Reichsadler, das amtliche Zeichen des Prüfamts, sowie die Jahres- und Quartalszahl der Prüfung trägt.

c) Bei Nachprüfungen tritt der neue Verkehrs- oder Beglaubigungsstempel zu dem auf dem Meßgeräte bereits vorhandenen hinzu.

d) In den unter a bis c angegebenen Fällen werden die geprüften oder beglaubigten Meßgeräte durch Bleisiegel verschlossen, welche auf der einen Seite den Reichsadler und auf der Rückseite das amtliche Zeichen des Prüfamts tragen.

Dieser Verschluß kann zum Zwecke von Nachregulierungen von dem mit der Wartung der Zähler beauftragten Beamten des Elektrizitätswerkes im Falle des Einverständnisses des Abnehmers entfernt und nach Erledigung der Regulierung durch eine Plombe des Elektrizitätswerkes ersetzt werden. Von jeder solchen Nachregulierung hat das Elektrizitätswerk demjenigen Prüfamte, dessen Stempel sich auf dem Zähler vorfindet, Anzeige unter Angabe der vor und nach der Regulierung ermittelten Abweichungen zu machen.

e) Als Zeichen eines *zeitweiligen Verschlusses* und in den im § 16 Abs. 4 erwähnten Fällen wird in die Plombenschrauben des Meßgeräts ein *Zettel* mit aufgeklebter Siegelmarke des betreffenden Prüfamts eingebunden.

f) Bei Prüfungen und Beglaubigungen, welche von der *Physikalisch-Technischen Reichsanstalt* — Abteilung II — erledigt werden, tritt an Stelle des amtlichen Stempelzeichens der Prüfämter dasjenige der Reichsanstalt (PTR II).

§ 19.

Gebühren.

	ℳ
A. *Bei Systemprüfungen.*	
1. für eine Art Zähler	300,00
2. für eine Art Strom-, Spannungs- oder Leistungsmesser	150,00
3. für eine Ergänzung einer Systemprüfung (vgl. § 6) wird ein Drittel der Sätze A 1, bzw. 2 in Anrechnung gebracht.	
B. *Bei Prüfungen elektrischer Meßgeräte.*	
1. *Elektrizitätszähler.*	
a) Grundgebühr für Zweileiterzähler	4,00
b) Grundgebühr für Mehrleiter- und Mehrphasenzähler	6,00
c) Zuschlag für Spannung:	
bis 150 Volt	—
für jede weiteren angefangenen 150 Volt . . .	1,00
d) Zuschlag für Strom bis:	
5 Ampere Höchststrom	—
10 " "	1,00
15 " "	1,50
30 " "	2,50
50 " "	4,00
100 " "	6,00
150 " "	9,00
300 " "	12,00
500 " "	15,00
1000 " "	20,00
1500 " "	25,00
3000 " "	30,00
5000 " "	40,00
10000 " "	60,00

2. Bei *Mehrleiterzählern* gilt als Höchststrom die Summe der Höchststromstärken der einzelnen Zweige, als Spannung die eines *einzelnen* Zweiges.

3. Bei *Drehstromzählern* gilt als Höchststrom der *dreifache* Höchststrom eines Zweiges (einer Phase), als Spannung die Spannung zwischen zwei Außenleitern.

4. *Strom-, Spannungs- und Leistungsmesser.*	
a) Grundgebühr	2,00
b) Zuschlag für Spannung bis 300 Volt	1,00
für jede weiteren angefangenen 300 Volt . . .	1,00
c) Zuschlag für Strom bis 300 Ampere	1,00
für jede weiteren angefangenen 300 Ampere . .	1,00
5. Für Meßgeräte, welche auf Grund der *Vorprüfung* zurückgewiesen werden, sind nachstehende Gebühren zu zahlen:	
a) für jeden Zähler	1,00
b) für jeden Strom-, Spannungs-, Leistungsmesser . .	0,50

6.	Erfolgt die Zurückweisung auf Grund der Hauptprüfung, so kommen die vollen Gebühren gemäß B 1 bis 4 in Anrechnung.	ℳ
7.	Bei Prüfungen am Verwendungsorte tritt zu den Gebühren B 1 bis 6 bei allen Arten von Meßgeräten ein Zuschlag von	3,00
	In diesem Zuschlag sind die etwaigen Fuhrkosten innerhalb des Gemeindebezirkes des Prüfamts, sowie die Beförderungskosten für die Prüfgeräte und Widerstände für Belastungen bis zu 5 Kilowatt einbegriffen.	
	Die Kosten des Stromverbrauchs bei Prüfungen am Verwendungsorte fallen dem Antragsteller zur Last. Ueber die Größe dieses Verbrauchs wird dem Lieferanten und dem Abnehmer des Stromes eine Bescheinigung ausgestellt.	
8.	Wenn größere Belastungswiderstände oder sonstige Hilfsapparate nach dem Verwendungsorte der zu prüfenden Meßgeräte befördert worden sind, werden außer dem genannten Zuschlage von 3,00 ℳ noch die durch die Beförderung der letztgenannten Gegenstände entstandenen Auslagen in Rechnung gesetzt.	
9.	Bei Prüfungen am Verwendungsorte außerhalb des Sitzes des Prüfamts kommt zu den nach B 1 bis 8 zu berechnenden Gebühren noch ein Betrag für Reisekosten und Tagegelder der Beamten hinzu, welcher nach der Anzahl der auf derselben Reise geprüften Meßgeräte anteilig festgestellt wird. Die voraussichtlich entstehenden Kosten werden dem Antragsteller auf Anfrage vorher angegeben.	
10.	Wenn Einregulierungen und kleine Ausbesserungen durch die Prüfämter auf Antrag der Beteiligten vorgenommen werden, sind Gebühren dafür nach Maßgabe der aufgewandten Arbeitszeit zu berechnen, und zwar für Arbeitsstunde und Arbeiter	1,00
11.	Für Ausfertigung einer Liste der ermittelten Abweichungen von der Richtigkeit (§ 16 Abs. 3) kommen in Anrechnung als Grundgebühr	1,00
	sowie als Zuschlag für jedes Meßgerät	0,25

C. Für die Prüfung von Höchststrommessern, Zeitzählern und anderen Meßgeräten, welche bei der Abgabe elektrischer Arbeit zur Bestimmung der Vergütung benutzt werden und nicht in den vorstehenden Bestimmungen genannt sind, kommen Gebühren nach Maßgabe der Arbeitszeit und der Anzahl der Arbeiter zum Satze von 1 ℳ für die Stunde in Anrechnung.

§ 20.

Verfahren bei Beschädigung geprüfter Apparate.

Für Meßgeräte, welche bei der Prüfung beschädigt werden, wird ein Ersatz nicht geleistet. Für das beschädigte, bzw. ein an seiner Stelle eingereichtes gleiches Meßgerät werden indes Prüfungsgebühren nicht erhoben.

Charlottenburg, den 28. Dezember 1901.

IV a.

Bekanntmachung des Reichskanzlers vom 3. März 1902, betr. die Ausführung des RG. vom 1. Juni 1898.

(Reichsanzeiger vom 5. März 1902.)

Auf Grund des § 9 des Ges. betr. d. elektr. Maßeinheiten vom 1. Juni 1898 (RGBl. S. 905) ist den elektrischen Prüfämtern zu Ilmenau und Hamburg die Befugnis zur amtlichen Prüfung und Beglaubigung elektr. Meßgeräte übertragen worden.

Das Prüfamt zu Ilmenau führt die Nummer 1, dasjenige zu Hamburg die Nummer 2.

IV b.

Bekanntmachung des Reichskanzlers vom 16. Mai 1902, betr. die Ausführung des RG. vom 1. Juni 1898.

(Reichsanzeiger vom 22. Mai 1902.)

Auf Grund des § 9 des Gesetzes betreffend die elektrischen Maßeinheiten, vom 1. Juni 1898 (RGBl. S. 905) ist dem in Verbindung mit dem Laboratorium des städtischen Elektrizitätswerkes in München errichteten elektrischen Prüfungsamte die Befugnis zur amtlichen Prüfung und Beglaubigung elektrischer Meßgeräte übertragen worden.

Das Prüfungsamt führt die Nummer 3.

IV c.

Des weiteren bestehen Prüfämter in Nürnberg,[1]) Chemnitz und Frankfurt a. M., welche die Nummern 4, 5 und 6 führen. (Bek. v. 9. November 1902, v. 29. Juli 1904.)

V.

Reichsgesetz vom 9. April 1900, betr. die Bestrafung der Entziehung elektrischer Arbeit.

(RGBl. 1900 S. 228.)

§ 1.

I. Wer einer elektrischen Anlage oder Einrichtung fremde elektrische Arbeit mittelst eines Leiters entzieht, der zur ordnungsmäßigen Entnahme von Arbeit aus der Anlage oder Einrichtung nicht bestimmt ist, wird, wenn er die Handlung in der Absicht begeht, die elektrische Arbeit sich rechtswidrig zuzueignen, mit Gefängnis und mit Geldstrafe bis zu fünfzehnhundert Mark oder mit einer dieser Strafen bestraft.

---

[1]) Erwähnung verdient noch, daß die elektrotechnische Abteilung des Bayerischen Gewerbemuseums in Nürnberg, woselbst das Prüfamt für elektrische Meßgeräte besteht, auch Begutachtungen und Revisionen und Projekte sowie Laboratoriumsuntersuchungen vornimmt, sowie an Behörden elektrotechnischen Beirat in Bezug auf Errichtung und Betrieb von Elektrizitätswerken erteilt. Im übrigen können von den Behörden auf solche Fragen bezügliche Gutachten je nach Lage des Falles auch vom Bayerischen Revisionsverein in München erholt werden. Vgl. Bek. des Staatsministeriums des Innern v. 10. Aug. 1903 MBl. S. 323.

II. Neben der Gefängnisstrafe kann auf Verlust der bürgerlichen Ehrenrechte erkannt werden.

III. Der Versuch ist strafbar.

§ 2.

I. Wird die in § 1 bezeichnete Handlung in der Absicht begangen, einem andern rechtswidrig Schaden zuzufügen, so ist auf Geldstrafe bis zu eintausend Mark oder auf Gefängnis bis zu zwei Jahren zu erkennen.

II. Die Verfolgung tritt nur auf Antrag ein.

VI.

Bekanntmachung, betr. die Einrichtung und den Betrieb von Anlagen zur Herstellung elektrischer Akkumulatoren aus Blei oder Bleiverbindungen. Vom 11. Mai 1898.

(RGBl. S. 176 ff.)

Auf Grund der §§ 120e und 139a der Gewerbeordnung hat der Bundesrat über die Einrichtung und den Betrieb von Anlagen zur Herstellung elektrischer Akkumulatoren aus Blei oder Bleiverbindungen folgende Vorschriften erlassen:

§ 1.

In Anlagen zur Herstellung elektrischer Akkumulatoren aus Blei oder Bleiverbindungen müssen die Arbeitsräume, in denen die Bearbeitung oder Verarbeitung von Blei oder Bleiverbindungen stattfindet, mindestens drei Meter hoch und mit Fenstern versehen sein, welche geöffnet werden können und eine ausreichende Lufterneuerung ermöglichen.

Die Räume zum Formieren (Laden) der Platten müssen mit wirksamen Ventilationseinrichtungen versehen sein.

§ 2.

In den Räumen, in denen bei der Arbeit ein Verstäuben oder Verstreuen von Blei oder Bleiverbindungen stattfindet, muß der Fußboden so eingerichtet sein, daß er kein Wasser durchläßt. Die Wände und Decken dieser Räume müssen, soweit sie nicht mit einer glatten, abwaschbaren Bekleidung oder mit einem Oelfarbenanstriche versehen sind, mindestens einmal jährlich mit Kalk frisch angestrichen werden.

Die Verwendung von Holz, weichem Asphalt oder Linoleum als Fußbodenbelag, sowie von Tapeten als Wandbekleidung ist in diesen Räumen nicht gestattet.

§ 3.

Die Schmelzkessel für Blei sind mit gut ziehenden, ins Freie oder in einen Schornstein mündenden Abzugsvorrichtungen (Fangtrichtern) zu überdecken.

§ 4.

Wo eine maschinelle Bearbeitung der Bleiplatten (Gitter oder Rahmen) durch Bandsägen, Kreissägen, Hobelmaschinen oder dergleichen stattfindet, muß durch geeignete Vorrichtungen tunlichst dafür Sorge getragen werden, daß abgerissene Bleiteile und Bleistaub unmittelbar an der Entstehungsstelle abgefangen werden.

§ 5.

Apparate zur Herstellung von metallischem Bleistaube müssen so abgedichtet und eingerichtet sein, daß weder bei dem Herstellungsverfahren noch bei ihrer Entleerung Bleistaub entweichen kann.

§ 6.

Das Sieben, Mischen und Anfeuchten der zur Füllung der Platten dienenden Masse, sofern sie Blei oder Bleiverbindungen enthält, das Abziehen der aus Papier oder dergleichen bestehenden Hüllen von den getrockneten Platten, sowie alle sonstigen mit Staubentwicklung verbundenen Hantierungen mit der trockenen oder getrockneten Füllmasse dürfen nur unter wirksamen Abzugsvorrichtungen oder in Apparaten vorgenommen werden, welche so eingerichtet sind, daß eine Verstäubung nach außen nicht stattfinden kann.

§ 7.

Geöffnete Behälter mit Bleistaub oder Bleiverbindungen sind auf einem Roste und mit diesem auf einem ringsum mit Rand versehenen Untersatze so aufzustellen, daß bei der Entnahme aus dem Behälter verstreute Stoffe in dem Untersatz aufgefangen werden.

§ 8.

Die folgenden Verrichtungen:

a) die maschinelle Bearbeitung der Bleiplatten, Gitter oder Rahmen (§ 4),
b) die Herstellung metallischen Bleistaubs (§ 5),
c) das Herstellen und Mischen der Füllmasse (§ 6), soweit es maschinell erfolgt,

müssen je in einem besonderen, von anderen Arbeitsräumen getrennten Raume ausgeführt werden.

§ 9.

Die Tische, auf denen die Füllmasse in die Platten (Gitter, Rahmen) eingestrichen oder eingepreßt wird, müssen eine glatte und dichtgefugte Oberfläche haben; sie müssen täglich mindestens einmal feucht gereinigt werden.

§ 10.

Lötarbeiten, welche unter Anwendung eines Wasserstoff-, Wassergas- oder Steinkohlengas-Gebläses ausgeführt werden, dürfen, soweit es die Natur der Arbeit gestattet, nur an bestimmten Arbeitsplätzen unter wirksamen Absaugevorrichtungen vorgenommen werden.

Diese Vorschrift findet keine Anwendung auf diejenigen Lötarbeiten, welche zur Verbindung der Elemente dienen und nicht außerhalb der Formierräume vorgenommen werden können.

§ 11.

Das zur Herstellung von Wasserstoffgas dienende Zink und die im Betriebe zur Verwendung kommende Schwefelsäure müssen technisch rein sein.

§ 12.

Die Arbeitsräume sind von Verunreinigungen mit Blei oder Bleiverbindungen möglichst frei zu halten.

In den im § 2 bezeichneten Räumen muß der Fußboden täglich mindestens einmal, und zwar nach Beendigung der Arbeitszeit feucht gereinigt werden.

§ 13.

Der Arbeitgeber hat allen bei der Herstellung von Akkumulatoren beschäftigten Arbeitern Arbeitsanzüge und Mützen in ausreichender Zahl und in zweckentsprechender Beschaffenheit zur Verfügung zu stellen.

Er hat durch geeignete Anordnungen und Beaufsichtigung dafür Sorge zu tragen, daß die Arbeitskleider nur von denjenigen Arbeitern benutzt werden, denen sie zugewiesen sind, mindestens wöchentlich gewaschen und während der Zeit, wo sie sich nicht im Gebrauche befinden, an den dafür bestimmten Plätzen aufbewahrt werden.

§ 14.

In einem staubfreien Teile der Anlage muß für die Arbeiter ein Wasch- und Ankleideraum und getrennt davon ein Speiseraum vorhanden sein. Diese Räume müssen sauber und staubfrei gehalten und während der kalten Jahreszeit geheizt werden.

In dem Wasch- und Ankleideraume müssen Wasser, Gefäße zum Mundspülen, zum Reinigen der Hände und Nägel geeignete Bürsten, Seife und Handtücher sowie Einrichtungen zur Verwahrung derjenigen Kleidungsstücke, welche vor Beginn der Arbeit abgelegt werden, in ausreichender Menge vorhanden sein.

Der Arbeitgeber hat seinen Arbeitern wenigstens einmal wöchentlich Gelegenheit zu geben, ein warmes Bad zu nehmen.

§ 15.

Die Verwendung von Arbeiterinnen, sowie von jugendlichen Arbeitern zu solchen Verrichtungen, welche sie mit Blei oder Bleiverbindungen in Berührung bringen, ist untersagt.

Diese Bestimmung hat bis zum 30. Juni 1908 Gültigkeit.

§ 16.

Der Arbeitgeber darf zur Beschäftigung bei der Herstellung von Akkumulatoren nur solche Personen einstellen, welche die Bescheinigung eines von der höheren Verwaltungsbehörde dazu ermächtigten Arztes darüber beibringen, daß sie nach ihrem Gesundheitszustande für diese Beschäftigung geeignet sind. Die Bescheinigungen sind zu sammeln, aufzubewahren und dem Aufsichtsbeamten (§ 139 b der Gewerbeordnung) auf Verlangen vorzulegen.

§ 17.

Die Beschäftigung der zum Mischen und Herstellen, sowie zum Einstreichen der Füllmasse in die Platten (Gitter oder Rahmen) verwendeten Arbeiter ist wahlweise so zu regeln, daß die Arbeitszeit

a) entweder die Dauer von acht Stunden täglich nicht übersteigt und durch eine Pause von mindestens eineinhalb Stunden unterbrochen wird.

b) oder die Dauer von sechs Stunden täglich nicht übersteigt und nicht zum Zwecke der Nahrungsaufnahme unterbrochen wird.

Wird die Arbeitszeit in der in lit. b bezeichneten Weise geregelt, so dürfen die bezeichneten Arbeiter im Betrieb auch anderweit beschäftigt werden, sofern sie bei dieser anderweiten Arbeit mit Blei oder Bleiverbindungen nicht in Berührung kommen und zwischen beiden Beschäftigungsarten eine Pause von mindestens zwei Stunden gewährt wird.

Der Arbeitgeber hat binnen einer Woche nach dem Inkrafttreten dieser Vorschriften oder nach der Betriebseröffnung die hiernach von ihm gewählte Regelung der Arbeitszeit bei der Ortspolizeibehörde anzuzeigen und darf eine andere Regelung nur nach vorheriger Anzeige zur Ausführung bringen.

§ 18.

Der Arbeitgeber hat die Ueberwachung des Gesundheitszustandes seiner Arbeiter einem dem Aufsichtsbeamten namhaft zu machenden approbierten Arzte zu übertragen, welcher die Arbeiter mindestens einmal monatlich auf die Anzeichen etwa vorhandener Bleierkrankung zu untersuchen hat.

Auf Anordnung des Arztes sind Arbeiter, welche Krankheitserscheinungen infolge der Bleieinwirkung zeigen, bis zur völligen Genesung, solche Arbeiter aber, welche sich dieser Einwirkung gegenüber besonders empfindlich erweisen, dauernd von der Beschäftigung mit Blei oder Bleiverbindungen fern zu halten.

§ 19.

Der Arbeitgeber ist verpflichtet, zur Kontrolle über den Wechsel und Bestand, sowie über den Gesundheitszustand der Arbeiter ein Buch zu führen oder durch einen Betriebsbeamten führen zu lassen. Er ist für die Vollständigkeit und Richtigkeit der Einträge, soweit sie nicht vom Arzte bewirkt werden, verantwortlich.

Dieses Kontrollbuch muß enthalten:

1. Vor- und Zunamen, Alter, Wohnort, Tag des Ein- und Austritts jedes Arbeiters, sowie die Art seiner Beschäftigung,
2. den Namen dessen, welcher das Buch führt,
3. den Namen des mit der Ueberwachung des Gesundheitszustandes der Arbeiter beauftragten Arztes,
4. den Tag und die Art der Erkrankung eines Arbeiters,
5. den Tag seiner Genesung,
6. die Tage und die Ergebnisse der im § 18 vorgeschriebenen allgemeinen ärztlichen Untersuchungen.

§ 20.

Der Arbeitgeber hat für die bei der Herstellung von Akkumulatoren beschäftigten Arbeiter verbindliche Bestimmungen über folgende Gegenstände zu erlassen:

1. Die Arbeiter dürfen Nahrungsmittel nicht in die Arbeitsräume mitnehmen. Das Mitbringen und der Genuß von Branntwein im Betrieb ist untersagt. Das Einnehmen von Mahlzeiten ist nur außerhalb der Arbeitsräume gestattet.
2. Die Arbeiter haben die ihnen überwiesenen Arbeitskleider bestimmungsgemäß zu benutzen.
3. Die Arbeiter dürfen erst dann den Speiseraum betreten, wenn sie zuvor die Arbeitskleider abgelegt, Hände und Gesicht sorgfältig gewaschen, sowie den Mund ausgespült haben.
4. Den Arbeitern ist das Rauchen, Schnupfen und Kauen von Tabak während der Arbeitszeit untersagt.

In den zu erlassenden Bestimmungen ist vorzusehen, daß Arbeiter, die trotz wiederholter Warnung den vorstehend bezeichneten Bestimmungen zuwiderhandeln, vor Ablauf der vertragsmäßigen Zeit und ohne Aufkündigung entlassen werden können.

Ist für einen Betrieb eine Arbeitsordnung erlassen (§ 134 a der Gewerbeordnung), so sind die vorstehend bezeichneten Bestimmungen in die Arbeitsordnung aufzunehmen.

§ 21.

In jedem Arbeitsraume, sowie in dem Ankleide- und dem Speiseraume muß eine Abschrift oder ein Abdruck der §§ 1 bis 20 dieser Vorschriften, sowie der gemäß § 20 vom Arbeitgeber erlassenen Bestimmungen an einer in die Augen fallenden Stelle aushängen.

§ 22.

Im Falle der Zuwiderhandlung gegen die §§ 1 bis 21 dieser Vorschriften kann die Polizeibehörde die Einstellung des Betriebs, soweit er durch die Vorschriften betroffen wird, bis zur Herstellung des vorschriftsmäßigen Zustandes anordnen (§ 147 Abs. 4 der Gewerbeordnung).

§ 23.

Die vorstehenden Bestimmungen treten mit dem 1. Juli 1898 in Kraft.

Soweit in einem Betriebe zur Durchführung der in den §§ 1, 2 und 8 enthaltenen Bestimmungen bauliche Veränderungen erforderlich sind, können hierzu von der höheren Verwaltungsbehörde Fristen bis höchstens zum 1. Januar 1899 gewährt werden.

VII.

Bedingungen für die Lieferung von Elektrizität im Anschluß an das Leitungsnetz der Berliner Elektrizitäts-Werke im Weichbilde von Berlin.

§ 1.

Stromabgabe.

Die Zuführung der Elektrizität erfolgt zu jeder Tages- und Nachtzeit an jeden Abnehmer, der die vorliegenden Bedingungen schriftlich anerkennt und sich zur Abnahme auf mindestens ein Jahr verpflichtet, sofern Straßenleitungen bei seinem Grundstück vorbeiführen und die vorhandenen Anlagen der Gesellschaft nach dem Ermessen des Magistrats die Gewährung der beanspruchten Leistungen gestatten.

Die Berliner Elektrizitätswerke sind der Stadtgemeinde Berlin gegenüber verpflichtet, innerhalb 12 Monaten vom Tage der Anmeldung ihre Leitungen überall da zu verlegen, wo auf je 20 m Straßenlänge, vom nächsten Verteilungskasten ab gerechnet, ein Anschluß von je 1 Kilowatt gesichert ist.

Sollte die Gesellschaft durch Feuersgefahr, Naturereignisse, Krieg oder Aufstand, überhaupt durch höhere Gewalt oder durch Umstände, welche sie nicht zu verhindern vermag, an der Erzeugung von Elektrizität oder deren Fortleitung zu den Bezugsstellen verhindert sein, so ruht ihre Verpflichtung zur Lieferung so lange, bis die Störungen und deren Folgen beseitigt sind, ohne daß die Abnehmer irgend welche Entschädigung beanspruchen können.

§ 2.

Preis der Elektrizität.

Der Preisberechnung für den Verbrauch von Elektrizität liegt die Kilowattstunde, d. h. der Verbrauch von 1000 Volt-Amp. während einer Stunde zugrunde.

A. Tarif für Beleuchtung.

I. Allgemeiner Tarif.

Der Grundpreis für Elektrizität zu Beleuchtungszwecken beträgt zurzeit für die Kilowattstunde 40 Pf.

Abnehmer, deren Verbrauch für elektrische Beleuchtung 100 Kilowattstunden für das Jahr nicht erreicht, haben für ihren Verbrauch einen Pauschalbetrag von 40 Mark zu zahlen. Preisänderungen erfolgen mit Zustimmung des Magistrats und treten einen Monat nach Bekanntmachung in mindestens sechs Berliner Tageszeitungen in Kraft, falls nicht in der Bekanntmachung ein anderer Zeitpunkt genannt ist.

Abnehmern, deren Verbrauch für Beleuchtungszwecke während eines Kalenderjahres 10 000 Mark übersteigt, werden die folgenden Rabatte gewährt:

Bei	jährlicher	Entnahme	über	10 000	Mark	5 pCt.
"	"	"	"	20 000	"	7½ "
"	"	"	"	30 000	"	10 "
"	"	"	"	40 000	"	12½ "
"	"	"	"	50 000	"	15 "
"	"	"	"	75 000	"	17½ "
"	"	"	"	100 000	"	20 "

Bei der Rabattberechnung wird der Verbrauch für Beleuchtung in verschiedenen, wenn auch räumlich getrennten Anlagen desselben Abnehmers, wenn diese gleichen Zwecken dienen, als einheitliches Ganzes betrachtet, dagegen bleiben Vergütungen für gelieferte Energie auf Grund von Spezialtarifen oder zum Krafttarif außer Ansatz.

II. Spezialtarife.

a) Nachttarif. Abnehmern, welche für die Nachtzeit von 10 Uhr abends bis 6 Uhr morgens einen jährlichen Mindestverbrauch von M. 1000,— garantieren, wird für die während dieser Stunden entnommene Energiemenge die Kilowattstunde mit 30 Pf. berechnet.

b) Reklamebeleuchtung. Für Reklamebeleuchtung wird von 9 Uhr abends ab die Elektrizität mit 30 Pf. pro Kilowattstunde geliefert, sofern für jede angeschlossene Lampe ein Mindestkonsum von 1200 Brennstunden gewährleistet wird.

Unter Reklamebeleuchtung im Sinne dieses Tarifs fallen Anordnungen von Glühlampen, die ausschließlich zur Darstellung von Zeichen und Schriften oder zur Beleuchtung von Schaufenstern, Schaukästen und Schildern dienen.

Die zur Feststellung des Verbrauchs an Elektrizität auf Grund des Reklamebeleuchtungstarifs erforderlichen Einrichtungen werden ausschließlich von der Gesellschaft hergestellt, und zwar unentgeltlich, falls die Beleuchtung mindestens 10 Lampen umfaßt; andernfalls hat Abnehmer die Kosten der Herstellung und Unterhaltung zu tragen.

c) Treppen- und Hausnummer-, sowie Kellerbeleuchtung. Für die Beleuchtung von Treppenhäusern, an welche auch mehrere Lampen zur Beleuchtung der Hausnummern angeschlossen werden dürfen, wird die Elektrizität zum ermäßigten Einheitssatze von 30 Pf. für jede Kilowattstunde geliefert, sofern der Abnehmer eine durchschnittliche jährliche Brennzeit von mindestens 1200 Stunden für jede hier angeschlossene Lampe gewährleistet. Die für diese Zwecke verbrauchte Elektrizität wird durch einen besonderen Elektrizitätszähler festgestellt. Unter den gleichen Bedingungen kann mit besonderer Genehmigung des Magistrats, die in jedem einzelnen Falle einzuholen bleibt, auch die Beleuchtung für Kellerräumlichkeiten zum gleichen Einheitspreise geliefert werden.

d) Akkumulatorenanlagen. Die Benutzung von Akkumulatorenbatterien zu Beleuchtungszwecken ist nur in besonderen Fällen und unter Zustimmung des Magistrats, dem die darauf bezüglichen Projekte zur Genehmigung vorzulegen sind, zulässig. Die Beschaffung der Akkumulatorenbatterien nebst Zubehör an Maschinen und Apparaten ist der freien Konkurrenz zu überlassen.

Im allgemeinen sind die Bedingungen für Akkumulatorenanschlüsse folgende:

Jede Akkumulatorenbatterie ist derart zu bemessen und herzustellen, daß sie zur Speisung der gesamten Anlage für einen Zeitraum genügt, der eine halbe Stunde vor Eintritt der Dunkelheit beginnt und um 7½ Uhr abends endet. Während dieses Zeitraumes ist die Ladung der Batterie verboten; deshalb müssen alle Anlagen, welche nicht von der Gesellschaft selbst betrieben und gewartet werden, eine Schaltung besitzen, welche die Entnahme von Elektrizität aus den Leitungen der Gesellschaft während dieser Stunden ausschließt.

Während der übrigen Zeit darf die Anlage auch direkt aus dem Leitungsnetz, d. i. ohne Benutzung der Batterie, mit Elektrizität versorgt werden.

Der Abnehmer hat für zehn Jahre einen jährlichen Verbrauch von mindestens 50 000 Kilowattstunden zu gewährleisten, von denen mindestens 25 000 zur Ladung der Batterie verwendet werden müssen.

Die in dieser Weise unter Mitbenutzung einer Akkumulatorenbatterie gelieferte Elektrizität wird mit 16 Pf. für die Kilowattstunde berechnet.

Die Weiterführung von derart entnommener Elektrizität seitens des Eigentümers der Akkumulatorenanlage an dritte Personen kann mit Genehmigung des Magistrats beim Vorliegen besonderer Gründe erfolgen.

B. Tarif für Betriebskraft und für gewerbliche Zwecke.

Der Preis der Elektrizität für Betriebskraft und für gewerbliche Zwecke beträgt zurzeit 16 Pf. für die Kilowattstunde. Ob „gewerbliche Zwecke" vorliegen, entscheidet ausschließlich die Gesellschaft. Abnehmer, deren Verbrauch an Elektrizität für Betriebskraft oder gewerbliche Zwecke 400 Kilowattstunden im Jahre nicht erreicht, haben in jedem Falle einen Pauschalbetrag von 64 M. für ihren Konsum zu bezahlen. Ueber 400 Kilowattstunden hinaus kostet im übrigen die Kilowattstunde 16 Pf. Für Abnehmer, welche Elektrizität für Beleuchtungszwecke nicht von der Gesellschaft, sondern aus einer eigenen oder fremden Anlage entnehmen, beträgt der Preis 35 Pf. für jede Kilowattstunde.

Diese Preise finden keine Anwendung auf Elektromotoren, welche direkt oder indirekt zur Erzeugung von Licht irgendwelcher Art benutzt werden; für diese Zwecke behält sich die Gesellschaft die Festsetzung des Einheitspreises von Fall zu Fall vor.

Für Motoren zum Betriebe von Fahrstühlen wird neben dem Krafttarifpreise eine Grundtaxe erhoben, welche nach der Leistung der Motoren bemessen wird und 25 M. für Kilowatt und Jahr beträgt. Die in den Körben der Fahrstühle befindlichen, bzw. die in den Fahrstuhlmotorräumen angebrachten elektrischen Lampen werden nach dem Krafttarif berechnet.

Die Gesellschaft behält sich jederzeitige Aenderung der Tarife unter B vor; dieselben treten einen Monat nach Bekanntmachung in mindestens sechs Berliner Tageszeitungen in Kraft, falls nicht in der Bekanntmachung ein anderer Zeitpunkt genannt ist.

§ 3.

Elektrizitätszähler.

Die Messung des Verbrauchs an Elektrizität erfolgt unter Benutzung von Apparaten, welche von einer seitens des Magistrats eingesetzten Prüfungskommission als zulässig bezeichnet werden. Die Elektrizitätszähler werden den Abnehmern leihweise überlassen und bleiben Eigentum der Gesellschaft. Die Abnehmer sind jedoch verpflichtet, die Zähler gegen jede Feuersgefahr versichert zu halten. Die Kosten der Instandhaltung und etwaiger Reparaturen an den Elektrizitätszählern trägt die Gesellschaft, sofern die Beschädigung nachweislich nicht durch die Schuld des Abnehmers oder seiner Angehörigen oder Angestellten herbeigeführt ist, in welchem Falle der erstere zur Erstattung der Kosten verpflichtet ist. Der Gesellschaft allein steht die Entscheidung über die Größe, den Ort und die Art der Aufstellung des Elektrizitätszählers zu. Zur Bedienung der Zähler sind ausschließlich Beamte der Gesellschaft berechtigt, welche von dem Magistrate verpflichtet sind und auf Verlangen durch eine Legitimationskarte der Gesellschaft sich ausweisen müssen.

Jede Hantierung an dem Zähler durch andere als die bezeichneten Personen, ebenso wie die Lösung oder Beschädigung der an den Zählern angebrachten Plomben ist verboten und enthebt die Gesellschaft unbeschadet ihrer straf- und zivilrechtlichen Ansprüche jeder Verantwortung für die Richtigkeit des Zählers.

Die Feststellung des Zählerstandes erfolgt durch die Ableser. Der Ableser ist verpflichtet, das Ergebnis der Ablesung in die an dem Zähler angebrachte Ablesekarte einzutragen; der Abnehmer wird hierdurch in den Stand gesetzt, die Richtigkeit der Ablesung zu kontrollieren und seinen Stromverbrauch festzustellen.

Reklamationen über unrichtige Ablesungen können nur innerhalb drei Tagen nach Ablesung berücksichtigt werden, da bei verspäteter Anzeige eine Kontrolle nicht mehr erfolgen kann.

Hält sich der Abnehmer durch die Angaben seines Zählers für benachteiligt, so erfolgt auf seinen schriftlichen Antrag die Eichung oder Prüfung durch verpflichtete Kontrolleure. Die Kosten, welche im Falle der Eichung 10 Mk., im Falle der Gangprüfung 3 Mk. für jeden Zähler ohne Unterschied der Größe betragen, fallen dem Abnehmer zur Last, falls sich herausstellt, daß die zulässige Fehlergrenze des Zählers nicht überschritten wird, d. h. die mittlere Abweichung vom Sollwerte nicht mehr als 6,6 pCt. beträgt.

Falls bei ordentlichen oder außerordentlichen Prüfungen eines Elektrizitätszählers Abweichungen von mehr als 6,6 pCt. zu Gunsten oder Ungunsten des Abnehmers festgestellt werden, so findet im Verhältnis der ermittelten Abweichung Nachforderung oder Rückvergütung statt, und zwar für die Zeit bis zur letzten vor der Prüfung erfolgten Regulierung oder Eichung, höchstens aber für die letzten drei Monate.

Bleibt ein Zähler stehen, so daß eine Aufnahme des tatsächlichen Verbrauches während der betreffenden Ableseperiode nicht angängig war, so wird unter billiger Berücksichtigung glaubhafter Angaben des Abnehmers der Verbrauch im gleichen Monat des Vorjahres oder das Mittel aus den Angaben des Zählers während der vorhergegangenen und der darauf folgenden Ableseperiode der Berechnung zugrunde gelegt.

§ 4.

Herstellung der Hausanschlüsse und Aufstellung der Elektrizitätszähler.

Die Herstellung der Anschlüsse von den auf der Straße liegenden Verteilungsleitungen bis an die Hauptsicherung, die Aufstellung der Elektrizitätszähler, sowie etwaige an genannten Leitungen und Apparaten notwendig werdende Aenderungen und Ausbesserungen werden ausschließlich von der Gesellschaft, bzw. den von ihr hierfür bezeichneten Unternehmern, für deren Ausführungen sie wie für eigene Arbeit haftet, auf Antrag der Abnehmer bewirkt. Die Gesellschaft, bzw. deren Organe sind allein berechtigt, abgesperrte Leitungen wieder in Betrieb zu setzen oder in Betrieb befindliche Leitungen auszuschalten.

Die Kosten für Aufstellung der Elektrizitätszähler trägt der Abnehmer.

Neue Hausanschlüsse werden von der Gesellschaft nach Wahl der Abnehmer für deren Rechnung hergestellt oder auf Kosten der Gesellschaft ausgeführt und den Abnehmern gegen eine Beisteuer zur Benutzung überlassen, letzteres jedoch nur unter der Bedingung, daß für Beleuchtung mindestens 1 Kilowatt, für Kraft 2 Kilowatt, jedoch bei Schlächtereibetrieben mit Rücksicht auf die kurze Benutzungsdauer 5 Kilowatt angemeldet und installiert werden.

Bei Ausführung von Hausanschlüssen für Rechnung der Abnehmer wird auf deren Verlangen vor Beginn der Arbeiten ein Kostenanschlag auf Grund eines von dem Magistrat genehmigten Tarifes aufgestellt.

Nach vollendeter Einrichtung muß innerhalb acht Tagen nach Ueberreichung der Kostenrechnung die Bezahlung bei der Kasse der Gesellschaft erfolgen; auch steht dieser letzteren frei, die Kosten ganz oder teilweise vor Ausführung einzuziehen. Bis zur vollständigen Bezahlung verbleiben die Einrichtungen Eigentum der Gesellschaft und können von dieser bei nicht erfolgter Zahlung unter Inanspruchnahme des durch die Entwertung entstehenden Schadens wieder entfernt werden.

Für Hausanschlüsse, welche für Rechnung der Gesellschaft hergestellt sind, hat jeder Benutzer eine einmalige Beisteuer zu entrichten, welche nach der Größe der Anlage bemessen wird.

Dieselbe beträgt für einen Anschluß von

1 Kilowatt	Mark	25,—
1,5 „	„	35,—
2 „	„	50,—
3 „	„	60,—
4 „	„	75,—
5 „	„	100,—
für jedes weitere Kilowatt	„	10,—

wobei ein angefangenes Kilowatt voll zur Verrechnung gelangt.

Hierbei werden, jede installierte Glühlampe, unabhängig von der Lichtstärke, sowie jede Nernstlampe Mod. B mit 0,05 Kilowatt, jede Nernstlampe Mod. A mit 0,15 Kilowatt, Stromkreise von Bogenlampen mit je einem offenen Lichtbogen mit 0,8 Kilowatt, solche von Dauerbrand- oder Doppelbogenlampen mit 0,5 Kilowatt für je 110 Volt Betriebsspannung, Elektromotoren nach ihrem normalen Energieverbrauch berechnet.

§ 5.

Inneneinrichtungen.

Die Ausführung der Installationen ist den Abnehmern überlassen; sie muß unter Beobachtung der von der Gesellschaft hierfür festgesetzten Vorschriften erfolgen. Die Prüfung der Projekte, die Ueberwachung der Ausführung der Installationsarbeiten und die Kontrollmessungen vor Anschluß der von dritten ausgeführten Anlagen liegen ausschließlich der Gesellschaft ob. Für diese Tätigkeit ist eine Vergütung von 4 pCt. der tatsächlichen Kosten der Installation bis zum Höchstbetrage von Mk. 300.— für die einzelne Anlage zu entrichten. Die Gesellschaft ist berechtigt, die Zuführung der Elektrizität so lange zu verweigern, bis die von ihr verlangten Aenderungen in der Einrichtung ausgeführt und die Kosten der Prüfung und Ueberwachung gezahlt sind. Bei Aufstellung von Akkumulatorenbatterien durch dritte finden vorstehende Bestimmungen sinngemäße Anwendung. Durch die Prüfung, die Ueberwachung und den Anschluß übernimmt die Gesellschaft keinerlei Verantwortung für Feuer- und sonstigen Schaden, auch wird hierdurch der Installateur in keiner Weise seiner Verantwortlichkeit dem Besteller gegenüber enthoben.

§ 6.

Anlagen gegen Beisteuer.

Auf Verlangen werden elektrische Leitungen nebst Zubehör im Innern der Häuser zum Anschluß an das Straßennetz von der Gesellschaft für ihre Rechnung ausgeführt und den Abnehmern unter folgenden Bedingungen zur Benutzung überlassen:

1. Die Abnehmer sind verpflichtet, eine Beisteuer zu den Herstellungskosten der Anlage vom Hausanschluß bis an die Beleuchtungskörper zu entrichten. Diese Beisteuer beträgt jährlich:

a) für jede Glüh- oder Nernstlampe Mod. B	Mk. 2,—
b) für jede größere Nernstlampe Mod. A	„ 4,—
c) für jede Bogenlampe	„ 6,—
insgesamt jedoch (a+b+c) mindestens	„ 40,—
d) für Treppen- und Hausnummerbeleuchtung, sofern für dieselbe besondere Leitungen verlegt werden müssen und die Installation mit außergewöhnlichen Kosten nicht verknüpft ist,	
für jede Glüh- oder Nernstlampe (Mod. B)	„ 4,—
für jede größere Nernstlampe (Mod. A)	„ 6,—
für jede Bogenlampe	„ 8,—

e) Die Höhe der Beisteuer bei elektrischen Leitungen für Kraftzwecke bleibt jedesmaliger besonderer Vereinbarung vorbehalten.

f) Für Benutzung der Hausanschlüsse sind die tarifmäßigen Gebühren (§ 4) zu zahlen.

2. Die Verpflichtung zur Zahlung der Beisteuer erlischt, sobald dieselbe für die betreffende Leitung durch zehn Jahre, gleichviel von wem, an die Gesellschaft entrichtet worden ist.

3. Der Abnehmer verpflichtet sich zur Zahlung der Beisteuer auf mindestens drei Jahre mit der im vorstehenden Absatz gegebenen Einschränkung.

4. Der Abnehmer hat die schriftliche Erklärung des Hauseigentümers beizubringen, daß dieser mit der Verlegung der Leitungen nebst Zubehör innerhalb seines Grundstückes, sowie mit der eventuellen Wegnahme einverstanden ist und ohne Erlaubnis der Gesellschaft die elektrische Einrichtung weder selber benutzen, noch dritten die Benutzung derselben gestatten wird. Dagegen verpflichtet sich die Gesellschaft dem Hauseigentümer gegenüber, die Einrichtung nicht zu entfernen, solange die Beisteuer für dieselbe pünktlich entrichtet wird, und ihm die Einrichtung unentgeltlich zu überlassen, sobald die Beisteuer für die Dauer von zehn Jahren bezahlt worden ist.

§ 7.

Mietsweise Ueberlassung von Bogenlampen, Elektromotoren und Beleuchtungskörpern.

Bogenlampen und Elektromotoren werden Abnehmern, welche sich zur Benutzung gegen Entgelt für die Dauer von mindestens zwei Jahren verpflichten, auf Wunsch zu nachfolgenden Preisen mietsweise überlassen.

a) Bogenlampen.

1. Normale Bogenlampen mit einem offenen Lichtbogen für Stück und Jahr	M. 10,—
2. Bogenlampen mit zwei offenen Lichtbogen (Doppelbogenlampen) oder mit einem abgeschlossenen Lichtbogen (Dauerbogenlampen) für Stück und Jahr	„ 20,—

Zu jeder Bogenlampe wird ein Gehänge in einfacher Ausstattung mitgeliefert.

b) Elektromotoren

Elektromotoren werden auf Wunsch mietsweise zu folgenden Preisen von der Gesellschaft geliefert:

bis zur Stärke von 1 Pferdekraft mit Anlaßwiderstand	M. 85.—	pro Jahr
„ „ „ „ 2 „ „ „	„ 115.—	„ „
„ „ „ „ 3 „ „ „	„ 135.—	„ „

bis zur Stärke von 5	Pferdekraft mit Anlaßwiderstand	M. 170.—	pro Jahr
" " " " 7,5	" " "	" 250.—	" "
" " " " 10	" " "	" 210.—	" "
" " " " 12,5	" " "	" 290.—	" "

Für Motoren anderer Größe bleibt besondere Vereinbarung vorbehalten.

Die Gesellschaft räumt den Abnehmern das Recht ein, die von ihr mietsweise bezogenen Bogenlampen und Elektromotoren innerhalb zweier Jahre, von der Aufstellung ab gerechnet, käuflich zu übernehmen, in welchem Falle zu den zurzeit der Lieferung gültig gewesenen Preisen 5 pCt. Zinsen hinzutreten, während die gezahlten Mieten auf den Kaufpreis angerechnet werden.

c) Beleuchtungskörper.

Beleuchtungskörper werden Abnehmern, welche Elektrizität aus den Werken der Gesellschaft beziehen und sich zur Benutzung gegen Entgelt für die Dauer von mindestens 5 Jahren verpflichten, auf Wunsch zu nachstehenden Bedingungen mietsweise überlassen.

1. Der Mietspreis wird von Fall zu Fall vereinbart und ist vierteljährlich oder monatlich im voraus zahlbar. Falls eine fällige Rate nach Aufforderung nicht binnen einer Woche gezahlt wird, ist die Gesellschaft berechtigt, ohne gerichtliches Verfahren die Beleuchtungskörper unter Inanspruchnahme der durch die Benutzung entstehenden Entwertung wieder zu entfernen.
2. Die Beleuchtungskörper sind vom Abnehmer gegen jede Feuersgefahr versichert zu halten.
3. Aenderungen oder Reparaturen an den Beleuchtungskörpern dürfen nur durch die Werke oder deren Beauftragte erfolgen; die Kosten gehen zu Lasten des Abnehmers.
4. Der Abnehmer ist berechtigt, binnen zwei Jahren zu erklären, daß er die Beleuchtungskörper zum Eigentum erwerben will. Der Erwerb erfolgt durch Barzahlung des Verkaufspreises zuzüglich 5 pCt. Zinsen vom Beginn des Leihvertrages und unter Abzug der gezahlten Raten.
5. Die Gesellschaft ist berechtigt, die Beleuchtungskörper mit Abzeichen zu versehen, die ihr Eigentum an denselben kund tun; der Abnehmer hat ferner ein Verzeichnis der ihm leihweise übergebenen Gegenstände zu vollziehen und der Gesellschaft auszuhändigen.

§ 8.

Verpflichtung der Abnehmer zur Instandhaltung der Anlagen und Apparate.

Der Abnehmer trägt die Kosten der ordnungsmäßigen Instandhaltung der Leitungen, Maschinen, Apparate, Lampen und Beleuchtungskörper, gleichviel ob sie sein Eigentum sind oder der Gesellschaft gehören; er hat dieselben in letzterem Falle gegen jede Feuersgefahr versichert zu halten.

§ 9.

Zahlungsbestimmungen.

Das Ablesen und das Kontrollieren der Zähler erfolgt durch vom Magistrat verpflichtete Angestellte der Gesellschaft; auf Grund dieser Ermittlungen werden die Rechnungen aufgestellt und deren Betrag vorläufig ohne Berücksichtigung von Rabatten von den Abnehmern, je nach deren Wunsch monatlich oder vierteljährlich eingezogen. Etwaige Rabattvergütungen kommen von der letzten Stromrechnung des Kalenderjahres in Abzug.

Rechnungen über Beisteuer oder Leihgebühr werden gleichzeitig mit denjenigen über Stromverbrauch eingezogen.

Der Gesellschaft steht das Recht zu, jederzeit zur Sicherheit ihrer Ansprüche eine angemessene Kaution von dem Abnehmer zu verlangen.

§ 10.

Revision der Leitungen.

Die Gesellschaft ist berechtigt, die Elektrizitätszähler und Hausanschlüsse, sowie die gesamten Installationen jederzeit revidieren zu lassen und, falls erforderlich, die Elektrizitätszähler zu reparieren, bzw. auszuwechseln und die sachgemäße Instandhaltung der Leitungen und Apparate von dem Abnehmer zu fordern. Der letztere muß den Beamten der Gesellschaft unweigerlich den Zutritt zu allen Räumlichkeiten gestatten, in welchen sich Leitungen oder Teile der Installation befinden.

§ 11.

Falls, abgesehen von der im § 2 letzten Absatz vorgesehenen Ausnahme in rechtswidriger Absicht Lampen an den Kraftstromzähler angeschlossen worden sind, oder falls in einer Anlage ganz oder teilweise Elektrizität aus den Leitungen der Gesellschaft entnommen wird, ohne daß für deren Messung Apparate aufgestellt sind, oder falls die hierfür aufgestellten umgangen werden, so ist die Gesellschaft berechtigt, unbeschadet der strafrechtlichen Verfolgung, außer der Absperrung der Leitungen (§ 12) für die verbrauchte Elektrizität den Tarif für Beleuchtungszwecke, mindestens aber 100 Mark für das angeschlossene Kilowatt als Konventionalstrafe und, soweit der Verbrauch sich nicht feststellen läßt, eine Vergütung zu fordern, die der Größe der Anlage bei 24stündiger Benutzung entspricht; diese Vergütung ist von dem Zeitpunkt der unbefugten Entnahme von Elektrizität ab zu zahlen; bestehen über diesen Zeitpunkt Zweifel, so ist die Entschädigung für ein volles Jahr zu entrichten.

§ 12.

Der Gesellschaft steht das Recht zu, falls der Abnehmer Aenderungen in der bestehenden Einrichtung eigenmächtig vornimmt, die Gesellschaft durch mißbräuchliche Entnahme von Elektrizität schädigt (§ 11), den Beamten und Aufsehern der Gesellschaft den Zutritt zu den Leitungen, elektrischen Apparaten und sonstigem Zubehör verweigert, insbesondere aber in dem Falle, wo eine der vorstehend festgesetzten Zahlungen nicht pünktlich geleistet wird, ohne vorherige richterliche Entscheidung die Leitungen abzusperren und die fernere Lieferung von Elektrizität einzustellen, unbeschadet ihrer weiteren Ansprüche.

Entsteht über die zu leistenden Zahlungen Streit, so darf die Gesellschaft bis zur rechtskräftigen gerichtlichen Entscheidung die Leitungen nicht absperren, wenn der Abnehmer die von ihr geforderten Beträge unter Vorbehalt der Rückforderung an sie zahlt.

§ 13.

Kündigung.

Die Verpflichtung zur Entnahme von Elektrizität erstreckt sich auf die Dauer von mindestens einem Jahre und die gesamte an das Leitungsnetz angeschlossene Installation.

Wird ein Vertragsverhältnis nicht drei Monate vor Ablauf mittels eingeschriebenen Briefes von dem Abnehmer oder der Gesellschaft gekündigt, so bleibt dasselbe für drei weitere Monate in Kraft.

Die Gesellschaft ist berechtigt, den Vertrag jederzeit ohne Einhaltung einer Kündigungsfrist aufzukündigen, wenn der Abnehmer nachweislich die Elektrizität für die in der Abmeldung aufgeführten Bestandteile der Installation (Bogen- oder Glühlampen, Motoren u. a. m.) ganz oder zum Teil aus anderer Quelle bezogen hat, ohne hierzu vorher die Genehmigung der Gesellschaft eingeholt zu haben. Der Gesellschaft steht in diesem Falle ein Anspruch auf eine Vertragsstrafe in Höhe desjenigen Betrages zu, welcher für die anderweit bezogene Elektrizität nach dem jeweilig geltenden Tarife der Gesellschaft an diese zu zahlen gewesen wäre.

VIII.

Bedingungen (für kleinere Anlagen).

(Genehmigt vom Stadtmagistrat . . . . . . am . . . . . .)

§ 1.

Lieferung von Strom.

I. Das Elektrizitätswerk . . . . . . liefert für jedermanns Gebrauch allen Behörden und Einwohnern von . . . . . . elektrische Stöme zu jeder Tages- und Nachtzeit für Beleuchtung und Motorenbetrieb, Heizung oder ähnliche Zwecke, soweit es die jeweilige Ausdehnung des Kabelnetzes und die Betriebseinrichtungen gestatten.

II. Wenn die Stromlieferung durch höhere Gewalt unterbrochen wird, ruht diese Verpflichtung so lange, bis die Störung oder deren Folgen beseitigt sind, doch kann der Abnehmer eine Entschädigung für nicht erfolgte oder mangelhafte Stromlieferung in einem solchen Falle nicht beanspruchen.

§ 2.

Herstellung der Hausanschlüsse.

I. Die Hausanschlüsse einschließlich deren Reparaturen und Aenderungen bis zu den Hauptbleisicherungen, sowie die Aufstellung der Elektrizitätsmesser dürfen nur vom Elektrizitätswerk ausgeführt werden.

II. Zu den Kosten der Herstellung und Unterhaltung der Hausanschlüsse bis zur Hauptbleisicherung, insoferne dieselbe nicht mehr als drei Meter von der Eigentumsgrenze des anzuschließenden Grundstückes entfernt ist, hat jeder Abnehmer einen einmaligen Beitrag an das Elektrizitätswerk zu leisten, welcher auf Grund nachstehender Tabelle sich berechnet:

Für einen Anschluß bis zu	10	Hektowatt	auf	50	Mark,
„ „ „ „ „	25	„	„	75	„ ,
„ „ „ „ „	50	„	„	100	„ .

Bei größeren Anlagen erhöht sich der Betrag um je 20 Mark pro 25 Hektowatt. In der Regel wird für ein Haus nur ein Anschluß ausgeführt, an welchen sämtliche Abnehmer angeschlossen werden.

Zu den Kosten der Zählermontage hat jeder Abnehmer einen Beitrag nach folgender Tabelle zu entrichten:

Für eine Installation bis	10	Hektowatt	5	Mark,
„	25	„	7	„ ,
„	50	„	10	„ ,
„	darüber		15	„ .

III. Der Stromabnehmer hat ferner die Kabel-, bzw. die Verlegungskosten ganz zu bezahlen, soweit deren Länge drei Meter innerhalb der Grundstücksgrenze überschreitet.

§ 3.

Hausinstallation.

I. Die Ausführung der Installationsarbeiten von der Hauptbleisicherung ab ist der freien Konkurrenz überlassen, dieselben müssen jedoch den vom Magistrat für diese Arbeiten aufgestellten besonderen Bedingungen entsprechen. Die Prüfung und Genehmigung der Installationsprojekte, die Ueberwachung der Ausführung derselben und die Kontrollmessungen vor Inbetriebsetzung der Anlagen obliegen ausschließlich dem Elektrizitätswerk, und zwar für jedes eingerichtete Hektowatt gegen eine Vergütung von 50 Pfennig bei Installationen für Beleuchtungszwecke und von 25 Pfennig bei solchen für Kraftzwecke, während die Mindestgebühr für jede erstmalige Prüfung auf 3 Mark festgesetzt wird.

Zeigt sich eine Anlage bei der ersten Prüfung mangelhaft und nicht vorschriftsmäßig ausgeführt, so beträgt die Gebühr jeder weiteren Prüfung die Hälfte der genannten Gebühren, mindestens jedoch 3 Mark.

II. Aenderungen an bestehenden, dem elektrischen Leitungsnetz bereits angeschlossenen Anlagen — Verlegung neuer Leitungen, Aenderungen der Zahl der Lampen, Apparate u. s. w. — bedürfen ebenfalls der Genehmigung des Elektrizitätswerkes; für die aus diesem Anlasse nötigen Prüfungen werden nur für jedes neu eingerichtete Hektowatt die obengenannten Vergütungen erhoben, wobei ebenfalls ein Mindestbeitrag von 3 Mark in Ansatz gebracht wird.

III. Das Elektrizitätswerk darf die Zuführung des elektrischen Stromes so lange verweigern, bis die Ausführung der Anlage den vom Magistrat aufgestellten, besonderen Bedingungen entspricht und die Kosten der Prüfung und Ueberwachung gezahlt sind.

IV. Durch die vom Elektrizitätswerk ausgeübte Ueberwachung und Prüfung der Anlagen wird der ausführende Installateur seinen Verpflichtungen gegen den Auftraggeber, bzw. Stromabnehmer hinsichtlich vorschriftsmäßiger und tadelloser Ausführung seiner Arbeiten und Lieferungen in keiner Weise enthoben. Das Elektrizitätswerk übernimmt keinerlei Verantwortung.

§ 4.

Elektrizitätsmesser.

I. Die Messung von elektrischen Strömen geschieht durch Messer, welche den Stromabnehmern mietweise zu nachstehenden Preisen überlassen werden.

Der jährliche Mietzins beträgt für einen Elektrizitätsmesser:

ausreichend bis zu installierten	10 Hektowatt	10 Mark,	
„ „ „ „	25 „	12 „	,
„ „ „ „	50 „	15 „	,
„ „ „ „	100 „	20 „	,
„ „ „ „	200 „	25 „	,
„ „ „ „	500 „	45 „	,

Dieser Mietzins ist auch dann zu bezahlen, wenn elektrischer Strom nicht bezogen wird.

II. Die Messer bleiben Eigentum des Elektrizitätswerks. Die Kosten der Unterhaltung und für Reparaturen an mietweise überlassenen Elektrizitätsmessern trägt das Elektrizitätswerk, sofern die Beschädigung nicht durch die Schuld des Abnehmers oder seines Personals herbeigeführt wurde, in welchem Falle der Abnehmer zur Erstattung der Kosten verpflichtet ist. Den Ort für die Aufstellung, sowie die Größe und Art des aufzustellenden Elektrizitätsmessers bestimmt das Elektrizitätswerk.

§ 5.

Strompreise.

I. Für Beleuchtungszwecke wird für 1 Hektowattstunde ein Grundpreis von 6 Pfennig in Ansatz gebracht, welcher in der nachstehend verzeichneten Weise noch ermäßigt wird.

Bei einem jährl. Stromverbr.	bis zu	2500	Hektowattstd.	6	Pf.	pro Hektowatt,
" " " "	von	2500-5000	"	5,7	"	" " ,
" " " "	"	5000-10000	"	5,4	"	" " ,
" " " "	"	10000-25000	"	5,1	"	" " ,
" " " "	über	25000	"	4,8	"	" " ,

II. Für Kraftzwecke erhalten auf den Grundpreis von 2,5 Pfennig pro Hektowattstunde diejenigen Abnehmer, welche unter Bezugnahme auf den normalen Stromverbrauch ihres Motors eine jährliche Benützungsdauer von mehr als 500 Stunden aufweisen, einen Rabatt von 10 Prozent bis zu 1000 jährlichen Betriebsstunden, einen solchen von 20 Prozent bei 1000 bis 2000 jährlichen Betriebsstunden, einen solchen von 30 Prozent bei 2000 — 3000 jährlichen Betriebsstunden und einen solchen von 40 Prozent für die 3000 jährliche Betriebsstunden übersteigende Benützungsdauer.

Die vorstehend angegebenen Strompreisermäßigungen für Beleuchtungs- und Kraftzwecke werden nicht an dem Betrage des gesamten Stromverbrauches, sondern immer nur für den zwischen je zwei Grenzen liegenden Anteil des Gesamtverbrauchs gewährt.

Die Strompreise für Kraftzwecke gelten jedoch nicht für den Bezug solcher elektrischen Energie, welche zum Laden von Akkumulatoren oder zum Betriebe von Elektromotoren behufs Aufspeicherung, bzw. Erzeugung elektrischer Energie für Beleuchtungszwecke verwendet wird.

§ 6.

Feststellung des Stromverbrauchs.

I. Das Ablesen der Elektrizitätsmesser erfolgt allmonatlich durch einen Bediensteten des Elektrizitätswerks.

II. Wenn ein Messer unrichtige Angaben macht, stehen bleibt, oder wegen Ausbesserungen entfernt wird, so wird für die Dauer der Unterbrechung derjenige Verbrauch in Rechnung gestellt, der mit Rücksicht auf den sonstigen durchschnittlichen Stromverbrauch nach billigem Ermessen sich ergibt. Für gesonderte Teile einer Anlage können verschiedene Messer aufgestellt werden.

III. Ergeben sich Zweifel über die Richtigkeit eines Messers, so wird derselbe auf schriftlichen Antrag des Abnehmers vom Elektrizitätswerk auf seine Richtigkeit geprüft. Dem Ergebnis dieser Prüfung hat sich der Stromabnehmer zu unterwerfen. Ergibt sich hiebei eine Unrichtigkeit von mehr als 5 Prozent oder von weniger als 5 Prozent gegenüber dem geeichten Stromverbrauch, so wird dem Abnehmer die im vorhergehenden Monate zu viel bezahlte elektrische Energie in Abzug gebracht, bzw. die zu wenig gezeigte Energie nachträglich berechnet. Das Elektrizitätswerk trägt in diesem Falle die Kosten der Prüfung.

Ergibt die Prüfung jedoch keine, die zulässige Fehlergrenze von 5 Prozent über- oder unterschreitende Unrichtigkeit, so hat der Antragsteller die Kosten der Prüfung zu tragen.

Wird ein Messer vom Elektrizitätswerk ohne Antrag des Stromabnehmers geprüft, so werden Prüfungsgebühren nicht erhoben und Nachzahlungen oder Rückvergütungen fallen weg.

§ 7.

Zahlung.

I. Die Zahlungen für Stromverbrauch, für Messermiete, für Kosten an Anschlußarbeiten, Ausbesserungen, Lieferungen usw. werden allmonatlich eingezogen.

Von diesen Rechnungen dürfen keinerlei Abzüge gemacht werden. Etwaige unrichtige Rechnungsstellung wird bei der nächsten Zahlung berücksichtigt.

II. Das Elektrizitätswerk kann zur Sicherung seiner Ansprüche auf Bezahlung für Stromverbrauch, Arbeiten und Lieferungen usw. sowie auf Rückgabe der mietweise überlassenen Elektrizitätsmesser ein von dem Abnehmer bei dem Magistrat zu hinterlegendes, angemessenes Haftgeld verlangen und sich vorkommendenfalls an diesem schadlos halten.

§ 8.

Ueberwachung der Anlagen.

Das Elektrizitätswerk wird eine Ueberwachung der angeschlossenen, elektrischen Anlagen ausüben, die Messer, Leitungen und Apparate usw. von Zeit zu Zeit auf ihre Brauchbarkeit prüfen und, wo es nötig ist, auf Kosten des Abnehmers in Stand setzen lassen. Den Bediensteten des Elektrizitätswerkes ist zu diesem Zweck jederzeit ungehindert Zutritt zu den betreffenden Räumen zu gestatten.

§ 9.

Störungsanzeige.

Wenn eine Störung im Betriebe einer elektrischen Anlage eintritt, ist dem Elektrizitätswerk schleunigst Mitteilung zu machen. Der Abnehmer hat wegen Störungen in der Stromlieferung keinerlei Anspruch auf Entschädigung.

§ 10.

Kündigung.

Beabsichtigt ein Abnehmer den Strombezug dauernd einzustellen, so hat er hiervon dem Elektrizitätswerk schriftlich Anzeige zu machen. Er haftet für den bis zur erfolgten Außerbetriebsetzung seiner Anlage von dem Elektrizitätsmesser angezeigten Stromverbrauch.

§ 11.

Stromentziehung.

Zur sofortigen Entziehung, bzw. Absperrung der Zuleitung ist das Elektrizitätswerk berechtigt:

I. Wenn der Abnehmer seinen Zahlungsverpflichtungen nicht pünktlich nachkommt.

II. Wenn den von dem Elektrizitätswerk in diesen Bedingungen vermerkten Anordnungen nicht Folge geleistet wird, Aenderungen an einer bestehenden Anlage ohne Genehmigung des Elektrizitätswerks vorgenommen werden, oder wenn die Anlage außer von dem Elektrizitätswerk ohne Genehmigung des letzteren noch auf andere Weise Stromzuführung erhält.

III. Wenn den Bediensteten des Elektrizitätswerks der Zutritt zu den Elektrizitätsmessern, Leitungen und Apparaten einer angeschlossenen elektrischen Anlage ohne genügenden Grund verweigert oder unmöglich gemacht wird.

Nur die Bediensteten des Elektrizitätswerks sind berechtigt, die Zuleitung des Stromes in Anschlußleitungen abzusperren und wieder herzustellen.

§ 12.

Auslegung der Bedingungen.

In Zweifelsfällen hinsichtlich Anwendung und Auslegung der vorstehenden Bestimmungen entscheidet der Stadtmagistrat auf Anrufen eines der Beteiligten.

IX.

Vertrag

gültig auf die Dauer von fünfzig Jahren **zwischen der Elektrizitäts-Aktiengesellschaft** . . . . **und der Stadtgemeinde** . . . . über Errichtung und Betrieb eines Elektrizitätswerkes überhaupt und insbesondere einer elektrischen Straßenbahn für . . . . und Vororte, — abgeschlossen unabbrüchig der für Konzessions- und Genehmigungserteilungen beiderseits zu beobachtenden, anderweitigen Zuständigkeitsverhältnisse.

(Aehnliche Verträge finden sich auszugsweise abgedruckt bei Wengler S. 316 ff. und S. 324 ff.)

§ 1.

Verpflichtung der Unternehmer im Allgemeinen.

I. Die Unternehmer verpflichten sich gegenüber der Stadtgemeinde . . . . für jedermanns Gebrauch im jeweiligen Stadtgebiete von . . . . und in den Vororten, zunächst im Umfange des beiliegenden blau angelegten Netzplanes ein Elektrizitätswerk — behufs Abgabe elektrischer Energie zu Licht-, Kraft-, Heiz- und sonstigen einschlägigen Zwecken in direkt verwendbarer Art und in ausreichender Menge und Spannung — sowie im Anschlusse daran eine elektrische Straßenbahn ordnungs- und vertragsgemäß mit den bezüglich der Anlage des Werks im ganzen und dessen Teilen zugesicherten oder notwendig vorausgesetzten Eigenschaften, frei von Mängeln und rechtzeitig herzustellen, ebenso die gesamte Anlage in dauernd betriebsfähigem Stand zu erhalten, dieselbe mit dem erforderlichen Personal und Material ständig zu betreiben und sie nach Umständen innerhalb bestimmter Zeit zu ändern und zu erweitern.

II. In den im Netzplan rot angelegten Straßenzügen und Teilen solcher müssen die Unternehmer gleichfalls Kabel verlegen, sobald der Magistrat dies verlangt.

III. Zurzeit ist die elektrische Beleuchtung von öffentlichen Plätzen, Straßen und Brücken nicht in Aussicht genommen, die Unternehmer sind jedoch verpflichtet, solche in Betrieb zu setzen, sobald und soweit der Magistrat es verlangt.

§ 2.

Berechtigung der Unternehmer im Allgemeinen.

I. Die Stadtgemeinde gewährt den Unternehmern als hauptsächliche Vergütung hierfür das Recht, die zur Legung von Kabeln und Geleisanlagen, sowie zum Straßenbahnbetriebe geeigneten Straßen, Plätze, Brücken und deren Zubehör zur Leitung von elektrischem Strom für Licht-, Kraft-, Heiz- und einschlägige Zwecke und zum Befahren mit Straßenbahnwagen mit zu benützen.

II. Die Stadtgemeinde wird, insolange eine solche Benützung nach Maßgabe der Verpflichtung der Unternehmer stattfindet, die gleiche Befugnis zur Ein- und Ausführung elektrischer Beleuchtung einem Dritten nicht einräumen, ausgenommen sind kleine elektrische Anlagen von Hausbesitzern zur Beleuchtung ihrer eigenen Gebäude.

§ 3.

Verpachtung des Bauplatzes.

Die Stadtgemeinde stellt den Unternehmern ferner ein Grundstück von . . . . qm Fläche vom Baubeginn an pachtweise zur Verfügung, welches westlich der . . . . gelegen ist und gegen einen jährlichen am 31. Dezember jeden Jahres nachzahlbaren Pachtschilling von . . . . M. (mit Worten . . . .) für die Dauer des Werkvertrages zur Erbauung von Gebäuden und für sonstige Vertragszwecke von den Unternehmern benützt werden darf.

§ 4.

Größe und Ausdehnung des Elektrizitätswerkes.

I. Das Elektrizitätswerk ist zunächst für 6600 gleichzeitig brennende Normallampen zu 50 Watt, bzw. deren Stromäquivalent auszuführen, muß aber allmählich, ohne daß Störungen im Betriebe dadurch entstehen, **bis** auf 13500 gleichzeitig brennende Normallampen erweitert werden können, und zwar sind innerhalb längstens 9 Monaten weitere Stromerzeugungsmaschinen aufzustellen, sobald die vorhandenen Maschinenanlagen exkl. Reserven zur Zeit des maximalen Stromkonsums vollbelastet waren.

II. Sind späterhin weitere Vergrößerungen und Aenderungen der Anlage notwendig, so sind dieselben auf Veranlassung des Magistrats innerhalb angemessener, von diesem zu bestimmender Frist von den Unternehmern auf ihre Kosten auszuführen.

III. Die Ausführung des Elektrizitätswerkes und der Kabelleitungen, sowie der späteren Erweiterungen hat nach Detailplänen und Kostenanschlägen zu geschehen, welche, vorstehenden Vorschriften entsprechend, von den Unternehmern auf Grund ihres Projektes, jedoch im Einverständnis mit dem Magistrat ausgearbeitet und demselben zur Genehmigung vorgelegt werden müssen.

IV. Die elektrischen Leitungen müssen mit Ausnahme der Kontaktleitung für die Straßenbahn unterirdisch verlegt werden. Das Kabelnetz für die elektrische Beleuchtung und Kraftverteilung ist von Anfang an für alle, im beiliegenden Plane blau angelegten Straßen herzustellen, jedoch sind auf Verlangen des Magistrats die Kabelleitungen innerhalb 4 Monaten nach Eingang aller sofort einzuholenden notwendigen Genehmigungen auf alle diejenigen, an das vorhandene Leitungsnetz anschließenden Straßen auszudehnen, in denen pro drei Meter weiter zu verlegende Leitung 100 Watt Stromverbrauch angemeldet wird.

V. Unterlassen die Unternehmer die Ausführung der einen oder anderen solcher vertragsmäßig vorgesehenen Erweiterungen, so ist die Stadtgemeinde berechtigt, die erforderlichen Arbeiten auf Kosten der Unternehmer auszuführen.

§ 5.

Fertigstellung des Elektrizitätswerkes.

I. Das Elektrizitätswerk muß längstens 10 Monate nach Abschluß dieses Vertrages fertiggestellt sein, so daß die Lieferung von elektrischem Strom in dem ganzen Stadtgebiete, dessen Straßen in beiliegendem Plane blau angelegt erscheinen, möglich ist.

II. Für jede volle Woche, um welche dieser Termin überschritten wird, haben die Unternehmer eine Vertragsstrafe von 500 Mark (Fünfhundert Mark) an die Stadtgemeinde zu entrichten, es sei denn, daß höhere Gewalt die rechtzeitige Fertigstellung unmöglich mache, oder daß die baupolizeiliche Genehmigung zur Errichtung der Gebäude 6 Wochen nach Vertragsabschluß noch nicht erteilt sein sollte. Im letzteren Falle wird der Vollendungstermin des neuen Werks um so viele Wochen verschoben, als die Baugenehmigung später als 6 Wochen nach Vertragsabschluß erteilt wird.

III. Der Magistrat hat das Recht, die von den Unternehmern auszuführenden Anlagen des Elektrizitätswerks während der Ausführung zu beaufsichtigen und nach Fertigstellung prüfen zu lassen. Alle dabei festgestellten und nicht vorher genehmigten Abweichungen vom Projekt sind von den Unternehmern nach Anordnung des Stadtmagistrats ordnungs- und vertragsgemäß zu ersetzen, etwa vorgefundene Mängel sind zu beseitigen.

§ 6.
Ausführung und Ausdehnung der Straßenbahn.

I. Die Unternehmer sind verpflichtet, die nachstehenden Straßenbahnlinien auszuführen und längstens ein Jahr nach der Eröffnung des Elektrizitätswerkes zu betreiben.

a) Linie . . . .
b) Linie . . . .
c) Linie . . . .

II. Die Ausführung der Linien a und b muß gleichzeitig erfolgen, die die der Linie c kann mit Genehmigung des Magistrats einen Aufschub erleiden.

III. Etwa erforderliche und durchführbare Aenderungen in den Straßenführungen sind von den Unternehmern auszuführen, die Kosten aber von diesen und der Stadtgemeinde gleichheitlich zu tragen.

IV. Die Unternehmer müssen auf Erfordern des Magistrats auch andere Straßenbahnlinien bauen und betreiben, sobald derselbe die Ansicht gewonnen hat, daß pro Motorwagenkilometer für die neuen Linien durchschnittlich fünf Pfennig über die Selbstkosten eingenommen werden.

Die Stadtgemeinde übernimmt in solchem Falle die Haftung hiefür insolange, bis jene Einnahmen erreicht werden, aber nur bis zum Höchstbetrage von dreißig Pfennig pro Motorwagenkilometer.

V. Die Aufforderung zur Ausführung neuer Straßenbahnlinien muß mindestens 10 Jahre vor Ablauf der fünfzigjährigen Vertragsdauer erfolgen.

§ 7.
Fertigstellung der Straßenbahn.

I. Die Ausführung der Straßenbahn hat nach Detailplänen zu geschehen, welche von den Unternehmern auf Grund ihrer Projekte, jedoch im Einverständnisse mit dem Magistrat ausgearbeitet und demselben zur Genehmigung vorgelegt werden müssen.

II. Der zur Anwendung kommende Oberbau hat aus ungeteilten stählernen Rillenschienen von mindestens 38 kg Gewicht pro Meter Schiene zu bestehen, welche einen guten Anschluß des Pflasters gestatten.

III. Der Oberbau mit Vignolschienen von 20 kg Gewicht pro laufenden Meter Schiene auf eisernen Querschwellen wird nur auf der Linie c von der Ecke der . . . . straße nach Prüfung und in der . . . . straße zugelassen.

IV. Die Spurweite der Bahn muß einen Meter betragen, und die Schienen müssen völlig eben mit dem Pflaster, bzw. der Straßendecke liegen.

V. Die Zuleitung des elektrischen Stromes zum Straßenbahnbetrieb darf oberirdisch erfolgen. Die Befestigung der Aufhänge- und Spanndrähte kann an Tragmasten oder Wandrosetten geschehen.

IV. Die Tragmasten müssen im Innern der Stadt aus Metall und in einer dem Magistrat genehmen, gefälligen Form hergestellt sein; auf der . . . . brücke sollen sie der Architektur der Brücke entsprechen.

Die Ausführung der Maste unterliegt der Genehmigung des Magistrats und bezüglich jener auf der . . . . . . Brücke auch noch der Genehmigung der zuständigen Staatsbehörden, soweit dieselbe erforderlich ist.

VIII. Bei Anwendung von Hausrosetten haben die Unternehmer das

Einverständnis der Hausbesitzer einzuholen, der Magistrat wird jedoch die Unternehmer auf deren Ersuchen hiebei nach Möglichkeit unterstützen.

VIII. Der Magistrat hat das Recht, die von den Unternehmern auszuführenden Anlagen der Straßenbahn während der Ausführung beaufsichtigten und nach Fertigstellen prüfen zu lassen.

IX. Alle dabei festgestellten und nicht vorher genehmigten Abweichungen vom Projekt sind von den Unternehmern nach Anordnung des Magistrats ordnungs- und vertragsgemäß zu erstellen, etwa vorgefundene Mängel sind zu beseitigen.

§ 8.

Einführung von Erfindungen und Verbesserungen bei beiderlei Anlagen und Aenderungen an denselben.

I. Der Magistrat ist berechtigt, zu bestimmen, ob später die andernorts als technisch bewährten Erfindungen und Verbesserungen auf dem Gebiete des Beleuchtungs-, Kraftübertragungs-, Heizungs- und des Straßenbahnwesens auch dahier innerhalb bestimmter Zeit zur Einführung gelangen sollen unter der Voraussetzung, daß diese in wirtschaftlicher Richtung die Rentabilität des Gesamtwerks nicht erheblich beeinträchtigen; zutreffendenfalls ist die Anordnung des Stadtmagistrats von den Unternehmern aus- und durchzuführen.

II. Unter der gleichen Voraussetzung sind auf Verlangen des Magistrats Aenderungen des Werks und seiner Teile innerhalb bestimmter Zeit aus- und durchzuführen.

§ 9.

Gemeinsame Bestimmungen bezüglich der Arbeiten beim Bau und Betrieb der beiderlei Anlagen.

I. Alle Anlagen von Kanälen, Schlammkästen, Gas-, Wasser- und Telephonleitungen, Fixpunkte der Stadtvermessung, sowie andere städtische, staatliche oder private Einrichtungen — sie mögen bestehen oder erst später entstehen — sind bei allen Bauausführungen von den Unternehmern sorgfältigst zu schonen.

II. Alle durch Maßnahmen der Unternehmer nötig werdenden Aenderungen und Verlegungen solcher Anlagen, des Bürgersteiges oder des Straßenpflasters und dergl. haben die Unternehmer auf eigene Kosten auszuführen, mag sich die Notwendigkeit hierzu bei der Anlage oder erst später herausstellen.

III. Die Unternehmer haben die für die Leitungen, Geleise und sonstigen elektrischen Anlagen benützten Straßen, Plätze, Brücken und Zubehör, insbesondere das Pflaster nach geschehener Benützung derselben, bezw. Herstellung der Leitungs- und Geleiseanlagen unverzüglich auf ihre Kosten mit oder ohne Aufforderung des Magistrats in ordnungsmäßigen Stand zu bringen und leisten dafür auf ein Jahr Gewähr.

IV. Bei der Straßenbahn erstreckt sich diese Verpflichtung auch auf das zwischen den Geleisen und einen halben Meter links und rechts davon liegende Pflaster.

V. Sollte überdem ein — nach Ansicht des Magistrats — befriedigender Zustand innerhalb der einjährigen Gewährfrist nicht oder nicht mehr vorhanden sein, so haben die Unternehmer sofort alle zur ordentlichen Wiederherstellung der Straßen, Plätze und Brücken erforderlichen Arbeiten auszuführen, widrigenfalls dem Magistrat das Recht zusteht, alle Ausbesserungsarbeiten auf Kosten der Unternehmer ausführen zu lassen.

VI. Vor der jeweiligen Benützung der Straßenteile, Plätze und Brücken durch die Unternehmer haben dieselben die Genehmigung des Magistrats über die Art der Ausführung einzuholen.

VII. Wenn Straßenzüge oder Teile derselben von der Stadt neu- oder umgepflastert werden und hierbei die Geleise der Straßenbahn seitens der Unternehmer mitverlegt werden, so zahlen letztere an die Stadtgemeinde als Beisteuer zu den infolge der Geleiselegung bei den Straßenwiederherstellungsarbeiten entstehenden Mehrkostn einen Betrag von 1 Mk. 50 Pfg. (eine Mark fünfzig Pfennig) pro Meter Geleise. Weichen werden hierbei vom Stoße vor der Zunge an als doppeltes Geleise berechnet.

VIII. Alle durch Aenderung am Straßenniveau nötigen Aenderungen der elektrischen Leitung und an den Schienen ꝛc. müssen die Unternehmer auf eigene Kosten vornehmen. Dieselben haben auch keinen Anspruch auf Ersatz von Schäden, welche ihnen etwa durch die Umpflasterung in der Erschwerung oder Störung des in jedem Falle in vollem Umfange aufrecht zu erhaltenden Betriebes erwachsen. Anderseits sorgt der Magistrat dafür, daß die Erschwerungen des Betriebes auf das geringste Maß beschränkt bleiben.

IX. Wenn durch städtische Bauten Umlegungen oder Aenderungen des Leitungsnetzes notwendig werden, so haben die Unternehmer solche mit sorgfältiger Schonung des städtischen Eigentums unentgeltlich auszuführen, der Stadtmagistrat wird jedoch dafür Sorge tragen, daß hierbei die Anlagen der Unternehmer auch billige Schonung finden.

X. Die Unternehmer sind verpflichtet, sich auf und neben den Bahnstrecken jede Arbeit, welche der Magistrat anordnet, oder anderen gestattet, ohne Widerspruch und ohne Anspruch auf Entschädigung gefallen zu lassen.

XI Beim Aufgraben von Straßen ꝛc., zur Anlegung, Reparatur und Untersuchung von Abzugskanälen, Gas- oder Wasserrohren, bei allen unterirdischen Leitungen und ähnlichen Anlagen haben die Unternehmer die erforderliche Abstützung, Sicherung, provisorische Verlegung der Geleise und Leitungen auf ihre Kosten zu bewirken, doch wird der Magistrat Bedacht nehmen, daß durch solche Arbeiten der Betrieb der Straßenbahn möglichst wenig gestört wird und die Anlagen der Unternehmer billige Schonung finden.

XII. Die Unternehmer leisten für die ortsübliche Reinigung der Straßen eine jährliche Abgabe von vierzig Pfennig pro Meter Geleiselänge, welche in der Stadt . . . . in Benützung genommen wird. Weichen werden hierbei vom Stoße vor der Zunge an als doppeltes Geleise gerechnet.

XIII. Für die Reinhaltung der Schienen selbst sorgen die Unternehmer ebenso, wie sie auch bei Schneefall den Schnee erforderlichenfalls von dem Bahnkörper selbst zu entfernen haben, so zwar, daß derselbe ohne eine Beeinträchtigung des Verkehrs seitwärts des Bahnkörpers entsprechend den vom Magistrat gegebenen Weisungen abgelegt wird.

XIV. Sobald aber durch solche Schneeablagerungen eine Beeinträchtigung des Verkehrs entsteht, sind die Unternehmer verpflichtet, die Verkehrsstörung durch Schneeabfuhr auf ihre Kosten zu beseitigen. Die Unternehmer erhalten jedoch das Recht, die Geleise durch Salzstreuen vom Schnee frei zu halten.

XV. Zur Vermeidung von Beschädigungen der Feuerwehrleute oder anderer Personen durch elektrischen Strom ꝛc. bei Uebungen oder Feuersbrünsten haben die Unternehmer nach erfolgter Benachrichtigung auf jeden Uebungs- oder Brandplatz sachkundige Personen zu entsenden, welche auf Erfordern des Magistrats die Stromlosmachung und nötigenfalls die Beseitigung der stromführenden Leitungen besorgen.

XVI. Die Belästigungen der Nachbarschaft durch Geräusch, Erschütterungen oder Rauch, welche infolge der Ausführung des Elektrizitätswerkes und der Straßenbahn oder durch den Betrieb derselben entstehen, sollen soweit vermieden und beseitigt werden, als es der jeweilige Stand der Technik zuläßt.

§ 10.
Schadenersatzpflicht der Unternehmer und Schadloshaltung der Stadtgemeinde.

I. Die Unternehmer haften wie für ihr eigenes und für das Verschulden ihrer Stellvertreter und Gehilfen am Gesamtwerke, so auch für alle Unfälle, Schäden und Nachteile, welche infolge der Ausführung des Elektrizitätswerkes und der Straßenbahn oder durch den Betrieb derselben der Stadtgemeinde oder einem Dritten zugefügt werden, sofern nicht die Ursache davon im Verschulden der Beschädigten gelegen ist.

II. Die Unternehmer haften auch dann, wenn sie oder ihre Angestellten ein direktes Verschulden nicht trifft, sondern das bloße Vorhandensein der Anlage den Schaden herbeigeführt hat, so z. B. bei Schäden, welche durch das Herabfallen zerreißender Drähte verursacht werden.

III. Für etwaige an die Stadtgemeinde wegen Schädigung oder Belästigung gemachten Ansprüche haben die Unternehmer der Stadtgemeinde Gewähr zu leisten, und ihr alle Kosten zu ersetzen, sowie auf Erfordern des Magistrats einen in dieser Richtung gegen die Stadtgemeinde angestrengten Rechtsstreit mit Schadloshaltung derselben zu übernehmen und auszutragen.

IV. Die Unternehmer haften weiterhin für alle Schadensansprüche, welche wegen Patentverletzung infolge des von ihnen errichteten und betriebenen Elektrizitätswerkes an die Stadtgemeinde oder an Dritte gestellt werden.

V. Für Nachteile, welche den Unternehmern durch Arbeiten entstehen, die von Dritten ausgeführt werden, dürfen die Unternehmer Schadloshaltung von der Stadt nicht verlangen, insbesondere nicht für Schaden und Nachteile, welche ihnen infolge Ausübung des Feuerwehrdienstes erwachsen.

VI. Die Unternehmer dürfen keinerlei Schadenersatzansprüche an die Stadtgemeinde wegen etwaiger Nachteile erheben, die der Straßenbahn und den Leitungsanlagen oder dem Betrieb durch unvermeidliche Störungen infolge höherer Gewalt zugefügt werden, oder welche infolge von Defekten an bestehenden Gas-, Wasser- und sonstigen ober- oder unterirdischen, städtischen oder staatlichen Anlagen eintreten.

VII. Dasselbe gilt für den Fall, daß der Betrieb der Straßenbahn aus irgend welcher Veranlassung zeitweise eingestellt werden muß.

§ 11.
Strompreis.

I. Die Unternehmer verpflichten sich, der Stadtgemeinde, sowie allen Behörden und Privaten in der Stadt elektrische Ströme, welche zur Beleuchtung, Kraftverteilung und Beheizung direkt geeignet sind, nach beiliegenden, vom Stadtmagistrat aufgestellten Bedingungen zu liefern, denen als Einheitspreise für die Kilowattstunde sechzig Pfennig für Beleuchtungs- und fünfundzwanzig Pfennig für Kraft- und Heizzwecke zugrunde liegen.

II. Die Unternehmer verpflichten sich ferner, auf die Lieferung elektrischer Ströme für Gebäude der Stadtgemeinde und der gemeindlichen Stiftungen eine besondere Preisermäßigung von zehn Prozent zu gewähren, wobei alle tarifmäßigen Rabatte, wie für die übrigen Konsumenten noch mit zu berücksichtigen sind, außerdem verpflichten sich die Unternehmer, der Stadt den Strom für die städtische Straßenbeleuchtung zu einem Ausnahmepreis von dreißig Pfennig pro Kilowattstunde ohne Rabatt, an der Konsumstelle berechnet, zu liefern.

III. Jeweilige Abänderungen der Strompreise unterliegen der Genehmigung des Magistrats.

§ 12.
Hausleitungen.

I. Die Hausanschlüsse, einschließlich deren Reparaturen und Aenderungen bis zum Elektrizitätsmesser, sowie Aufstellung der letzteren dürfen nur von den Unternehmern ausgeführt werden.

II. Zu den Kosten der Herstellung und Unterhaltung der Hausanschlüsse bis zur Hauptbleisicherung, insoferne dieselbe nicht mehr als drei Meter von der Eigentumsgrenze des anzuschließenden Grundstückes entfernt ist, hat jeder Abnehmer einen einmaligen Beitrag an die Unternehmer zu leisten. Die Festsetzung desselben unterliegt der Genehmigung des Magistrats.

III. Der Stromabnehmer hat dagegen die Kabel-, bzw. die Verlegungskosten zu bezahlen, soweit deren Länge 3 Meter innerhalb der Grundstücksgrenze überschreitet.

IV. Die Ausführung der Installationsarbeiten vom Elektrizitätsmesser ab ist der freien Konkurrenz überlassen, dieselben müssen jedoch den vom Magistrat aufzustellenden Bedingungen entsprechen. Die Prüfung der Installationsprojekte, die Ueberwachung der Ausführung derselben und die Kontrollmessungen vor Inbetriebsetzung der Anlagen obliegen ausschließlich den Unternehmern, und zwar gegen eine vom Magistrat festzusetzende Vergütung.

V. Die Unternehmer sind berechtigt, die Zuführung des elektrischen Stromes solange zu verweigern, bis die Ausführung der Anlagen den vom Magistrat aufgestellten Bedingungen entspricht und die Kosten der Prüfung und Ueberwachung gezahlt sind. In Zweifelfällen entscheidet der Magistrat auf Anrufen eines der Beteiligten.

VI. Die Prüfung der Projekte über Installationen haben die Unternehmer innerhalb zwei Wochen nach Einreichung der Pläne zu bewirken. Die Zeit, innerhalb welcher die Aufstellung des Elektrizitätsmessers, der Anschluß an die Hauptleitung und die Lieferung des elektrischen Stromes zu bewirken ist, setzt auf Erfordern der Magistrat fest.

VII. Die Einheitspreise für die den Unternehmern vorbehaltenen Arbeiten werden durch einen vom Magistrat zu genehmigenden Tarif festgesetzt.

VIII. Die Messung der elektrischen Ströme geschieht durch Messer, welche den Konsumenten mietweise überlassen werden.

IX. Die Festsetzung und Aenderung der Mietpreise für die Elektrizitätsmesser unterliegt der Genehmigung des Magistrats.

§ 13.
Fahrpreise der Straßenbahn.

I. Das Fahrgeld für eine Person und Fahrt darf bis zu einer Entfernung von 3 km zehn Pfennig nicht überschreiten, auch ist dafür das einmalige Umsteigen von einer Linie auf die andere an den Kreuzungspunkten zulässig.

II. Städtische Polizeibeamte und Polizeibedienstete, welche sich als solche ausweisen, genießen freie Fahrt.

III. Kinder unter 6 Jahren, soweit für dieselben ein besonderer Sitzplatz nicht beansprucht wird, sind fahrtfrei.

IV. Für Arbeiter, Schüler und Schulkinder sind Abonnementsbücher einzuführen, welche zu 40 Fahrten für drei Mark berechtigen.

§ 14.

Fahrplan und Betriebsvorschriften.

I. Die Betriebsvorschriften und die Festsetzung von Fahrplänen, Haltestellen, Regulativen bedürfen der Genehmigung des Magistrats.

II. Die Fahrpläne sind halbjährig aufzustellen, doch wird schon hier ausdrücklich vermerkt, daß im Sommer 16stündiger und im Winter 15-stündiger Verkehr stattzufinden hat, und daß während der frequenten Tagesstunden auf den Stadtlinien mindestens 9 Stunden täglich eine Wagenfolge von 6 Minuten eingerichtet werden muß.

III. Das gesamte Betriebsmaterial unterliegt in bezug auf Sicherheit und Zweckmäßigkeit der Prüfung und Anordnung des Magistrats.

IV. Jeder Wagen muß von einem zuverlässigen Manne geführt werden, und noch von einem Schaffner begleitet sein. Beide haben in Schnitt und Farbe genehmigte Dienstkleidung zu tragen, welche stets sauber und ganz sein muß. Ungeeignete Personen sind auf Verlangen des Magistrats sofort aus dem Dienste zu entlassen.

V. Der Magistrat wird vor der Betriebseröffnung der Straßenbahn eine Fahrordnung erlassen, wodurch der Straßenverkehr derart geregelt werden kann, daß der Bahnbetrieb durch Straßenfuhrwerk möglichst wenig gehindert wird.

VI. Die Unternehmer verpflichten sich, eine besondere Aufsichtsperson in der Nähe des .... zur Sicherung des dortigen Verkehrs auf eigene Kosten, ferner an anderen Orten Aufsichtspersonen auf Verlangen des Magistrats aufzustellen, wenn es die Verkehrssicherheit erfordert.

In diesen letztbezeichneten Fällen übernimmt jedoch die Stadtgemeinde die Hälfte des hierdurch verursachten Kostenaufwandes.

VII. Die Unternehmer haben allen auf die Bahn und deren Betrieb bezüglichen, im öffentlichen Interesse, insbesondere in demjenigen der öffentlichen Sicherheit, des öffentlichen Verkehrs, der öffentlichen Wohlfahrt, in gesundheitlicher Beziehung und im Interesse des städtischen Eigentums zu erlassenden Anordnungen des Magistrats Folge zu leisten.

§ 15.

Unterhaltung des Werkes, Betriebsunterbrechung der beiderlei Anlagen, Besitzergreifung durch die Stadtgemeinde und Eigentumsübergang an dieselbe in außerordentlichen Fällen.

I. Die Unternehmer verpflichten sich, das Elektrizitätswerk einschließlich elektrischer Straßenbahn stets in vollständig betriebsfähigem Zustand zu erhalten.

II. Die Unternehmer verpflichten sich im übrigen und abgesehen von den ohne ihr Verschulden herbeigeführten Mängeln, den Betrieb nicht ohne Genehmigung des Magistrats einzustellen, es sei denn, daß der sofortige Weiterbetrieb von den zuständigen Behörden untersagt würde und insolange als die gegen ein solches Verbot gesetzlich zulässigen Mittel entweder im Einverständnis mit dem Magistrat nicht angewendet werden oder erfolglos bleiben, oder es sei, daß höhere Gewalt den Betrieb unmöglich mache.

III. Im Falle die Unternehmer durch momentane Störungen bei dem maschinellen Betriebe oder in den Leitungen genötigt sind, für kurze Zeit den Betrieb zu unterbrechen oder die Stromlieferung für einzelne Häuserblöcke einzustellen, haben sie unverzüglich dem Magistrat unter Angabe der veranlassenden Umstände hiervon Anzeige zu machen, außerdem schleunigst eingehenden schriftlichen Bericht zu erstatten und die Beseitigung der Mängel sofort vorzunehmen.

IV. Unterlassen sie diese Anzeige und Berichterstattung oder die Beseitigung der Mängel, oder nehmen sie nicht unmittelbar nach Beseitigung der Mängel den Betrieb wieder auf, so haben sie für jeden Kilometer Straßenbahn, der nicht befahren wurde, pro Tag M. 50.— (Fünfzig Mark) Vertragsstrafe an die Stadtgemeinde zu entrichten.

V. Im Falle die Unternehmer trotz einmaliger Aufforderung des Magistrats die zur Beseitigung der Mängel von diesem geforderten Verbesserungen nicht sofort ausführen, hat der Magistrat das Recht, das Erforderliche auf Kosten der Unternehmer herstellen zu lassen.

VI. Verletzen die Unternehmer ihre Verpflichtung, indem sie den Betrieb eigenmächtig unterbrechen, und dies ungeachtet wiederholter Aufforderung des Magistrats fortsetzen, oder wird über das Vermögen der Unternehmer der Konkurs eröffnet, so ist die Stadtgemeinde berechtigt, und zwar im letzteren Falle unbeschadet einer rechtsgültigen Auseinandersetzung mit dem Konkursverwalter, sofort den Vertrag einseitig aufzulösen und das ganze Elektrizitätswerk mit elektrischer Bahn und allen Zubehören und Rechten in Betrieb zu nehmen und ohne vorherige Kündigung anzukaufen. Zugleich fällt im Falle der Eigenmächtigkeit auf seiten der Unternehmer der Stadtgemeinde die von den Unternehmern hinterlegte Kaution ohne Aufrechnung zum voraus anheim.

VII. Als Ankaufssumme in vorstehend bezeichneten Fällen der käuflichen Erwerbung gilt das jeweilige Anlagekapital, d. h. der Herstellungspreis der ersten Anlage einschließlich desjenigen der Erweiterungen unter Abzug von zwei Prozent des Herstellungspreises für jedes der verflossenen Betriebsjahre, welche je nach dem Zeitpunkte der Inbetriebsetzung der ersten Anlage und etwaiger späterer Erweiterungen gesondert zu zählen sind.

VIII. Als Herstellungspreis des Elektrizitätswerkes und der elektrischen Straßenbahn gelten für die erste Anlage die Ziffern der von den Unternehmern vorgelegten Kostenanschläge. Für Erweiterungen, deren Einzellieferungen und Arbeiten von den Unternehmern anderen Firmen übertragen werden, dürfen für die Uebernahme der Bestellung, Aufsicht und aller Garantien — auch derjenigen für Lieferzeit und Leistungen — seitens der Unternehmer zehn Prozent Generalunkosten zu den Barauslagen, welche jedoch die allgemein üblichen Preise für ähnliche Leistungen gleicher Güte nicht überschreiten dürfen, als Entschädigung verrechnet werden. Diesen Zuschlag zu den Barauslagen für Erweiterungen zu machen, ist jedoch der den Unternehmern rechtsnachfolgenden Gesellschaft nicht erlaubt.

IX. Kabelleitungen für Hausanschlüsse dürfen nur zu dem Preise angerechnet werden, welcher nach Abzug der von den Abnehmern nach § 12 Absatz II zu den ursprünglichen Herstellungskosten geleisteten Beiträge sich ergibt.

X. Ueber die Höhe des Herstellungspreises ist ein besonderes Buch zu führen und dem Magistrat ein Auszug halbjährig vorzulegen, überdem auf Erfordern desselben ihm Einsicht in dieses Buch zu gestatten.

§ 16.

Gewinnanteil der Stadtgemeinde.

I. Die Unternehmer haben der Stadtgemeinde einen Anteil an dem sich ergebenden Reingewinne zu entrichten, sobald derselbe fünf Prozent des jeweiligen Gesamtanlagekapitals, d. h. des Herstellungspreises der ersten Anlage, einschließlich desjenigen der Erweiterungen übersteigt.

III. Als Reingewinn im Sinne dieses Paragraphen und des § 17 wird der Ueberschuß der Betriebseinnahmen über die Betriebsausgaben nach Abzug der Reserven und Abschreibungen angesehen.

IV. Die Unternehmer verpflichten sich, alljährlich zur Bildung eines Amortisationsfonds zwei Prozent vom jeweiligen Anlagekapital, dann eines Erneuerungsfonds drei Prozent dieses Kapitals vom Einnahmeüberschusse zurückzustellen und den gesetzlich zu bildenden Reservefonds mit fünf Prozent vom verbleibenden Reingewinn zu dotieren. Die Bildung weiterer Fonds hat zu entfallen.

Die Zinsen des Amortisationsfonds sind zur Erhöhung des Reingewinns zu verwenden.

V. Unter Berücksichtigung der vorstehenden Bestimmungen erfolgt jährlich die Berechnung des Reingewinnes auf Grund einer nach kaufmännischen Grundsätzen aufgestellten und dem Magistrat zur Genehmigung vorzulegenden Jahresbilanz nebst Betriebsberechnung, in welcher die Materialpreise, Gehälter, Arbeitslöhne u. s. w. den tatsächlichen Verhältnissen und den handelsgesetzlichen Bestimmungen genau entsprechen müssen.

VI. Die Zahlung des etwaigen Anteils am Reingewinn erfolgt sechs Wochen nach endgültiger Feststellung der Bilanz, spätestens aber sechs Monate nach Ablauf des Betriebsjahres. Im Falle des Verzugs haben die Unternehmer die Rückstände mit vier und einhalb Prozent vom erstbezeichneten Verfalltage ab zu verzinsen.

§ 17.

Uebergang der Anlagen ins Eigentum der Stadtgemeinde.

I. Außer dem im § 15 vorgesehenen Falle hat mit Ablauf des fünfzehnten Betriebsjahres, von der Betriebseröffnung des Elektrizitätswerkes an gerechnet, die Stadtgemeinde das Recht, nach vorausgegangener einjähriger unwiderruflicher Kündigung das gesamte Elektrizitätswerk mit elektrischer Bahn insbesondere die Stationen, die Gebäude, die Geleise und Leitungsanlagen und alle Betriebsmittel, den Wagenpark, kurz die gesamte Anlage nebst allem Zubehör und allen Rechten käuflich zu übernehmen.

II. Dieselbe Befugnis steht der Stadtgemeinde mit Ablauf jeder weiteren fünfjährigen Periode zu.

III. Die Feststellung des Kaufpreises richtet sich nach § 15 Absatz VII bis IX und § 16 Absatz IV, jedoch erleiden dieselben im Falle des § 17 folgende Abänderungen: Will mit Ablauf des 15. Betriebsjahres das gesamte Werk von der Stadtgemeinde erworben werden, so gewährt dieselbe den Unternehmern, insoweit als in den vorhergegangenen 15 Betriebsjahren durchschnittlich und rechnerisch nachweisbar die Verzinsung des Anlagekapitals unter vier Prozent geblieben sein sollte, eine Entschädigung für diesen Zinsentgang, wogegen aber der Stadtgemeinde der ganze, inzwischen von den Unternehmern anzusammelnde Erneuerungsfonds, soweit derselbe nicht durch inzwischen stattgehabte Erneuerungen in Anspruch genommen ist, und falls derselbe nicht ausreichen sollte, auch der gesetzlich anzusammelnde Reservefonds noch zufällt.

Wird erst nach zwanzig Jahren, vom Tage der Betriebseröffnung an, das gesamte Werk erworben, so entfällt von da an für die Stadtgemeinde die Leistung einer solchen Entschädigung, und richtet sich der Kaufpreis allein nach § 15 Absatz VII bis IX, so daß auch der Anspruch der Stadtgemeinde auf den Erneuerungs- und Reservefonds in Wegfall kommt.

IV. Mit Hinblick auf die festgestellte Verpflichtung der Unternehmer, wonach insbesondere die baulichen und maschinellen Anlagen, die Apparate und das Kabelnetz fortdauernd in gutem und vollkommen betriebsfähigem Zustande zu erhalten sind, wird beim Vorhandensein von Mängeln in dieser Hinsicht nach Wahl des Magistrats entweder ein der Wertminderung entsprechender Abzug vom Uebernahmspreise gemacht, oder der zur Abstellung der Mängel erforderliche Kostenbetrag beansprucht.

V. Nach Ablauf der Vertragsdauer von fünfzig Jahren gehen die Stationen, die Gebäude, die Geleise und Leitungsanlagen und alle Betriebsmittel, der Wagenpark, kurz die gesamte Anlage nebst allem Zubehör in gutem, betriebsfähigem Zustande schulden- und lastenfrei, unentgeltlich in das Eigentum der Stadtgemeinde über.

VI. Die Vorräte und die Erneuerungsmaterialien verbleiben Eigentum der Unternehmer, können jedoch von der Stadtgemeinde käuflich zum Schätzungspreise übernommen werden.

VII. In die von den Unternehmern etwa abgeschlossenen Verträge ist die Stadtgemeinde zwar berechtigt, aber nicht verpflichtet, einzutreten. Zur Entscheidung hierüber müssen ihr die Verträge sechs Monate vor Lösung des Vertragsverhältnisses vorgelegt werden. Die Unternehmer sind nach Ablauf der ersten fünfzehn Betriebsjahre überhaupt verpflichtet, keinerlei Verträge von längerer Dauer als drei Jahren ohne Genehmigung des Stadtmagistrats abzuschließen. In allen Fällen des Uebergangs der Anlage an die Stadtgemeinde haben die Unternehmer dafür aufzukommen, daß der Fortbetrieb des Werkes der Stadtgemeinde nicht durch Ansprüche von irgend einer Seite erschwert oder unmöglich gemacht wird, sie haben daher die Stadtgemeinde gegen alle in dieser Beziehung erhobenen Ansprüche zu vertreten und schadlos zu halten.

§ 18.

Kaution.

Die Unternehmer sind verpflichtet, mit Abschluß dieses Vertrages beim Magistrat 20 000 M. (zwanzigtausend Mark) als Kaution in mündelsicheren Wertpapieren zu hinterlegen. Die Zinsen derselben verbleiben den Unternehmern.

Die Kaution dient zunächst zur Sicherstellung für die Einhaltung aller für die Unternehmer bestehenden Verpflichtungen einschließlich allenfallsiger Deckung der Nichteinzahlung von Vertragsstrafen und muß von den Unternehmern bei Inanspruchnahme seitens der Stadtgemeinde wieder auf die ursprüngliche Höhe gebracht werden.

§ 19.

Gründung einer Gesellschaft und Beteiligung der Stadtgemeinde.

I. Die Unternehmer sind berechtigt und auf Erfordern des Magistrats auch verpflichtet, die aus diesem Vertrage erwachsenden Rechte und Pflichten mit der Betriebseröffnung des Elektrizitätswerkes an eine besondere Gesellschaft für die Durchführung des Unternehmens mit dem dauernden Sitze in . . . . zu übertragen. Was in den vorgängigen Paragraphen von den Rechten und Pflichten der Unternehmer bestimmt ist, gilt sohin auch in gleicher Weise für deren Rechtsnachfolger.

II. Eine Entscheidung über die Form der Gesellschaft bleibt den Unternehmern vorbehalten.

III. Die Stadtgemeinde ist berechtigt, aber nicht verpflichtet, sich bis zu vierzig Prozent des Gesellschaftskapitals an dem Unternehmen mit zu beteiligen, und eine entsprechende Beteiligung an der Verwaltung des Unternehmens zu beanspruchen und auszuüben, wenn sie ihren diesbezüglichen Entschluß mit Ablauf des zweiten Betriebsjahres den Unternehmern mitteilt.

IV. Die Unternehmer, bzw. die Gesellschaft macht sich verbindlich, die Aktien nicht zu begeben, ehe die Stadtgemeinde ihren Entschluß bezüglich der Beteiligung mitgeteilt haben wird.

V. Der zu bildenden Gesellschaft darf für Abtretung des Werkes kein höherer Preis als der nach § 15 sich ergebende Herstellungspreis einschließlich der tatsächlichen Unkosten für Gründung berechnet, und keine weiteren Verpflichtungen, als den Unternehmern obliegen, auferlegt werden.

§ 20.

Ueberwachungs- und Anordnungsrecht des Stadtmagistrats.

I. Dem Stadtmagistrat kommt überhaupt vom Standpunkte des öffentlichen und gemeindlichen Interesses, sowie im Hinblick auf eine künftige Ueberleitung der Gesamtanlage in städtischen Betrieb in Ansehung der Bau-, Betriebs- und Geschäftsführung der Unternehmer und ihrer Rechtsnachfolger ein Aufsichts-, Prüfungs- und Anordnungsrecht zu, die Unternehmer haben deshalb, wie von allen auch in vorstehenden Bestimmungen nicht besonders bezeichneten baulichen Vornahmen und Aenderungen betriebstechnischer Art dem Magistrat vorher Anzeige zu erstatten, ferner den vom Magistrat beauftragten Personen jederzeit Zutritt zu den Gesamtanlagen und vollen Einblick in die für das Unternehmen besonders zu führenden Bücher und alle auf den Geschäftsbetrieb bezüglichen Verträge, Schriftstücke rc. zu gewähren, ebenso die Jahresbilanzen und Jahresberichte rechtzeitig mitzuteilen.

II. Bei Zuwiderhandlungen haben die Unternehmer, bzw. deren Rechtsnachfolger eine Vertragsstrafe von Mk. 100.— (hundert Mark) für jeden einzelnen Fall an die Stadtgemeinde zu entrichten.

§ 21.

Schiedsgericht.

I. Vereinbart wird, daß die Entscheidung aller Rechtsstreitigkeiten zwischen beiden Parteien aus gegenwärtigem Vertrage, einschließlich Feststellung des etwa bestrittenen Kaufpreises bei Erwerbung der Gesamtanlage und allem Zubehör seitens der Stadtgemeinde während der Vertragsdauer durch 3 Schiedsrichter erfolgen soll.

II. Auf Veranlassung des Magistrats werden von jeder Partei ein Schiedsrichter und von den beiden Schiedsrichtern der dritte Schiedsrichter als Obmann ernannt.

III. Wenn eine Partei eine Woche nach der an sie erfolgten Benennung des Schiedsrichters der anderen Partei ihren Schiedsrichter noch nicht ernannt hat, oder wenn die beiden ernannten Schiedsrichter über die Person des Obmannes sich nicht einigen, so steht die Ernennung jenes Schiedsrichters und des Obmannes auf Ansuchen des Magistrats dem Kgl. Landgerichte zu.

IV. Im übrigen finden die einschlägigen Bestimmungen der Zivilprozeß-Ordnung und deren Anhanggesetze hierzu Anwendung.

V. Durch solche Streitigkeiten darf der Betrieb des Werkes im ganzen oder in seinen Teilen nicht unterbrochen werden.

§ 22.

Schlußbestimmungen.

I. Der Vertrag tritt mit dem Tage seines Abschlusses nach Maßgabe seiner allmählichen Vollziehbarkeit in Kraft.

II. Wenn gesetzlich angängig, sind die Bestimmungen künftigen Eigentum-Ueberganges bezüglich der Gesamtanlage und Zubehör an die Stadtgemeinde in das Grund-Buch einzutragen.

III. In Zweifels- und Streitfällen sind, vom Tage des Vertragsschlusses an, die Bestimmungen des Bürgerlichen Gesetzbuches, des Handelsgesetzbuches und der zugehörigen Anhanggesetze bei der Vertragsauslegung und Streitschlichtung zugrunde zu legen.

IV. Unabhängig von den Vertragsbestimmungen sind die in den Reichs- und Landesgesetzen, sowie in den darauf gegründeten Verwaltungs- und Polizeivorschriften jeweils geltenden Bestimmungen beiderseits zu beachten.

V. Ueber die Abgabe von elektrischer Energie an die in . . . .

gelegenen Besitzungen des . . . . oder an die Vororts-gemeinden bleiben besondere Abmachungen zwischen den Beteiligten und den Unternehmern oder deren Rechtsnachfolgern unter Zustimmung der Stadtgemeinde . . . . zum Inhalte der Abmachungen vorbehalten.

VI. Die Kosten des notariellen Vertrages tragen die Unternehmer.

X.

Reichsgesetz, betr. die Verbindlichkeiten zum Schadenersatz für die bei dem Betriebe von Eisenbahnen, Bergwerken etc. herbeigeführten Tötungen und Körperverletzungen.

(RG. v. 7. Juni 1871 — RGBl. S. 207 — Art. 42 EG. z. BGB.)

§ 1.

Wenn bei dem Betriebe einer Eisenbahn ein Mensch getötet oder körperlich verletzt wird, so haftet der Betriebsunternehmer für den dadurch entstandenen Schaden, sofern er nicht beweist, daß der Unfall durch höhere Gewalt oder durch eigenes Verschulden des Getöteten oder Verletzten verursacht ist.

§ 2.

Wer ein Bergwerk, einen Steinbruch, eine Gräberei (Grube) oder **eine Fabrik** betreibt, haftet, wenn ein Bevollmächtigter oder ein Repräsentant oder eine zur Leitung oder Beaufsichtigung des Betriebes oder der Arbeiter angenommene Person durch ein Verschulden in Ausführung der Dienstverrichtungen den Tod oder die Körperverletzung eines Menschen herbeigeführt hat, für den dadurch entstandenen Schaden.

§ 3.

Im Falle der Tötung ist der Schadenersatz (§§ 1 und 2) durch Ersatz der Kosten einer versuchten Heilung, sowie des Vermögensnachteils zu leisten, den der Getötete dadurch erlitten hat, daß während der Krankheit seine Erwerbsfähigkeit aufgehoben oder gemindert oder eine Vermehrung seiner Bedürfnisse eingetreten war. Der Ersatzpflichtige hat außerdem die Kosten der Beerdigung demjenigen zu ersetzen, dem die Verpflichtung obliegt, diese Kosten zu tragen.

Stand der Getötete zur Zeit der Verletzung zu einem Dritten in einem Verhältnisse, vermöge dessen er diesem gegenüber kraft Gesetzes unterhaltspflichtig war oder unterhaltspflichtig werden konnte, und ist dem Dritten infolge der Tötung das Recht auf den Unterhalt entzogen, so hat der Ersatzpflichtige dem Dritten insoweit Schadenersatz zu leisten, als der Getötete während der mutmaßlichen Dauer seines Lebens zur Gewährung des Unterhalts verpflichtet gewesen sein würde. Die Ersatzpflicht tritt auch dann ein, wenn der Dritte zur Zeit der Verletzung erzeugt, aber noch nicht geboren war.

§ 3 a.

Im Falle einer Körperverletzung ist der Schadenersatz (§§ 1 und 2) durch Ersatz der Kosten der Heilung, sowie des Vermögensnachteils zu leisten, den der Verletzte dadurch erleidet, daß infolge der Verletzung zeitweise oder dauernd seine Erwerbsfähigkeit aufgehoben oder gemindert oder eine Vermehrung seiner Bedürfnisse eingetreten ist.

§ 4.

War der Getötete oder Verletzte unter Mitleistung von Prämien oder anderen Beiträgen durch den Betriebsunternehmer bei einer Versicherungsanstalt, Knappschafts-, Unterstützungs-, Kranken- oder ähnlichen Kasse gegen den Unfall versichert, so ist die Leistung der letzteren an den Ersatzberechtigten auf die Entschädigung anzurechnen, wenn die Mitleistung des Betriebsunternehmers nicht unter einem Drittel der Gesamtleistung beträgt.

§ 5.

Die in den §§ 1 und 2 bezeichneten Unternehmer sind nicht befugt, die Anwendung der in den §§ 1 bis 3a enthaltenen Bestimmungen zu ihrem Vorteile durch Verträge (mittelst Reglements oder durch besondere Uebereinkunft) im voraus auszuschließen oder zu beschränken.

Vertragsbestimmungen, welche dieser Vorschrift entgegenstehen, haben keine rechtliche Wirkung.

§ 6.

[Ist durch die §§ 286, 287 RZPO. (freie Beweiswürdigung und freies Ermessen des Richters bezüglich der Entstehung des Schadens) ersetzt worden.]

§ 7.

Der Schadenersatz wegen Aufhebung oder Minderung der Erwerbsfähigkeit und wegen Vermehrung der Bedürfnisse des Verletzten, sowie der nach § 3 Abs. 2 einem Dritten zu gewährende Schadenersatz ist für die Zukunft durch Entrichtung einer Geldrente zu leisten.

Die Vorschriften des § 843 Abs. 2—4 des Bürgerlichen Gesetzbuchs und des § 708 Nr. 6 RZPO. finden entsprechende Anwendung. Das Gleiche gilt für die dem Verletzten zu entrichtende Geldrente von der Vorschrift des § 850 Abs. 3 und für die dem Dritten zu entrichtende Geldrente von der Vorschrift des § 850 Abs. 1 Nr. 2 RZPO.

Ist bei der Verurteilung des Verpflichteten zur Entrichtung einer Geldrente nicht auf Sicherheitsleistung erkannt worden, so kann der Berechtigte gleichwohl Sicherheitsleistung verlangen, wenn die Vermögensverhältnisse des Verpflichteten sich erheblich verschlechtert haben; unter der gleichen Voraussetzung kann er eine Erhöhung der in dem Urteile bestimmten Sicherheit verlangen.

§ 8.

Die Forderungen auf Schadenersatz (§§ 1—3a) verjähren in 2 Jahren von dem Unfalle an. Gegen denjenigen, welchem der Getötete Unterhalt zu gewähren hatte (§ 3 Abs. 2), beginnt die Verjährung mit dem Tode. Im übrigen finden die Vorschriften des BGB. über die Verjährung Anwendung.

§ 9.

Die gesetzlichen Vorschriften, nach welchen außer den in diesem Gesetze vorgesehenen Fällen der Unternehmer einer in den §§ 1, 2 bezeichneten Anlage oder eine andere Person, insbesondere wegen eines eigenen Verschuldens, für den bei dem Betriebe der Anlage durch Tötung oder Körperverletzung eines Menschen entstandenen Schaden haftet, bleiben unberührt.

§ 10

[durch Ziffer 14 des Einführungsgesetzes zum Gerichtsverfassungsgesetze vom 27. Januar 1877 (die am Tage des Inkrafttretens des Gerichtsverfassungsgesetzes bei dem Reichsoberhandelsgerichte anhängigen Sachen gehen in der prozessualischen Lage, in welcher sie sich befinden, auf das Reichsgericht über) ersetzt.]

XI.

§§ 227—231 BGB.: Selbstverteidigung, Selbsthülfe.

§ 227.

Eine durch Notwehr gebotene Handlung ist nicht widerrechtlich.

Notwehr ist diejenige Verteidigung, welche erforderlich ist, um einen gegenwärtigen rechtswidrigen Angriff von sich oder einem anderen abzuwenden.

§ 228.

Wer eine fremde Sache beschädigt oder zerstört, um eine durch sie drohende Gefahr von sich oder einem anderen abzuwenden, handelt nicht widerrechtlich, wenn die Beschädigung oder die Zerstörung zur Abwendung der Gefahr erforderlich ist und der Schaden nicht außer Verhältnis zu der Gefahr steht. Hat der Handelnde die Gefahr verschuldet, so ist er zum Schadenersatze verpflichtet.

§ 229.

Wer zum Zwecke der Selbsthilfe eine Sache wegnimmt, zerstört oder beschädigt oder wer zum Zweck der Selbsthilfe einen Verpflichteten, welcher der Flucht verdächtig ist, festnimmt oder den Widerstand des Verpflichteten gegen eine Handlung, die dieser zu dulden verpflichtet ist, beseitigt, handelt nicht widerrechtlich, wenn obrigkeitliche Hilfe nicht rechtzeitig zu erlangen ist und ohne sofortiges Eingreifen die Gefahr besteht, daß die Verwirklichung des Anspruchs vereitelt oder wesentlich erschwert werde.

§ 230.

Die Selbsthilfe darf nicht weiter gehen, als zur Abwendung der Gefahr erforderlich ist.

Im Falle der Wegnahme von Sachen ist, sofern nicht Zwangsvollstreckung erwirkt wird, der dingliche Arrest zu beantragen.

Im Falle der Festnahme des Verpflichteten ist, sofern er nicht wieder in Freiheit gesetzt wird, der persönliche Sicherheitsarrest bei dem Amtsgerichte zu beantragen, in dessen Bezirke die Festnahme erfolgt ist; der Verpflichtete ist unverzüglich dem Gerichte vorzuführen.

Wird der Arrestantrag verzögert oder abgelehnt, so hat die Rückgabe der weggenommenen Sachen und die Freilassung des Festgenommenen unverzüglich zu erfolgen.

§ 231.

Wer eine der im § 229 bezeichneten Handlungen in der irrigen Annahme vornimmt, daß die für den Ausschluß der Widerrechtlichkeit erforderlichen Voraussetzungen vorhanden seien, ist dem anderen Teile zum Schadensersatze verpflichtet, auch wenn der Irrtum nicht auf Fahrlässigkeit beruht.

XII.

Reichsgewerbe-Ordnung: §§ 135—139 b.

§ 135.

Kinder unter dreizehn Jahren dürfen in Fabriken nicht beschäftigt werden. Kinder über dreizehn Jahre dürfen in Fabriken nur beschäftigt werden, wenn sie nicht mehr zum Besuche der Volksschule verpflichtet sind.

Die Beschäftigung von Kindern unter vierzehn Jahren darf die Dauer von sechs Stunden täglich nicht überschreiten.

Junge Leute zwischen vierzehn und sechzehn Jahren dürfen in Fabriken nicht länger als zehn Stunden täglich beschäftigt werden.

§ 136.

Die Arbeitsstunden der jugendlichen Arbeiter (§ 135) dürfen nicht vor fünfeinhalb Uhr morgens beginnen und nicht über achteinhalb Uhr abends dauern. Zwischen den Arbeitsstunden müssen an jedem Arbeitstage regelmäßige Pausen gewährt werden. Für jugendliche Arbeiter, welche nur sechs Stunden täglich beschäftigt werden, muß die Pause mindestens eine halbe Stunde betragen. Den übrigen jugendlichen Arbeitern muß mindestens mittags eine einstündige, sowie vormittags und nachmittags je eine halbstündige Pause gewährt werden. Eine Vor- und Nachmittagspause braucht nicht gewährt zu werden, sofern die jugendlichen Arbeiter täglich nicht länger als acht Stunden beschäftigt werden, und die Dauer ihrer durch eine Pause nicht unterbrochenen Arbeitszeit am Vor- und Nachmittag je vier Stunden nicht übersteigt.

Während der Pausen darf den jugendlichen Arbeitern eine Beschäftigung in dem Fabrikbetriebe überhaupt nicht und der Aufenthalt in den Arbeitsräumen nur dann gestattet werden, wenn in denselben diejenigen Teile des Betriebes, in welchen jugendliche Arbeiter beschäftigt sind, für die Zeit der Pausen völlig eingestellt werden oder wenn der Aufenthalt im Freien nicht tunlich und andere geeignete Aufenthaltsräume ohne unverhältnismäßige Schwierigkeiten nicht beschafft werden können.

An Sonn- und Festtagen, sowie während der von dem ordentlichen Seelsorger für den Katechumenen- und Konfirmanden-, Beicht- und Kommunionunterricht bestimmten Stunden dürfen jugendliche Arbeiter nicht beschäftigt werden.

§ 137.

Arbeiterinnen dürfen in Fabriken nicht in der Nachtzeit von achteinhalb Uhr abends bis fünfeinhalb Uhr morgens und am Sonnabend, sowie an Vorabenden der Festtage nicht nach fünfeinhalb Uhr nachmittags beschäftigt werden.

Die Beschäftigung von Arbeiterinnen über sechzehn Jahre darf die Dauer von elf Stunden täglich, an den Vorabenden der Sonn- und Festtage von zehn Stunden nicht überschreiten.

Zwischen den Arbeitsstunden muß den Arbeiterinnen eine mindestens einstündige Mittagspause gewährt werden.

Arbeiterinnen über sechzehn Jahre, welche ein Hauswesen zu besorgen haben, sind auf ihren Antrag eine halbe Stunde vor der Mittagspause zu entlassen, sofern diese nicht mindestens ein und eine halbe Stunde beträgt.

Wöchnerinnen dürfen während vier Wochen nach ihrer Niederkunft überhaupt nicht und während der folgenden zwei Wochen nur beschäftigt werden, wenn das Zeugnis eines approbierten Arztes dies für zulässig erklärt.

§ 138.

Sollen Arbeiterinnen oder jugendliche Arbeiter in Fabriken beschäftigt werden, so hat der Arbeitgeber vor dem Beginn der Beschäftigung der Ortspolizeibehörde eine schriftliche Anzeige zu machen.

In der Anzeige sind die Fabrik, die Wochentage, an welchen die Beschäftigung stattfinden soll, Beginn und Ende der Arbeitszeit und der Pausen, sowie die Art der Beschäftigung anzugeben. Eine Aenderung hierin darf, abgesehen von Verschiebungen, welche durch Ersetzung behinderter Arbeiter für einzelne Arbeitsschichten notwendig werden, nicht erfolgen, bevor eine entsprechende weitere Anzeige der Behörde gemacht ist. In jeder Fabrik hat der Arbeitgeber dafür zu sorgen, daß in den Fabrikräumen, in welchen jugendliche Arbeiter beschäftigt werden, an einer in die Augen fallenden Stelle ein Verzeichnis der jugendlichen Arbeiter unter Angabe ihrer Arbeitstage, sowie des Beginns und Endes ihrer Arbeitszeit und der Pausen ausgehängt ist. Ebenso hat er dafür zu sorgen, daß in den betreffenden Räumen eine Tafel ausgehängt ist, welche in der von der Zentralbehörde zu bestimmenden Fassung und in deutlicher Schrift einen Auszug aus den Bestimmungen über die Beschäftigung von Arbeiterinnen und jugendlichen Arbeitern enthält.

§ 138 a.

Wegen außergewöhnlicher Häufung der Arbeit kann auf Antrag des Arbeitgebers die untere Verwaltungsbehörde auf die Dauer von zwei Wochen die Beschäftigung von Arbeiterinnen über sechzehn Jahre bis zehn Uhr abends an den Wochentagen außer Sonnabend unter der Voraussetzung gestatten, daß die tägliche Arbeitszeit dreizehn Stunden nicht überschreitet. Innerhalb eines Kalenderjahres darf die Erlaubnis einem Arbeitgeber für seinen Betrieb oder für eine Abteilung seines Betriebes auf mehr als vierzig Tage nicht erteilt werden.

Für eine zwei Wochen überschreitende Dauer kann die gleiche Erlaubnis nur von der höheren Verwaltungsbehörde und auch von dieser für mehr als vierzig Tage im Jahre nur dann erteilt werden, wenn die Arbeitszeit für den Betrieb oder die betreffende Abteilung des Betriebes so geregelt wird, daß ihre tägliche Dauer im Durchschnitt der Betriebstage des Jahres die regelmäßige gesetzliche Arbeitszeit nicht überschreitet.

Der Antrag ist schriftlich zu stellen und muß den Grund, aus welchem die Erlaubnis beantragt wird, die Zahl der in Betracht kommenden Arbeiterinnen, das Maß der längeren Beschäftigung, sowie den Zeitraum angeben, für welchen dieselbe stattfinden soll. Der Bescheid der unteren Verwaltungsbehörde auf den Antrag ist binnen drei Tagen schriftlich zu erteilen. Gegen die Versagung der Erlaubnis steht die Beschwerde an die vorgesetzte Behörde zu.

Die untere Verwaltungsbehörde hat über die Fälle, in welchen die Erlaubnis erteilt worden ist, ein Verzeichnis zu führen, in welches der Name des Arbeitgebers und die für den schriftlichen Antrag vorgeschriebenen Angaben einzutragen sind.

Die untere Verwaltungsbehörde kann die Beschäftigung von Arbeiterinnen über sechzehn Jahre, welche kein Hauswesen zu besorgen haben und eine Fortbildungsschule nicht besuchen, bei den im § 105c (RGO.) Abs. 1 unter Ziffer 3 und 4 bezeichneten Arbeiten an Sonnabenden und Vorabenden von Festtagen nachmittags nach fünfeinhalb Uhr, jedoch nicht über achteinhalb Uhr abends hinaus, gestatten. Die Erlaubnis ist schriftlich zu erteilen. Eine Abschrift derselben ist in den Fabrikräumen, in welchen die Arbeiterinnen beschäftigt werden, an einer in die Augen fallenden Stelle auszuhängen.

§ 139.

Wenn Naturereignisse oder Unglücksfälle den regelmäßigen Betrieb einer Fabrik unterbrochen haben, so können Ausnahmen von den in den §§ 135 Absatz 2 und 3, 136, 137 Absatz 1 bis 3 vorgesehenen Beschränkungen auf die Dauer von vier Wochen durch die höhere Verwaltungsbehörde, auf längere Zeit durch den Reichskanzler zugelassen werden. In dringenden Fällen solcher Art, sowie zur Verhütung von Unglücksfällen kann die untere Verwaltungsbehörde, jedoch höchstens auf die Dauer von vierzehn Tagen, solche Ausnahmen gestatten.

Wenn die Natur des Betriebes oder Rücksichten auf die Arbeiter in einzelnen Fabriken es erwünscht erscheinen lassen, daß die Arbeitszeit der Arbeiterinnen oder jugendlichen Arbeiter in einer anderen als der durch §§ 136 und 137 Absatz 1 und 3 vorgesehenen Weise geregelt wird, so kann auf besonderen Antrag eine anderweite Regelung hinsichtlich der Pausen durch die höhere Verwaltungsbehörde, im übrigen durch den Reichskanzler gestattet werden. Jedoch dürfen in solchen Fällen die jugendlichen Arbeiter nicht länger als sechs Stunden beschäftigt werden, wenn zwischen den Arbeitsstunden nicht Pausen von zusammen mindestens einstündiger Dauer gewährt werden.

Die auf Grund vorstehender Bestimmungen zu treffenden Verfügungen müssen schriftlich erlassen werden.

§ 139 a.

Der Bundesrat ist ermächtigt:

1. die Verwendung von Arbeiterinnen, sowie von jugendlichen Arbeitern für gewisse Fabrikationszweige, welche mit besonderen Gefahren für Gesundheit oder Sittlichkeit verbunden sind, gänzlich zu untersagen oder von besonderen Bedingungen abhängig zu machen;
2. für Fabriken, welche mit ununterbrochenem Feuer betrieben werden, oder welche sonst durch die Art des Betriebes auf eine regelmäßige Tag- und Nachtarbeit angewiesen sind, sowie für solche Fabriken, deren Betrieb eine Einteilung in regelmäßige Arbeitsschichten von gleicher Dauer nicht gestattet oder seiner Natur nach auf bestimmte Jahreszeiten beschränkt ist, Ausnahmen von den in §§ 135 Absatz 2 und 3, 136, 137 Absatz 1 bis 3 vorgesehenen Bestimmungen nachzulassen;
3. für gewisse Fabrikationszweige, soweit die Natur des Betriebes oder die Rücksicht auf die Arbeiter es erwünscht erscheinen lassen, die Abkürzung oder den Wegfall der für jugendliche Arbeiter vorgeschriebenen Pausen zu gestatten;
4. für Fabrikationszweige, in denen regelmäßig zu gewissen Zeiten des Jahres ein vermehrtes Arbeitsbedürfnis eintritt, Ausnahmen von den Bestimmungen des § 137 Absatz 1 und 2 mit der Maßgabe zuzulassen, daß die tägliche Arbeitszeit dreizehn Stunden, an Sonnabenden zehn Stunden nicht überschreitet.

In den Fällen zu 2 darf die Dauer der wöchentlichen Arbeitszeit für Kinder sechsunddreißig Stunden, für junge Leute sechzig, für Arbeiterinnen fünfundsechzig, in Ziegeleien für junge Leute und Arbeiterinnen siebzig Stunden nicht überschreiten. Die Nachtarbeit darf in vierundzwanzig Stunden die Dauer von zehn Stunden nicht überschreiten und muß in jeder Schicht durch eine oder mehrere Pausen in der Gesamtdauer von mindestens einer Stunde unterbrochen sein. Die Tagschichten und Nachtschichten müssen wöchentlich wechseln.

In den Fällen zu 3 dürfen die jugendlichen Arbeiter nicht länger als sechs Stunden beschäftigt werden, wenn zwischen den Arbeitsstunden nicht eine oder mehrere Pausen von zusammen mindestens einstündiger Dauer gewährt werden.

In den Fällen zu 4 darf die Erlaubnis zur Ueberarbeit für mehr als vierzig Tage im Jahre nur dann erteilt werden, wenn die Arbeitszeit so geregelt wird, daß ihre tägliche Dauer im Durchschnitt der Betriebstage des Jahres die regelmäßige gesetzliche Arbeitszeit nicht überschreitet.

Die durch Beschluß des Bundesrats getroffenen Bestimmungen sind zeitlich zu begrenzen und können auch für bestimmte Bezirke erlassen werden. Sie sind durch das Reichs-Gesetzblatt zu veröffentlichen und dem Reichstag bei seinem nächsten Zusammentritt zur Kenntnisnahme vorzulegen.

§ 139 b.

Die Aufsicht über die Ausführung der Bestimmungen der §§ 105 a, 105 b Absatz 1, 105 c bis 105 h, 120 a bis 120 e, 134 bis 139 a ist ausschließlich oder neben den ordentlichen Polizeibehörden besonderen von den Landesregierungen zu ernennenden Beamten zu übertragen. Denselben stehen bei Ausübung dieser Aufsicht alle amtlichen Befugnisse der Ortspolizeibehörden, insbesondere das Recht zur jederzeitigen Revision der Anlagen zu. Sie sind, vorbehaltlich der Anzeige von Gesetzwidrigkeiten zur Geheimhaltung der amtlich zu ihrer Kenntnis gelangenden Geschäfts- und Betriebsverhältnisse der ihrer Revision unterliegenden Anlagen zu verpflichten.

Die Ordnung der Zuständigkeitsverhältnisse zwischen diesen Beamten und den ordentlichen Polizeibehörden bleibt der verfassungsmäßigen Regelung in den einzelnen Bundesstaaten vorbehalten.

Die erwähnten Beamten haben Jahresberichte über ihre amtliche Tätigkeit zu erstatten. Diese Jahresberichte oder Auszüge aus denselben sind dem Bundesrat und dem Reichstag vorzulegen.

Die auf Grund der Bestimmungen der §§ 105 a bis 105 h, 120 a bis 120 e, 134 bis 139 a auszuführenden amtlichen Revisionen müssen die Arbeitgeber zu jeder Zeit, namentlich auch in der Nacht, während des Betriebes gestatten.

Die Arbeitgeber sind ferner verpflichtet, den genannten Beamten oder der Polizeibehörde diejenigen statistischen Mitteilungen über die Verhältnisse ihrer Arbeiter zu machen, welche vom Bundesrat oder von der Landes-Zentralbehörde unter Festsetzung der dabei zu beachtenden Fristen und Formen vorgeschrieben werden.

XIII.

Das Reichstelegraphengesetz vom 6. April 1892.

(RGBl. 1892 S. 467.)

§ 1.

Das Recht, Telegraphenanlagen für die Vermittlung von Nachrichten zu errichten und zu betreiben, steht ausschließlich dem Reiche zu. Unter Telegraphenanlagen sind die Fernsprechanlagen mit begriffen.

§ 2.

Die Ausübung des im § 1 bezeichneten Rechts kann für einzelne Strecken oder Bezirke an Privatunternehmer und muß an Gemeinden für den Verkehr innerhalb des Gemeindebezirks verliehen werden, wenn die nachsuchende Gemeinde die genügende Sicherheit für einen ordnungsmäßigen Betrieb bietet und das Reich eine solche Anlage weder errichtet hat, noch sich zur Errichtung und zum Betriebe einer solchen bereit erklärt.

Die Verleihung erfolgt durch den Reichskanzler oder die von ihm hierzu ermächtigten Behörden.

Die Bedingungen der Verleihung sind in der Verleihungsurkunde festzustellen.

§ 3.

Ohne Genehmigung des Reichs können errichtet und betrieben werden:

1. Telegraphenanlagen, welche ausschließlich dem innern Dienste von Landes- und Kommunalbehörden, Deichkorporationen, Siel- und Entwässerungsverbänden gewidmet sind;
2. Telegraphenanlagen, welche von Transportanstalten auf ihren Linien ausschließlich zu Zwecken ihres Betriebs oder für die Vermittlung von Nachrichten innerhalb der bisherigen Grenzen benutzt werden;

3. Telegraphenanlagen
   a) innerhalb der Grenzen eines Grundstücks;
   b) zwischen mehreren einem Besitzer gehörigen oder zu einem Betriebe vereinigten Grundstücken, deren keins von dem andern über 25 km in der Luftlinie entfernt ist, wenn diese Anlagen ausschließlich für den der Benutzung der Grundstücke entsprechenden unentgeltlichen Verkehr bestimmt sind.

§ 4.

Durch die Landeszentralbehörde wird, vorbehaltlich der Reichsaufsicht (Art. 4 Ziff. 10 ReichsVerf.) die Kontrolle darüber geführt, daß die Errichtung und der Betrieb der im § 3 bezeichneten Telegraphenanlagen sich innerhalb der gesetzlichen Grenzen halten.

§ 5.

Jedermann hat gegen Zahlung der Gebühren das Recht auf Beförderung von ordnungsmäßigen Telegrammen und auf Zulassung zu einer ordnungsmäßigen telephonischen Unterhaltung durch die für den öffentlichen Verkehr bestimmten Anlagen.

Vorrechte bei der Benutzung der dem öffentlichen Verkehr dienenden Anlagen und Ausschließungen von der Benutzung sind nur aus Gründen des öffentlichen Interesses zulässig.

§ 6.

Sind an einem Orte Telegraphenlinien für den Ortsverkehr, sei es von der Reichstelegraphenverwaltung, sei es von der Gemeindeverwaltung oder von einem andern Unternehmer, zur Benutzung gegen Entgelt errichtet, so kann jeder Eigentümer eines Grundstücks gegen Erfüllung der von jenen zu erlassenden und öffentlich bekannt zu machenden Bedingungen den Anschluß an das Lokalnetz verlangen.

Die Benutzung solcher Privatstellen durch Unbefugte gegen Entgelt ist unzulässig.

§ 7.

Die für die Benutzung von Reichstelegraphen- und Fernsprechanlagen bestehenden Gebühren können nur auf Grund eines Gesetzes erhöht werden. Ebenso ist eine Ausdehnung der gegenwärtig bestehenden Befreiungen von solchen Gebühren nur auf Grund eines Gesetzes zulässig.

§ 8.

Das Telegraphengeheimnis ist unverletzlich, vorbehaltlich der gesetzlich für strafgerichtliche Untersuchungen, im Konkurse und in zivilprozessualischen Fällen oder sonst durch Reichsgesetz festgestellten Ausnahmen. Dasselbe erstreckt sich auch darauf, ob und zwischen welchen Personen telegraphische Mitteilungen stattgefunden haben.

§ 9.

Mit Geldstrafe bis zu 1500 Mk. oder mit Haft oder mit Gefängnis bis zu 6 Monaten wird bestraft, wer vorsätzlich entgegen den Bestimmungen dieses Gesetzes eine Telegraphenanlage errichtet oder betreibt.

§ 10.

Mit Geldstrafe bis zu 150 Mk. wird bestraft, wer den in Gemäßheit des § 4 erlassenen Kontrollvorschriften zuwiderhandelt.

§ 11.

Die unbefugt errichteten oder betriebenen Anlagen sind außer Betrieb zu setzen oder zu beseitigen. Den Antrag auf Einleitung des hierzu nach Maßgabe der Landesgesetzgebung erforderlichen Zwangsverfahrens stellen der Reichskanzler oder die vom Reichskanzler dazu ermächtigten Behörden.

Der Rechtsweg bleibt vorbehalten.

§ 12.

Elektrische Anlagen sind, wenn eine Störung des Betriebs der einen Leitung durch die andere eingetreten oder zu befürchten ist, auf Kosten desjenigen Teiles, welcher durch eine spätere Anlage oder durch eine später eintretende Aenderung seiner bestehenden Anlage diese Störung oder die Gefahr derselben veranlaßt, nach Möglichkeit so auszuführen, daß sie sich nicht störend beeinflussen.

§ 13.

Die auf Grund der vorstehenden Bestimmung entstehenden Streitigkeiten gehören vor die ordentlichen Gerichte.

Das gerichtliche Verfahren ist zu beschleunigen (§§ 221, 224—226 RZPO.). Der Rechtsstreit gilt als Feriensache (§ 202 GVG., § 223 RZPO.).

§ 14.

Das Reich erlangt durch dieses Gesetz keine weitergehenden als die bisher bestehenden Ansprüche auf die Verfügung über fremden Grund und Boden, insbesondere über öffentliche Wege und Straßen.

§ 15.

Die Bestimmungen dieses Gesetzes gelten für Bayern und Württemberg mit der Maßgabe, daß für ihre Gebiete die für das Reich festgestellten Rechte diesen Bundesstaaten zustehen und daß die Bestimmungen des § 7 auf den innern Verkehr dieser Bundesstaaten keine Anwendung finden.

XIV.

Das Telegraphenwegegesetz vom 18. Dezember 1899

(RGBl. 1899 S. 705.)

§ 1.

Die Telegraphenverwaltung ist befugt, die Verkehrswege für ihre zu öffentlichen Zwecken dienenden Telegraphenlinien zu benutzen, soweit nicht dadurch der Gemeingebrauch der Verkehrswege dauernd beschränkt wird. Als Verkehrswege im Sinne dieses Gesetzes gelten, mit Einschluß des Luftraumes und des Erdkörpers, die öffentlichen Wege, Plätze, Brücken und die öffentlichen Gewässer nebst deren dem öffentlichen Gebrauche dienenden Ufern.

Unter Telegraphenlinien sind die Fernsprechlinien mitbegriffen.

§ 2.

Bei der Benutzung der Verkehrswege ist eine Erschwerung ihrer Unterhaltung und eine vorübergehende Beschränkung ihres Gemeingebrauchs nach Möglichkeit zu vermeiden.

Wird die Unterhaltung erschwert, so hat die Telegraphenverwaltung dem Unterhaltungspflichtigen die aus der Erschwerung erwachsenden Kosten zu ersetzen.

Nach Beendigung der Arbeiten an der Telegraphenlinie hat die Telegraphenverwaltung den Verkehrsweg sobald als möglich wieder in Stand zu setzen, sofern nicht der Unterhaltungspflichtige erklärt hat, die Instandsetzung selbst vornehmen zu wollen. Die Telegraphenverwaltung hat dem Unterhaltungspflichtigen die Auslagen für die von ihm vorgenommene Instandsetzung zu vergüten und den durch die Arbeiten an der Telegraphenlinie entstandenen Schaden zu ersetzen.

§ 3.

Ergibt sich nach Errichtung einer Telegraphenlinie, daß sie dem Gemeingebrauch eines Verkehrswegs entgegensteht, so ist die Telegraphenlinie, soweit erforderlich, abzuändern oder gänzlich zu beseitigen.

Soweit ein Verkehrsweg eingezogen wird, erlischt die Befugnis der Telegraphenverwaltung zu seiner Benutzung.

In allen diesen Fällen hat die Telegraphenverwaltung die gebotenen Aenderungen an der Telegraphenlinie auf ihre Kosten zu bewirken.

§ 4.

Die Baumpflanzungen auf und an den Verkehrswegen sind nach Möglichkeit zu schonen, auf das Wachstum der Bäume ist tunlichst Rücksicht zu nehmen. Ausästungen können nur insoweit verlangt werden, als sie zur Herstellung der Telegraphenlinien oder zur Verhütung von Betriebsstörungen erforderlich sind; sie sind auf das unbedingt notwendige Maß zu beschränken.

Die Telegraphenverwaltung hat dem Besitzer der Baumpflanzungen eine angemessene Frist zu setzen, innerhalb welcher er die Ausästungen selbst vornehmen kann. Sind die Ausästungen innerhalb der Frist nicht oder nicht genügend vorgenommen, so bewirkt die Telegraphenverwaltung die Ausästungen. Dazu ist sie auch berechtigt, wenn es sich um die dringliche Verhütung oder Beseitigung einer Störung handelt.

Die Telegraphenverwaltung ersetzt den an Baumpflanzungen verursachten Schaden und die Kosten der auf ihr Verlangen vorgenommenen Ausästungen.

§ 5.

Die Telegraphenlinien sind so auszuführen, daß sie vorhandene besondere Anlagen (der Wegeunterhaltung dienende Einrichtungen, Kanalisations-, Wasser-, Gasleitungen, Schienenbahnen, elektrische Anlagen und dergl.) nicht störend beeinflussen. Die aus der Herstellung erforderlicher Schutzvorkehrungen erwachsenen Kosten hat die Telegraphenverwaltung zu tragen.

Die Verlegung oder Veränderung vorhandener besonderer Anlagen kann nur gegen Entschädigung und nur dann verlangt werden, wenn die Benutzung des Verkehrsweges für die Telegraphenlinie sonst unterbleiben müßte und die besondere Anlage anderweit ihrem Zwecke entsprechend untergebracht werden kann.

Auch beim Vorhandensein dieser Voraussetzungen hat die Benutzung des Verkehrsweges für die Telegraphenlinie zu unterbleiben, wenn der aus der Verlegung oder Veränderung der besonderen Anlage entstehende Schaden gegenüber den Kosten, welche der Telegraphenverwaltung aus der Benutzung eines andern ihr zur Verfügung stehenden Verkehrswegs erwachsen, unverhältnismäßig groß ist.

Diese Vorschriften finden auf solche in der Vorbereitung befindliche besondere Anlagen, deren Herstellung im öffentlichen Interesse liegt, entsprechende Anwendung. Eine Entschädigung auf Grund des Abs. 2 wird nur bis zu dem Betrage der Aufwendungen gewährt, die durch die Vorbereitung entstanden sind. Als in der Vorbereitung begriffen gelten Anlagen, sobald sie auf Grund eines im einzelnen ausgearbeiteten Planes die Genehmigung des Auftraggebers und, soweit erforderlich, die Genehmigungen der zuständigen Behörden und des Eigentümers oder des sonstigen Nutzungsberechtigten des in Anspruch genommenen Weges erhalten haben.

§ 6.

Spätere besondere Anlagen sind nach Möglichkeit so auszuführen, daß sie die vorhandenen Telegraphenlinien nicht beeinflussen.

Dem Verlangen der Verlegung oder Veränderung einer Telegraphenlinie muß auf Kosten der Telegraphenverwaltung stattgegeben werden, wenn sonst die Herstellung einer spätern besondern Anlage unterbleiben müßte oder wesentlich erschwert werden würde, welche aus Gründen des öffentlichen Interesses, insbesondere aus volkswirtschaftlichen oder Verkehrsrücksichten, von den Wegeunterhaltungspflichtigen oder unter überwiegender Beteiligung eines oder mehrerer derselben zur Ausführung gebracht werden soll. Die Verlegung einer nicht lediglich dem Orts-, Vororts- oder Nachbarortsverkehr dienenden Telegraphenlinie kann nur dann verlangt werden, wenn die Telegraphenlinie ohne Aufwendung unverhältnismäßig hoher Kosten anderweitig ihrem Zwecke entsprechend untergebracht werden kann.

Muß wegen einer solchen spätern besondern Anlage die schon vorhandene Telegraphenlinie mit Schutzvorkehrungen versehen werden, so sind die dadurch entstehenden Kosten von der Telegraphenverwaltung zu tragen.

Ueberläßt ein Wegeunterhaltungspflichtiger seinen Anteil einem nicht unterhaltungspflichtigen Dritten, so sind der Telegraphenverwaltung die durch die Verlegung oder Veränderung oder durch die Herstellung der Schutzvorkehrungen erwachsenden Kosten, soweit sie auf dessen Anteil entfallen, zu erstatten.

Die Unternehmer anderer als der in Abs. 2 bezeichneten besonderen Anlagen haben die aus der Verlegung oder Veränderung der vorhandenen Telegraphenlinien oder aus der Herstellung der erforderlichen Schutzvorkehrungen an solchen erwachsenden Kosten zu tragen.

Auf spätere Aenderungen vorhandener besonderer Anlagen finden die Vorschriften der Abs. 1 bis 5 entsprechende Anwendung.

§ 7.

Vor der Benutzung eines Verkehrsweges zur Ausführung neuer Telegraphenlinien oder wesentlicher Aenderungen vorhandener Telegraphenlinien hat die Telegraphenverwaltung einen Plan aufzustellen. Der Plan soll die in Aussicht genommene Richtungslinie, den Raum, welcher für die oberirdischen oder unterirdischen Leitungen in Anspruch genommen wird, bei oberirdischen Linien auch die Entfernung der Stangen voneinander und deren Höhe, soweit dies möglich ist, angeben.

Der Plan, ist, sofern die Unterhaltungspflicht an dem Verkehrswege einem Bundesstaate, einem Kommunalverbande oder einer anderen Körperschaft des öffentlichen Rechtes obliegt, dem Unterhaltungspflichtigen, andernfalls der unteren Verwaltungsbehörde mitzuteilen; diese hat, soweit tunlich, die Unterhaltungspflichtigen von dem Eingange des Planes zu benachrichtigen. Der Plan ist in allen Fällen, in denen die Verlegung oder Veränderung einer der im § 5 bezeichneten Anlagen verlangt wird, oder die Störung einer solchen Anlage zu erwarten ist, dem Unternehmer der Anlage mitzuteilen.

Außerdem ist der Plan bei den Post- und Telegraphenämtern, soweit die Telegraphenlinie deren Bezirke berührt, auf die Dauer von vier Wochen öffentlich auszulegen. Die Zeit der Auslegung soll mindestens in einer der Zeitungen, welche im betreffenden Bezirke zu den Veröffentlichungen der unteren Verwaltungsbehörden dienen, bekannt gemacht werden. Die Auslegung kann unterbleiben, soweit es sich lediglich um die Führung von Telegraphenlinien durch den Luftraum über den Verkehrswegen handelt.

§ 8.

Die Telegraphenverwaltung ist zur Ausführung des Planes befugt, wenn nicht gegen diesen von den Beteiligten binnen 4 Wochen bei der Behörde, welche den Plan ausgelegt hat, Einspruch erhoben wird.

Die Einspruchsfrist beginnt für diejenigen, denen der Plan gemäß den Vorschriften des § 7 Abs. 2 mitgeteilt ist, mit der Zustellung, für andere Beteiligte mit der öffentlichen Auslegung.

Der Einspruch kann nur darauf gestützt werden, daß der Plan eine Verletzung der Vorschriften der §§ 1 bis 5 dieses Gesetzes oder der auf Grund des § 18 erlassenen Anordnungen enthält.

Ueber den Einspruch entscheidet die höhere Verwaltungsbehörde. Gegen die Entscheidung findet, sofern die höhere Verwaltungsbehörde nicht zugleich Landeszentralbehörde ist, binnen einer Frist von 2 Wochen nach der Zustellung die Beschwerde an die Landeszentralbehörde statt. Die Landeszentralbehörde hat in allen Fällen vor der Entscheidung die Zentraltelegraphenbehörde zu hören. Auf Antrag der Telegraphenverwaltung kann die Entscheidung der höhern Verwaltungsbehörde für vorläufig vollstreckbar erklärt werden. Wird eine für vorläufig vollstreckbar erklärte Entscheidung aufgehoben oder abgeändert, so ist die Telegraphenverwaltung zum Ersatze des Schadens verpflichtet, der dem Gegner durch die Ausführung der Telegraphenlinie entstanden ist.

§ 9.

Auf Verlangen einer Landeszentralbehörde ist den von ihr bezeichneten öffentlichen Behörden Kenntnis von dem Plane durch Mitteilung einer Abschrift zu geben.

§ 10.

Wird ohne wesentliche Aenderung vorhandener Telegraphenlinien die Ueberschreitung des in dem ursprünglichen Plane für die Leitungen in Anspruch genommenen Raumes beabsichtigt und ist davon eine weitere Beeinträchtigung der Baumpflanzungen zu befürchten, so ist den Eigentümern der Baumpflanzungen vor der Ausführung Gelegenheit zur Wahrnehmung ihrer Interessen zu geben.

§ 11.

Die Reichstelegraphenverwaltung kann die Straßenbau- und Polizeibeamten mit der Beaufsichtigung und vorläufigen Wiederherstellung der Telegraphenleitungen nach näherer Anweisung der Landeszentralbehörde beauftragen; sie hat dafür den Beamten im Einvernehmen mit der ihnen vorgesetzten Behörde eine besondere Vergütung zu zahlen.

§ 12.

Die Telegraphenverwaltung ist befugt, Telegraphenlinien durch den Luftraum über Grundstücken, die nicht Verkehrswege im Sinne dieses Gesetzes sind, zu führen, soweit nicht dadurch die Benutzung des Grundstücks nach den zur Zeit der Herstellung der Anlage bestehenden Verhältnissen wesentlich beeinträchtigt wird. Tritt später eine solche Beeinträchtigung ein, so hat die Telegraphenverwaltung auf ihre Kosten die Leitungen zu beseitigen.

Beeinträchtigungen in der Benutzung eines Grundstücks, welche ihrer Natur nach lediglich vorübergehend sind, stehen der Führung der Telegraphenlinien durch den Luftraum nicht entgegen, doch ist der entstehende Schaden zu ersetzen. Ebenso ist für Beschädigungen des Grundstücks und seines Zubehörs, die infolge der Führung der Telegraphenlinien durch den Luftraum eintreten, Ersatz zu leisten.

Die Beamten und Beauftragten der Telegraphenverwaltung, welche sich als solche ausweisen, sind befugt, zur Vornahme notwendiger Arbeiten an Telegraphenlinien, insbesondere zur Verhütung und Beseitigung von Störungen, die Grundstücke nebst den darauf befindlichen Baulichkeiten und deren Dächern mit Ausnahme der abgeschlossenen Wohnräume während der Tagesstunden nach vorheriger schriftlicher Ankündigung zu betreten. Der dadurch entstehende Schaden ist zu ersetzen.

§ 13.

Die auf den Vorschriften dieses Gesetzes beruhenden Ersatzansprüche verjähren in 2 Jahren. Die Verjährung beginnt mit dem Schlusse des Jahres, in welchem der Anspruch entstanden ist.

Ersatzansprüche aus den §§ 2, 4, 5 und 6 sind bei der von der Landeszentralbehörde bestimmten Verwaltungsbehörde geltend zu machen. Diese setzt die Entschädigung vorläufig fest.

Gegen die Entscheidung der Verwaltungsbehörde steht binnen einer Frist von 1 Monat nach der Zustellung des Bescheids die gerichtliche Klage zu.

Für alle anderen Ansprüche steht der Rechtsweg sofort offen.

§ 14.

Die Bestimmung darüber, welche Behörden in jedem Bundesstaate untere und höhere Verwaltungsbehörden im Sinne dieses Gesetzes sind, steht der Landeszentralbehörde zu.

§ 15.

Die bestehenden Vorschriften und Vereinbarungen über die Rechte der Telegraphenverwaltung zur Benutzung des Eisenbahngeländes werden durch dieses Gesetz nicht berührt.

§ 16.

Telegraphenverwaltung im Sinne dieses Gesetzes ist die Reichstelegraphenverwaltung, die Königlich bayerische und die Königlich württembergische Telegraphenverwaltung.

§ 17.

Die Vorschriften dieses Gesetzes finden auf Telegraphenlinien, welche die Militärverwaltung oder die Marineverwaltung für ihre Zwecke herstellen läßt, entsprechende Anwendung.

§ 18.

Unter Zustimmung des Bundesrats kann der Reichskanzler Anordnungen treffen:

1. über das Maß der Ausästungen;
2. darüber, welche Aenderungen der Telegraphenlinien im Sinne des § 7 Abs. 1 als wesentlich anzusehen sind;

3. über die Anforderungen, welche an den Plan auf Grund des § 7 Abs. 1 im einzelnen zu stellen sind;
4. über die unter Zuziehung der Beteiligten vorzunehmenden Ortsbesichtigungen und über die dabei entstehenden Kosten;
5. über das Einspruchsverfahren und die dabei entstehenden Kosten;
6. über die Höhe der den Straßenbau- und Polizeibeamten zu gewährenden Vergütungen für die im Interesse der Reichstelegraphenverwaltung geforderten Dienstleistungen.

§ 19.

Dieses Gesetz tritt am 1. Januar 1900 in Kraft.

Auf die vorhandenen, zu öffentlichen Zwecken dienenden Linien der Telegraphenverwaltung (§§ 16 und 17) findet dieses Gesetz Anwendung, soweit nicht entgegenstehende besondere Vereinbarungen getroffen sind.

XV.

Ausführungsbestimmungen des Reichskanzlers zum Telegraphen-Wegegesetz vom 26. Januar 1900.

(Reichsanzeiger Nr. 30 vom 1. Februar 1900.)

Auf Grund des § 18 des Telegraphenwegegesetzes vom 18. Dezember 1899 wird nach Zustimmung des Bundesrats folgendes angeordnet.

1. Die Ausästungen sind in dem Maße zu bewirken, daß die Baumpflanzungen mindestens 60 cm nach allen Richtungen von den Leitungen entfernt sind. Ausästungen über die Entfernung von 1 m im Umkreise der Leitungen können nicht verlangt werden. Innerhalb dieser Grenzen sind die Ausästungen so weit vorzunehmen, als zur Sicherung des Telegraphenbetriebs erforderlich ist.

2. Wesentliche Aenderungen der Telegraphenlinien im Sinne des § 7 Abs. 1 sind:

A. bei oberirdischen Linien, für deren Stützpunkte die Verkehrswege benutzt werden,

die Umwandlung einer Linie mit einfachen Gestängen in eine solche mit Doppelgestängen,

die erstmalige Ausrüstung des Gestänges mit Querträgern, wenn diese weiter als 60 cm von der Stange seitlich ausladen,

die Aenderung der Richtungslinie, insbesondere die Umlegung der Linie von der einen auf die andere Seite des Verkehrsweges;

B. bei oberirdischen Linien, welche die Verkehrswege nur im Luftraum überschreiten,

die Aenderung der Richtungslinie.

Beschränken sich die unter A und B bezeichneten Aenderungen auf einzelne Stützpunkte, so sind sie als wesentlich nicht anzusehen.

C. bei unterirdischen Linien

die Vermehrung, Vergrößerung oder Umlegung der zur Aufnahme der Kabel dienenden Kanäle,

die Vermehrung oder Umlegung der unmittelbar in den Erdboden eingebetteten Kabel.

Umlegungen auf kurzen Strecken, welche mit Zustimmung des Wegeunterhaltungspflichtigen, sowie der Unternehmer der von der Umlegung betroffenen besonderen Anlagen geschehen, sind als wesentliche Aenderungen nicht anzusehen.

3. Der nach § 7 Abs. 1 aufzustellende Plan soll im einzelnen folgenden Anforderungen entsprechen:

Er soll eine Wegezeichnung im Maßstabe von mindestens 1:50000 enthalten, in welche die Richtung der Telegraphenlinie eingetragen ist und aus der sich erkennen läßt, welcher Teil des Verkehrsweges benutzt werden soll. Ferner sind in dem Plane anzugeben:

A. bei oberirdischen Linien, für deren Stützpunkte die Verkehrswege benutzt werden,
der mittlere Stangenabstand,
die für die Linie oder für deren einzelne Teile in Aussicht genommenen Stangenlängen,
das Stangenbild,
bei Kreuzungen der Wege die Mindesthöhe des untersten Drahtes über der Oberfläche des Verkehrswegs, im übrigen die Mindesthöhe des untersten Drahtes über dem Fußpunkte der Stange;

B. bei oberirdischen Linien, welche die Verkehrswege nur im Luftraume überschreiten,
die Bezeichnung der beiden seitlichen Stützpunkte,
deren Stangenbild,
die Mindesthöhe des untersten Drahtes über der Oberfläche des Verkehrsweges;

C. bei unterirdischen Linien
die Tiefe des Kabellagers unter der Oberfläche des Verkehrsweges,
die Art und Größe der zur Einbettung der Kabel etwa herzustellenden Kanäle.

Wird die Umlegung oder Veränderung vorhandener oder solcher in der Vorbereitung befindlicher besonderer Anlagen verlangt, deren Herstellung im öffentlichen Interesse liegt, so ist in dem Plane darauf hinzuweisen.

Die Behörde, welche den Plan auslegt, hat ihn mit ihrer Unterschrift zu versehen. Die Post- oder Telegraphenämter, bei welchen der Plan ausgelegt wird, haben den ersten Tag der Auslegung auf dem Plan zu vermerken.

4. Die Telegraphenverwaltung hat vor der Feststellung des Planes auf Verlangen eines der Beteiligten, welchen nach § 7 Abs. 2 der Plan besonders mitzuteilen ist, bei einer Ortsbesichtigung mitzuwirken. Die Kosten der Ortsbesichtigung trägt die Telegraphenverwaltung.

Den Beteiligten wird für ihr Erscheinen oder für ihre Vertretung vor der Behörde eine Entschädigung nicht gewährt.

5. Für das Einspruchsverfahren gelten folgende Bestimmungen:

A. Der Einspruch ist schriftlich oder zu Protokoll zu erklären. Die Einspruchsschrift soll die zur Begründung des Einspruchs dienenden Tatsachen enthalten.

Zur Entgegennahme des Einspruchs sind an Stelle der Behörde, die den Plan ausgelegt hat, auch die Post- und Telegraphenämter ermächtigt, bei denen der Plan ausgelegt ist.

B. Nach Ablauf der Einspruchsfrist werden die Einsprüche gegen den Plan, sofern dies die Behörde, die den Plan ausgelegt hat, zur Aufklärung der Sachlage oder zur Herbeiführung einer Verständigung für zweckdienlich erachtet, in einem Termine vor einem Beauftragten der genannten Behörden erörtert.

C. Zu dem Termine werden diejenigen, welche Einspruch erhoben haben, vorgeladen.

Denjenigen, welchen der Plan gemäß § 7 Abs. 2 mitgeteilt ist, wird von dem Termine Kenntnis gegeben.

Die Erschienenen werden mit ihren Erklärungen zu Protokoll gehört.

Der Beauftragte hat die Verhandlungen nach ihrem Abschlusse der Behörde, die den Plan ausgelegt hat, einzureichen.

D. Die Behörde, die den Plan ausgelegt hat, übersendet die Verhandlungen, sofern die erhobenen Einsprüche nicht zurückgenommen sind, der höhern Verwaltungsbehörde.

E. Die höhere Verwaltungsbehörde entscheidet auf Grund der ihr übersandten Verhandlungen und des Ergebnisses der etwa weiter von ihr angestellten Ermittlungen.

Sie hat ihre Entscheidung der Behörde, die den Plan ausgelget hat, sowie denjenigen, welche Einspruch erhoben haben, zuzustellen.

F. Die Beschwerde ist bei der höhern Verwaltungsbehörde, deren Entscheidung angefochten werden soll, oder bei der Landeszentralbehörde schriftlich einzulegen und zu rechtfertigen.

G. Zustellungen erfolgen unter entsprechender Anwendung der §§ 208 bis 213 der Zivilprozeßordnung (RGBl. 1898 S. 410 ff.).

H. Die in dem Einspruchsverfahren zugezogenen Zeugen und Sachverständigen erhalten Gebühren nach Maßgabe der Gebührenordnung für Zeugen und Sachverständige (RGBl. 1898 S. 689 ff.)

J. Im Einspruchsverfahren kommen Gebühren und Stempel nicht zum Ansatze.

Die durch unbegründete Einwendungen erwachsenen Kosten fallen demjenigen zur Last, der sie verursacht hat; die übrigen Kosten trägt die Telegraphenverwaltung. Die Bestimmung der Nr. 4 Abs. 2 findet Anwendung.

K. Im Einspruchsverfahren ist von Amts wegen über die Verpflichtung zur Tragung der entstandenen Kosten und über die Höhe der zu erstattenden Beträge zu entscheiden.

Die Kosten werden durch Vermittlung der höhern Verwaltungsbehörde in derselben Weise beigetrieben wie Gemeindeabgaben.

L. Das Einspruchsverfahren ist in allen Instanzen als schleunige Angelegenheit zu behandeln.

6. Soweit den Straßenbau- und Polizeibeamten die Beaufsichtigung und die vorläufige Wiederherstellung der Reichstelegraphenleitungen übertragen wird, erhalten sie dafür eine Vergütung von 3 Mk. bis 4 Mk. für das Jahr und das Kilometer Linie. Für die Ermittlung der Täter vorsätzlicher oder fahrlässiger Beschädigungen der Reichstelegraphenlinien erhalten die Straßenbau- und Polizeibeamten Belohnungen bis zur Höhe von 15 Mk.

XVI.

Preußisches Kleinbahnengesetz vom 28. Juli 1892.

(Ges.S. f. d. K. Pr. St. 225).

I. Kleinbahnen.

§ 1.

Kleinbahnen sind die dem öffentlichen Verkehre dienenden Eisenbahnen, welche wegen ihrer geringen Bedeutung für den allgemeinen Eisenbahnverkehr dem Gesetze über die Eisenbahnunternehmungen vom 3. November 1838 (Ges.-S. S. 505) nicht unterliegen.

Insbesondere sind Kleinbahnen der Regel nach solche Bahnen, welche hauptsächlich den örtlichen Verkehr innerhalb eines Gemeindebezirks oder benachbarter Gemeindebezirke vermitteln, sowie Bahnen, welche nicht mit Lokomotiven betrieben werden.

Ob die Voraussetzung für die Anwendbarkeit des Gesetzes vom 3. November 1838 vorliegt, entscheidet auf Anrufen der Beteiligten das Staatsministerium.

§ 2.

Zur Herstellung und zum Betriebe einer Kleinbahn bedarf es der Genehmigung der zuständigen Behörde. Dasselbe gilt für wesentliche Erweiterungen oder sonstige wesentliche Aenderungen des Unternehmens, der Anlage oder des Betriebes. Diese Genehmigung ist zu versagen, wenn die Erweiterung oder Aenderung die Unterordnung des Unternehmens unter das Gesetz vom 3. November 1838 bedingt.

§ 3.

Zur Erteilung der Genehmigung ist zuständig:

1. wenn der Betrieb ganz oder teilweise mit Maschinenkraft beabsichtigt wird, der Regierungspräsident, für den Stadtkreis Berlin der Polizeipräsident, im Einvernehmen mit der von dem Minister der öffentlichen Arbeiten bezeichneten Eisenbahnbehörde;
2. in allen übrigen Fällen, und zwar:
   a) sofern Kunststraßen, welche nicht als städtische Straßen in der Unterhaltung und Verwaltung von Stadtkreisen stehen, benutzt oder von der Bahn mehrere Kreise oder nicht preußische Landesteile berührt werden sollen: der Regierungspräsident, im ersten Falle für den Stadtkreis Berlin der Polizeipräsident,
   b) sofern mehrere Polizeibezirke desselben Landkreises berührt werden: der Landrat,
   c) sofern das Unternehmen innerhalb eines Polizeibezirks verbleibt, die Ortspolizeibehörde.

Wenn die zum Betriebe mit Maschinenkraft einzurichtende Bahn die Bezirke mehrerer Landespolizeibehörden berührt oder in dem Falle der Nr. 2 a die betreffenden Kreise nicht in demselben Regierungsbezirke liegen, bezeichnet der Oberpräsident, falls jedoch die Landespolizeibezirke, bzw. Kreise verschiedenen Provinzen angehören, oder Berlin beteiligt ist, der Minister der öffentlichen Arbeiten im Einvernehmen mit dem Minister des Innern die zuständige Behörde.

Die Zuständigkeit zur Genehmigung von wesentlichen Erweiterungen oder sonstigen wesentlichen Aenderungen des Unternehmens, der Anlage und des Betriebes regelt sich so, als ob das Unternehmen in der nunmehr geplanten Art neu zu genehmigen wäre. Jedoch bleibt zur Genehmigung von Aenderungen des Betriebes der in Abs. 1 Nr. 1 erwähnten Unternehmungen diejenige Behörde zuständig, welche die Genehmigung zum Bau und Betriebe erteilt hat.

§ 4.

Die Genehmigung wird auf Grund vorgängiger polizeilicher Prüfung erteilt. Diese Prüfung beschränkt sich auf:

1. die betriebssichere Beschaffenheit der Bahn und der Betriebsmittel,
2. den Schutz gegen schädliche Einwirkungen der Anlage und des Betriebes,
3. die technische Befähigung und Zuverlässigkeit der in dem äußern Betriebsdienste anzustellenden Bediensteten,
4. die Wahrung der Interessen des öffentlichen Verkehrs.

§ 5.

Dem Antrage auf Erteilung der Genehmigung sind die zur Beurteilung des Unternehmens in technischer und finanzieller Hinsicht erforderlichen Unterlagen, insbesondere ein Bauplan, beizufügen.

§ 6.

Soweit ein öffentlicher Weg benutzt werden soll, hat der Unternehmer die Zustimmung der aus Gründen des öffentlichen Rechtes zur Unterhaltung des Weges Verpflichteten beizubringen.

Der Unternehmer ist mangels anderweitiger Vereinbarung zur Unterhaltung und Wiederherstellung des benutzten Wegeteiles verpflichtet und hat für diese Verpflichtung Sicherheit zu bestellen.

Die Unterhaltungspflichtigen (Abs. 1) können für die Benutzung des Weges ein angemessenes Entgelt beanspruchen, ingleichen sich den Erwerb der Bahn im Ganzen nach Ablauf einer bestimmten Frist gegen angemessene Schadloshaltung des Unternehmers vorbehalten.

§ 7.

Die Zustimmung der Unterhaltungspflichtigen kann ergänzt werden:

soweit eine Provinz oder ein den Provinzen gleichstehender Kommunalverband beteiligt ist, durch Beschluß des Provinzialrates, wogegen die Beschwerde an den Minister der öffentlichen Arbeiten zulässig ist;

soweit eine Stadtgemeinde oder ein Kreis beteiligt ist, oder es sich um einen mehrere Kreise berührenden Weg handelt, durch Beschluß des Bezirksausschusses, im übrigen durch Beschluß des Kreisausschusses.

Durch den Ergänzungsbeschluß wird unter Ausschluß des Rechtsweges zugleich über die nach § 6 an den Unternehmer gestellten Ansprüche entschieden.

§ 8.

Vor Erteilung der Genehmigung ist die zuständige Wegepolizeibehörde und, wenn die Eisenbahnanlage sich dem Bereiche einer Festung nähert, die zuständige Festungsbehörde zu hören. In diesem Falle darf die Genehmigung nur im Einverständnisse mit der Festungsbehörde erteilt werden.

Wenn die Bahn sich dem Bereiche einer Reichstelegraphenanlage nähert, so ist die zuständige Telegraphenbehörde vor der Genehmigung zu hören.

Soll das Geleis einer dem Gesetze über die Eisenbahnunternehmungen vom 3. November 1838 unterworfenen Eisenbahnen gekreuzt werden, so darf auch in den Fällen, in denen die Eisenbahnbehörde im übrigen nicht mitwirkt (§ 3), die Genehmigung nur im Einverständnisse mit der letztern erteilt werden.

§ 9.

Außer den durch die polizeilichen Rücksichten (§ 4) gebotenen Verpflichtungen sind in der Genehmigung zugleich diejenigen zu bestimmen, welchen der Unternehmer im Interesse der Landesverteidigung und der Reichspostverwaltung in Gemäßheit des § 42 zu genügen hat.

§ 10.

Bei der Genehmigung von Bahnen, auf welchen die Beförderung von Gütern stattfinden soll, kann vorbehalten werden, den Unternehmer jederzeit zur Gestattung der Einführung von Anschlußgeleisen für den Privatverkehr anzuhalten. Art und Ort der Einführung unterliegt der Genehmigung der eisenbahntechnischen Aufsichtsbehörde.

Die Behörde (§ 3) hat mangels gütlicher Vereinbarung der Interessenten auch die Verhältnisse des Bahnunternehmens und des den Anschluß Beantragenden zueinander zu regeln, insbesondere die dem ersten für die Benutzung oder Veränderung seiner Anlagen zu leistende Vergütung vorbehaltlich des Rechtsweges festzusetzen.

§ 11.

Bei der Genehmigung ist die Art und Höhe der Sicherstellung für die Unterhaltung und Wiederherstellung öffentlicher Wege, soweit diese nicht bereits erfolgt ist, vorzuschreiben.

Für die Ausführung der Bahn und für die Eröffnung des Betriebes kann eine Frist festgesetzt und die Erlegung von Geldstrafen für den Fall der Nichteinhaltung derselben, sowie Sicherheitsstellung hierfür gefordert werden.

Auch können Geldstrafen und Sicherheitsstellung zur Sicherung der Aufrechterhaltung des ordnungsmäßigen Betriebes während der Dauer der Genehmigung vorgesehen werden.

§ 12.

Der nach den Bestimmungen dieses Gesetzes erforderlichen Sicherstellung bedarf es nicht, wenn das Reich, der Staat oder ein Kommunalverband Unternehmer ist.

§ 13.

Die Genehmigung kann dauernd oder auf Zeit erteilt werden. Sie erfolgt unter dem Vorbehalte der Rechte Dritter, der Ergänzung und Abänderung durch Feststellung des Bauplanes (§§ 17 und 18).

§ 14.

Im Interesse des öffentlichen Verkehrs ist bei der Genehmigung (§ 2) durch die zuständige Behörde über den Fahrplan und die Beförderungspreise das Erforderliche festzustellen; zugleich sind die Zeiträume zu bezeichnen, nach deren Ablauf diese Feststellungen geprüft und wiederholt werden müssen.

Von der Feststellung über den Fahrplan kann für einen bei der Genehmigung festzusetzenden Zeitraum abgesehen werden. Dieser Zeitraum kann verlängert werden.

Die Feststellung der Beförderungspreise steht innerhalb eines bei der Genehmigung festzusetzenden Zeitraumes von mindestens 5 Jahren nach der Eröffnung des Bahnbetriebes dem Unternehmer frei. Das alsdann der Behörde zustehende Recht der Genehmigung der Beförderungspreise erstreckt sich lediglich auf den Höchstbetrag derselben. Hierbei ist auf die finanzielle Lage des Unternehmens und auf eine angemessene Verzinsung und Tilgung des Anlagekapitals Rücksicht zu nehmen.

§ 15.

Der Aushändigung der Genehmigungsurkunde müssen die nach § 11 geforderten Sicherstellungen vorausgehen.

§ 16.

Die Genehmigung, welche für eine Aktiengesellschaft, eine Kommanditgesellschaft auf Aktien oder eine Gesellschaft mit beschränkter Haftung behufs Eintragung in das Handelsregister (Art. 210 Abs. 2 Nr. 4, Art. 176 Abs. 2 Nr. 4 des Deutschen Handelsgesetzbuchs, § 8 Nr. 4 des Reichsgesetzes vom 20. April 1892 — RGBl. S. 477) ausgehändigt worden ist, tritt erst in Wirksamkeit, wenn der Nachweis der Eintragung in das Handelsregister geführt ist.

§ 17.

Mit dem Bau von Bahnen, welche für den Betrieb mit Maschinenkraft bestimmt sind, darf erst begonnen werden, nachdem der Bauplan durch die genehmigende Behörde in folgender Weise festgestellt worden ist.

1. Der Planfeststellung werden die bei der Genehmigung vorläufig getroffenen Festsetzungen zugrunde gelegt.

2. Plan nebst Beilagen sind in dem betreffenden Gemeinde- oder Gutsbezirke während 14 Tagen zu jedermanns Einsicht offenzulegen. Zeit und Ort der Offenlegung ist ortsüblich bekannt zu machen.

Während dieser Zeit kann jeder Beteiligte im Umfange seines Interesses Einwendungen gegen den Plan erheben. Auch der Vorstand des Gemeinde- oder Gutsbezirkes hat das Recht, Einwendungen zu erheben, welche sich auf die Richtung des Unternehmens oder auf Anlagen der in § 18 dieses Gesetzes gedachten Art beziehen.

Diejenige Stelle, bei welcher solche Einwendungen schriftlich einzureichen oder mündlich zu Protokoll zu geben sind, ist zu bezeichnen.

3. Nach Ablauf der Frist (Nr. 2 Abs. 1) sind die gegen den Plan erhobenen Einwendungen in einem nötigenfalls an Ort und Stelle durch einen Beauftragten abzuhaltenden Termine, zu dem der Unternehmer und die Beteiligten (Nr. 2 Abs. 2) vorgeladen werden müssen und Sachverständige zugezogen werden können, zu erörtern.

4. Nach Beendigung der Verhandlungen wird über die erhobenen Einwendungen beschlossen und erfolgt danach die Feststellung des Planes, sowie der Anlagen, zu deren Errichtung und Unterhaltung der Unternehmer verpflichtet ist (§ 18).

Der Beschluß wird dem Unternehmer und den Beteiligten zugestellt.

Der Feststellung (Abs. 1) bedarf es nicht, wenn eine Planfestsetzung zum Zwecke der Enteignung stattfindet.

Wenn aus der beabsichtigten Bahnanlage Nachteile oder erhebliche Belästigungen der benachbarten Grundbesitzer und des öffentlichen Verkehrs nicht zu erwarten sind, kann, sofern es sich nicht um die Benutzung öffentlicher Wege, mit Ausnahme städtischer Straßen, handelt, der Minister der öffentlichen Arbeiten den Beginn des Baues ohne vorgängige Planfestsetzung gestatten.

§ 18.

Dem Unternehmer ist bei der Planfeststellung (§ 17) die Herstellung derjenigen Anlagen aufzuerlegen, welche die den Bauplan festsetzende Behörde zur Sicherung der benachbarten Grundstücke gegen Gefahren und Nachteile oder im öffentlichen Interesse für erforderlich erachtet, desgleichen die Unterhaltung dieser Anlagen, soweit dieselbe über den Umfang der bestehenden Verpflichtungen zur Unterhaltung vorhandener, demselben Zwecke dienenden Anlagen hinausgeht.

§ 19.

Zur Eröffnung des Betriebes bedarf es der Erlaubnis der zur Erteilung der Genehmigung zuständigen Behörde. Die Erlaubnis ist zu versagen, sofern wesentliche in der Bau- und Betriebsgenehmigung gestellte Bedingungen nicht erfüllt sind.

§ 20.

Die Betriebsmaschinen sind vor ihrer Einstellung in den Betrieb und nach Vornahme erheblicher Aenderungen, außerdem aber zeitweilig der Prüfung durch die zur eisenbahntechnischen Aufsicht über die Bahn zuständige Behörde (§ 22) zu unterwerfen.

§ 21.

Der Fahrplan und die Beförderungspreise, sowie die Aenderungen derselben sind vor ihrer Einführung öffentlich bekannt zu machen.

Die angesetzten Beförderungspreise haben gleichmäßig für alle Personen oder Güter Anwendung zu finden.

Ermäßigungen der Beförderungspreise, welche nicht unter Erfüllung der gleichen Bedingungen jedermann zugute kommen, sind unzulässig.

§ 22.

Rücksichtlich der Erfüllung der Genehmigungsbedingungen und der Vorschriften dieses Gesetzes ist jede Kleinbahn der Aufsicht der für ihre Genehmigung jeweilig zuständigen Behörde unterworfen. Bei den für den Betrieb mit Maschinenkraft eingerichteten Bahnen steht die eisenbahntechnische Aufsicht der zur Mitwirkung bei der Genehmigung berufenen Eisenbahnbehörde zu, sofern nicht der Minister der öffentlichen Arbeiten die Aufsicht einer andern Eisenbahnbehörde überträgt.

§ 23.

Die Genehmigung kann durch Beschluß der Aufsichtsbehörde für erloschen erklärt werden, wenn die Ausführung der Bahn oder die Eröffnung des Betriebes nicht innerhalb der in der Genehmigung bestimmten oder der verlängerten Frist erfolgt.

§ 24.

Die Genehmigung kann zurückgenommen werden, wenn der Bau oder Betrieb ohne genügenden Grund unterbrochen oder wiederholt gegen die Bedingungen der Genehmigung oder die dem Unternehmer nach diesem Gesetze obliegenden Verpflichtungen in wesentlicher Beziehung verstoßen wird.

§ 25.

Ueber die Zurücknahme entscheidet auf Klage der zur Erteilung der Genehmigung zuständigen Behörde das Oberverwaltungsgericht.

§ 26.

Bei Erlöschen oder Zurücknahme der Genehmigung wird die für die Unterhaltung und Wiederherstellung öffentlicher Wege bestellte Sicherheit, soweit sie für den bezeichneten Zweck nicht in Anspruch zu nehmen ist, herausgegeben. Mangels anderweiter Vereinbarung hat der Wegeunterhaltungspflichtige die Wahl, die Wiederherstellung des frühern Zustandes, nötigenfalls unter Beseitigung in den Weg eingebauter Teile der Bahnanlage, oder gegen angemessene Entschädigung den Uebergang der letztern in sein Eigentum zu verlangen.

Macht der Unterhaltungspflichtige von dem ersten Rechte Gebrauch, so geht das Eigentum der zurückgelassenen Teile der Bahnanlage auf den Unterhaltungspflichtigen unentgeltlich über.

Im öffentlichen Interesse kann die Aufsichtsbehörde eine Frist festsetzen, vor deren Ablauf der Unterhaltungspflichtige nicht berechtigt ist, die Wiederherstellung des frühern Zustandes zu verlangen.

§ 27.

Ob und inwieweit bei Erlöschen (§ 23) oder Zurücknahme der Genehmigung wegen Unterbrechung des Baues oder Betriebes (§ 24) die für die Ausführung der Bahn oder die fristgemäße Eröffnung oder die Aufrechterhaltung des Betriebes bestimmten Geldstrafen verfallen, entscheidet unter Ausschluß des Rechtsweges der Minister der öffentlichen Arbeiten. Dieser beschließt über die Verwendung solcher Geldstrafen. Letztere sind zugunsten des frühern Unternehmens, andernfalls ähnlicher Unternehmungen in dem betreffenden Landesteile zu verwenden.

§ 28.

Unternehmer von Kleinbahnen sind verpflichtet, sich den Anschluß anderer Bahnen gefallen zu lassen, sofern die Behörde, welche die Genehmigung für die Bahn, an welche der Anschluß erfolgen soll, erteilt hat, mit Rücksicht auf die Konstruktion und den Betrieb der Bahn den Anschluß für zulässig erachtet. Dieselbe Behörde entscheidet auch darüber, wo und in welcher Weise der Anschluß erfolgen soll, regelt in Ermangelung einer gütlichen Vereinbarung die Verhältnisse beider Unternehmer zueinander und setzt, vorbehaltlich des Rechtsweges, die dem erstgedachten Bahnunternehmer für die Benutzung oder Veränderung seiner Anlagen zu leistende Vergütung fest.

§ 29.

Unternehmer von Kleinbahnen können die Gestattung des Anschlusses ihrer Bahnen an Eisenbahnen verlangen, welche dem Gesetze über die Eisenbahnunternehmungen vom 3. November 1838 unterliegen, sofern der Minister der öffentlichen Arbeiten mit Rücksicht auf die Konstruktion und den Betrieb der letzteren den Anschluß für zulässig erachtet. Darüber, wo und in welcher Weise der Anschluß herzustellen ist, und über die Verhältnisse beider Unternehmer zueinander, insbesondere über die dem Eisenbahnunternehmer für die Benutzung oder Veränderung seiner Anlagen zu leistende Vergütung entscheidet, in letzterer Beziehung unter Vorbehalt des Rechtsweges, der Minister der öffentlichen Arbeiten.

§ 30.

Haben Kleinbahnen nach Entscheidung des Staatsministeriums eine solche Bedeutung für den öffentlichen Verkehr gewonnen, daß sie als Teil des allgemeinen Eisenbahnnetzes zu behandeln sind, so kann der Staat den eigentümlichen Erwerb solcher Bahnen gegen Entschädigung des vollen Wertes nach einer mit einjähriger Frist vorangegangenen Ankündigung beanspruchen.

§ 31.

Der Erwerb (§ 30) erfolgt unter sinngemäßer Anwendung der Bestimmungen des § 42 Nr. 4 a bis d des Gesetzes über die Eisenbahnunternehmungen vom 3. November 1838, mit der Maßgabe, daß der Berechnung des 25fachen Betrages nach § 42 Nr. 4 a des vorerwähnten Gesetzes das steuerpflichtige Einkommen nach den Bestimmungen des Einkommensteuergesetzes vom 24. Juni 1891, (GesS. S. 175) zugrunde zu legen ist, jedoch bei den Aktiengesellschaften und Kommanditgesellschaften auf Aktien der Abzug von 3½ % des eingezahlten Aktienkapitals (§ 16 Einkommensteuergesetz) fortfällt. Erstreckt sich die Kleinbahn über das Gebiet des preußischen Staates hinaus in andere deutsche Bundesstaaten, so ist gleichwohl das Einkommen aus dem gesamten Betriebe der Berechnung der Entschädigung zugrunde zu legen. War das zu erwerbende Unternehmen noch nicht 5 Jahre im Betriebe, so ist für die Berechnung der Entschädigung der Jahresdurchschnitt des bisher erzielten Reingewinnes maßgebend. — Ist eine Aktiengesellschaft Unternehmer der zu erwerbenden Bahn, so bedarf es nicht der Einlösung der Aktien von den einzelnen Aktionären, sondern nur der Zahlung der Gesamtentschädigung an die Gesellschaft.

§ 32.

Der Unternehmer kann verpflichtet werden, über jede Bahn, für welche ihm eine besondere Genehmigung erteilt worden ist, dergestalt Rechnung zu führen, daß der Reinertrag derselben, und wenn der Unternehmer eine Aktiengesellschaft ist, die von derselben gezahlte Dividende daraus mit Sicherheit entnommen werden kann.

Die Vernachlässigung dieser Verpflichtung begründet für den Staat das Recht, die Berechnung der Entschädigung nach dem Sachwerte (§§ 33 bis 35) zu verlangen.

§ 33.

Der Unternehmer kann Entschädigung nach dem Sachwerte verlangen, wenn das Unternehmen noch nicht länger als 15 Jahre im Betriebe ist. Erfolgt die Erwerbung durch den Staat in den ersten 5 Jahren des Betriebes, so werden dem Sachwerte 20%, erfolgt sie in den nachfolgenden 10 Jahren, so werden demselben 10% zugeschlagen.

§ 34.

Im Falle der Entschädigung nach dem Sachwerte bilden den Gegenstand des Erwerbes alle dem Unternehmen unmittelbar oder mittelbar gewidmeten Sachen und Rechte des Unternehmers, die Forderungen und Schulden jedoch nur insoweit, als dieselben nach beiderseitigem Einverständnisse auf den Staat übergehen sollen. In die mit den Beamten und Arbeitern bestehenden Verträge tritt der Staat ein, ebenso in solche Verträge, welche zur Beschaffung des für das Unternehmen erforderlichen Materials abgeschlossen sind.

Für alle Bestandteile ist der volle Wert zu vergüten.

§ 35.

Die Abschätzung und die Festsetzung der Entschädigung für die Bestandteile des Unternehmens (§ 34) erfolgt nach einem von dem Unternehmer aufzustellenden Inventar, über dessen Richtigkeit und Vollständigkeit erforderlichenfalls zu verhandeln und von dem Bezirksausschusse zu entscheiden ist.

§ 36.

Die Festsetzung der Entschädigung (§§ 31 und 33—35) erfolgt, vorbehaltlich des beiden Teilen zustehenden, innerhalb 6 Monaten nach Zustellung des Festsetzungsbeschlusses zu beschreitenden Rechtsweges, durch den Bezirksausschuß unter sinngemäßer Anwendung der §§ 24—29 des Enteignungsgesetzes vom 11. Juni 1874 (GesS. S. 221).

Der Bezirksausschuß ist auch für das Vollziehungsverfahren zuständig.

§ 37.

Auf die Ermittlung der Entschädigung finden die §§ 24—28, auf die Vollziehung der Enteignung die §§ 32—37, auf das Verfahren vor dem Bezirksausschusse und auf die Wirkungen der Enteignung die §§ 39—46 des Enteignungsgesetzes vom 11. Juni 1874 sinngemäße Anwendung.

Die Entschädigung für Bestandteile des Unternehmens, welche im Inventar verzeichnet und bei Feststellung der Gesamtentschädigung berücksichtigt, bei der Vollziehung der Enteignung aber nicht mehr vorhanden sind, ist von dem Unternehmer zurückzuerstatten. Für Bestandteile, welche bei Vollziehung der Enteignung über das Inventar hinaus vorhanden sind, ist auf Antrag des Unternehmers von dem Bezirksausschusse nachträglich die vom Staate zu gewährende Entschädigung festzusetzen.

§ 38.

Erwerbsberechtigten (§ 6) gegenüber greift das Erwerbungsrecht des Staates gleichfalls Platz. Ihnen ist der volle Wert des Erwerbsrechtes zu erstatten.

§ 39.

Zur Anlegung von Bahnen in den Straßen Berlins und Potsdams bedarf es Königlicher Genehmigung.

§ 40.

Die Kleinbahnen werden der Gewerbesteuer auf Grund des Gewerbesteuergesetzes vom 24. Juni 1891 (GesS. S. 205) unterworfen.

Bezüglich der Kommunalbesteuerung sind Kleinbahnen als Privateisenbahnunternehmungen im Sinne des § 4 des Gesetzes vom 27. Juli 1885, betr. Ergänzung und Abänderung einiger Bestimmungen über Erhebung der auf das Einkommen gelegten direkten Kommunalabgaben (GesS. S. 327), nicht zu erachten.

§ 41.

Die auf Grund des Allerhöchsten Erlasses vom 16. September 1867 (GesS. S. 1528), des Gesetzes vom 7. März 1868 (GesS. S. 223), des Gesetzes vom 11. März 1872 (GesS. S. 257) und der §§ 2 und 3 des Gesetzes vom 8. Juli 1875 (GesS. S. 497) den dort genannten Provinzial- und Kommunalbehörden überwiesenen Kapitalien und Summen können auch zur Förderung des Baues von Kleinbahnen verwendet werden.

§ 42.

Die Kleinbahnen unterliegen nachfolgenden Verpflichtungen gegenüber der Postverwaltung:

1. Die Unternehmer haben auf Verlangen der Postverwaltung mit jeder für den regelmäßigen Beförderungsdienst bestimmten Fahrt einen Postunterbeamten mit einem Briefsacke und, soweit der Platz reicht, auch andere zur Mitfahrt erscheinende Unterbeamte im Dienste gegen Zahlung der Abonnementsgebühr oder, falls solche nicht besteht, der Hälfte des tarifmäßigen Personengeldes zu befördern.
2. Die Unternehmer solcher Bahnen, welche sich nicht ausschließlich mit der Personenbeförderung befassen, sind außerdem verpflichtet, auf Verlangen der Postverwaltung mit jeder für den regelmäßigen Beförderungsdienst bestimmten Fahrt:
   a) Postsendungen jeder Art durch Vermittlung des Zugpersonals zu befördern, und zwar Briefbeutel, Brief- und Zeitungspakete gegen eine Vergütung von 50 Pf. für jede Fahrt, die anderen Sendungen gegen Zahlung des Stückguttarifsatzes der betreffenden Bahn oder, sofern dieser Betrag höher ist, gegen eine Vergütung von 2 Pf. für je 50 kg und das Kilometer der Beförderungsstrecke nach dem monatlichen Gesamtgewichte der von Station zu Station beförderten Poststücke;
   b) in Zügen, mit welchen in der Regel mehr als ein Wagen befördert wird, eine Abteilung eines Wagens für die Postsendungen, das Begleitpersonal und die erforderlichen Postdienstgeräte, gegen Zahlung der in den Art. 3 und 6 des Reichsgesetzes vom 20. Dezember 1875 (RGBl. S. 318) und den dazu gehörigen Vollzugsbestimmungen festgesetzten Vergütung, sowie gegen Entrichtung des halben Stückguttarifsatzes der betr. Bahn einzuräumen.
3. Die Postverwaltung ist berechtigt, auf ihre Kosten an den Bahnwagen einen Briefkasten anzubringen und dessen Auswechselung oder Leerung an bestimmten Haltestellen bewirken zu lassen.

II. Privatanschlußbahnen.

§ 43.

Bahnen, welche dem öffentlichen Verkehre nicht dienen, aber mit Eisenbahnen, welche den Bestimmungen des Gesetzes über die Eisenbahnunternehmungen vom 3. November 1838 unterliegen, oder mit Kleinbahnen derart in unmittelbarer Geleisverbindung stehen, daß ein Uebergang der Betriebsmittel stattfinden kann, bedürfen, wenn sie für den Betrieb mit Maschinen eingerichtet werden sollen, zur baulichen Herstellung und zum Betriebe polizeilicher Genehmigung.

§ 44.

Zur Erteilung der Genehmigung (§ 43) ist der Regierungspräsident, für den Stadtkreis Berlin der Polizeipräsident, im Einvernehmen mit der von dem Minister der öffentlichen Arbeiten bezeichneten Eisenbahnbehörde zuständig.

Berührt die Bahn mehrere Landespolizeibezirke, so bestimmt, wenn sie derselben Provinz angehören oder Berlin dabei beteiligt ist, der Minister der öffentlichen Arbeiten im Einvernehmen mit dem Minister des Innern die zuständige Landespolizeibehörde.

§ 45.

Die polizeiliche Prüfung beschränkt sich

1. auf die betriebssichere Beschaffenheit der Bahn und der Betriebsmittel,
2. auf die technische Befähigung und Zuverlässigkeit der in dem äußren Betriebsdienste anzustellenden Bediensteten,
3. auf den Schutz gegen schädliche Einwirkungen der Anlage und des Betriebes.

Soll eine Bahn, welche an eine dem Gesetze über die Eisenbahnunternehmungen vom 3. November 1838 unterliegende Eisenbahn Anschluß hat, von dem Unternehmer der letzteren angelegt und betrieben werden, so beschränkt sich die Prüfung auf den Schutz gegen schädliche Einwirkungen der Anlage und des Betriebes.

§ 46.

Zur Benutzung öffentlicher Wege bedarf es der Zustimmung der Unterhaltungspflichtigen und der Genehmigung der Wegepolizeibehörde (vergl. übrigens hierzu auch das Telegraphen- und das Telegraphenwegegesetz).

§ 47.

Die Bestimmungen der §§ 8, 17 bis 20 und 22 Satz 1 finden auf diese Bahnen gleichmäßige Anwendung.

§ 48.

Polizeiliche Bestimmungen über den Betrieb auf solchen Bahnen können nur im Einverständnisse mit der Eisenbahnbehörde (§ 44) erlassen werden.

§ 49.

Die Genehmigung kann zurückgenommen werden, wenn wiederholt gegen die Bedingungen derselben in wesentlicher Beziehung verstoßen wird.

Ueber die Zurücknahme der Genehmigung entscheidet auf Klage der Behörde (§ 44) das Oberverwaltungsgericht.

§ 50.

Die eisenbahntechnische Aufsicht und Ueberwachung der Privatanschlußbahnen erfolgt durch diejenige Behörde, welcher diese Aufgaben bezüglich der dem öffentlichen Verkehre dienenden Bahn, an welche sie anschließen, obliegen.

§ 51.

Die Bestimmungen der §§ 43 bis 49 finden auf diejenigen Bahnen, welche Zubehör eines Bergwerks im Sinne des Allgemeinen Berggesetzes vom 24. Juni 1865 (Ges.=S. S. 705) bilden, keine Anwendung.

Durch die Bestimmung in § 50 wird das auf dem Allgemeinen Berggesetze vom 24. Juni 1865 beruhende Aufsichtsrecht der Bergbehörden gegenüber diesen Bahnen nicht berührt.

Gemeinsame und Uebergangsbestimmungen.

§ 52.

Gegen die Beschlüsse und Verfügungen, für welche die Landespolizeibehörden in Verbindung mit den Eisenbahnbehörden zuständig sind, und gegen die Beschlüsse und Verfügungen der eisenbahntechnischen Aufsichtsbehörden findet die Beschwerde an den Minister der öffentlichen Arbeiten statt. Im übrigen greifen die nach den Bestimmungen der §§ 127 bis 130 des Gesetzes über die allgemeine Landesverwaltung vom 23. Juli 1883 (Ges.=S. S. 195) zulässigen Rechtsmittel Platz.

§ 53.

Für die bereits vor Inkrafttreten dieses Gesetzes genehmigten Kleinbahnen und Privatanschlußbahnen ist diejenige Behörde zuständig, welcher die Genehmigung nach Inkrafttreten dieses Gesetzes gemäß §§ 3 und 44 obgelegen hätte.

Auf diese Bahnen finden die §§ 2, 20 bis 22, 24, 25, 40 42 und 52, bez. 48 bis 50 des gegenwärtigen Gesetzes, sowie die Bedingungen und Vorbehalte, welche bei ihrer Genehmigung vorgesehen sind, Anwendung.

Die Unternehmer sind jedoch berechtigt, sich durch eine an die zuständige Aufsichtsbehörde zu richtende Erklärung den sämtlichen Bestimmungen dieses Gesetzes zu unterwerfen.

Die Genehmigung von wesentlichen Erweiterungen oder wesentlichen Aenderungen des Unternehmens, der Anlage oder des Betriebes kann von der Unterwerfung des Unternehmens unter sämtliche Bestimmungen dieses Gesetzes abhängig gemacht werden.

Der Zeitpunkt der Unterstellung unter dieses Gesetz ist öffentlich bekannt zu machen.

Wohlerworbene Rechte Dritter werden durch die Unterwerfung nicht berührt.

§ 54.

Dieses Gesetz tritt bezüglich des § 40 am 1. April 1893, bezüglich aller anderen Bestimmungen am 1. Oktober 1892 in Kraft.

§ 55.

Mit der Ausführung dieses werden der Minister der öffentlichen Arbeiten und der Minister des Innern betraut.

XVII.

Ausführungsanweisung vom 13. August 1898 zu dem Gesetze über Kleinbahnen und Privatanschlußbahnen.

Das Gesetz über Kleinbahnen und Privatanschlußbahnen bezweckt, durch feste und zweckmäßige Ordnung der Rechtsverhältnisse der bezeichneten

Bahnen die Entwicklung dieser wichtigen Verkehrsmittel zu fördern. Es beschränkt demzufolge die Einwirkung der Organe des Staates bei der Genehmigung von Unternehmungen der bezeichneten Art, sowie bei der Aufsicht über dieselben auf das geringste Maß dessen, was für die Sicherung der von ihnen wahrzunehmenden öffentlichen Interessen notwendig ist, und gewährt den Unternehmungen innerhalb der hiernach gezogenen Grenzen volle Bewegungsfreiheit.

Die mit der Ausführung des Gesetzes betrauten Behörden (§ 3) werden sich bei der Wahrnehmung ihrer Obliegenheiten diese Absicht des Gesetzgebers gegenwärtig zu halten und demzufolge in der Einwirkung auf den Bau und den Betrieb der bezeichneten Bahnen nicht über das Maß dessen hinauszugehen haben, was zur Wahrung der ihnen anvertrauten öffentlichen Interessen, namentlich der in den §§ 4 und 45 aufgeführten polizeilichen Interessen, notwendig ist. Neben der Vermeidung unnötiger und lästiger Eingriffe in die Bewegungsfreiheit des Verkehrszweiges werden sich die mit der Staatsaufsicht betrauten Behörden die Förderung desselben aber auch durch entgegenkommende und insbesondere rasche Erledigung der ihnen obliegenden Geschäfte angelegen sein zu lassen haben.

Unter den zum Betriebe mit Maschinenkraft eingerichteten Kleinbahnen sind nach ihrer Zweckbestimmung und Ausdehnung 2 Klassen zu unterscheiden. Die eine umfaßt die städtischen Straßenbahnen und solche Unternehmungen, welche trotz der Verbindung von Nachbarorten infolge ihrer hauptsächlichen Bestimmung für den Personenverkehr und ihrer baulichen und Betriebseinrichtungen einen den städtischen Straßenbahnen ähnlichen Charakter haben. Der 2. Klasse sind diejenigen Kleinbahnen zuzurechnen, welche darüber hinaus den Personen- und Güterverkehr von Ort zu Ort vermitteln und sich nach ihrer Ausdehnung, Anlage und Einrichtung der Bedeutung der nach dem Gesetze über die Eisenbahnunternehmungen vom 3. November 1838 konzessionierten Nebeneisenbahnen nähern (nebenbahnähnliche Kleinbahnen). Ueber die Durchführung der Trennung und die verschiedene Behandlung dieser beiden Gruppen von Kleinbahnen wird in den nachfolgenden Ausführungen zu §§ 3, 5, 11, 22 und 32 das nähere bestimmt.

Indem zur Vermeidung von Wiederholungen im übrigen auf das Gesetz, seine Begründung und die Verhandlungen in den beiden Häusern des Landtages, sowie darauf hingewiesen wird, daß die außerhalb der bisherigen allgemeinen Ausführungsanweisung vom 22. August 1892 getroffenen Bestimmungen in Geltung bleiben, soweit sie nicht in nachstehendem abgeändert werden, sei im einzelnen folgendes bemerkt:

Zu § 1 des Gesetzes.

Behufs Bezeichnung derjenigen Eisenbahnbehörde, welche bei der Genehmigung mitzuwirken hat, ist von allen zunächst bei dem örtlich zuständigen Regierungspräsidenten, bzw. dem Polizeipräsidenten in Berlin anzubringenden Anträgen auf Genehmigung, wesentliche Aenderung oder Erweiterung einer zum Betriebe mit Maschinenkraft bestimmten Bahn (§ 3 Nr. 1), sowie auf Einführung des Maschinenbetriebes auf einer andern Bahn (§ 3 Nr. 2) dem Minister der öffentlichen Arbeiten Anzeige zu erstatten. Behufs Prüfung der Frage, ob eine solche Bahn dem Gesetze über die Eisenbahnunternehmungen vom 3. November 1838 zu unterstellen ist, ist bei der Erstattung der Anzeige auch hierüber unter Beibringung der zur Beurteilung dienlichen Unterlagen zu berichten.

Ebenso ist von anderen Anträgen auf Genehmigung einer Kleinbahn, soweit es sich nicht um Pferdebahnen innerhalb städtischer Straßen handelt, dem Minister der öffentlichen Arbeiten Anzeige zu erstatten. Während jedoch bei einer für den Betrieb mit Maschinenkraft bestimmten Bahn dem Genehmigungsverfahren nicht Fortgang zu geben ist, bevor nicht die Entschließung des Ministers der öffentlichen Arbeiten vorliegt, ist in dem letzgedachten Falle dem Verfahren Fortgang zu geben, sofern nicht ausnahmsweise die zur Genehmigung zuständige Behörde die Anwendung des Gesetzes über die Eisenbahnunternehmungen vom 3. November 1838 für angezeigt oder doch wenigstens für fraglich erachtet und hierüber die Entschließung des Ministers der öffentlichen Arbeiten einholt.

Die Anzeige von Anträgen wegen wesentlicher Aenderungen oder Erweiterungen der den sämtlichen Bestimmungen des Kleinbahngesetzes unterworfenen Bahnen mit Maschinenbetrieb hat zu unterbleiben, wenn die Bahn über das Weichbild eines Gemeindebezirks nicht hinausgeht und eine Verbindung mit anderen Bahnen nicht stattfinden soll, die bei der Genehmigung mitwirkende Eisenbahnbehörde auch bereits bestimmt ist.

Von den hiernach vorgeschriebenen Anzeigen ist seitens der Regierungspräsidenten, bzw. des Polizeipräsidenten in Berlin zugleich eine Abschrift dem Kriegsminister vorzulegen, wenn es sich um Kleinbahnen mit Maschinenbetrieb handelt, die über das Weichbild eines Gemeindebezirks hinaus hergestellt werden sollen:

a) östlich von der Linie Danzig — Dirschau — Schneidemühl — Posen — Breslau — Oderberg,
b) westlich des linken Rheinufers,
c) in einem Küstenkreise,
d) in sonstigen Grenzkreisen und denselben gleichgestellten Gebieten,
e) auch außerhalb dieser Grenzen, sofern sie zwei oder mehrere Haupt- oder Nebenbahnen unmittelbar oder im Zusammenhange mit anderen Kleinbahnen verbinden.

Sofern der Antrag auf Genehmigung, Erweiterung oder Veränderung einer Kleinbahn aus dem Grunde abgelehnt wird, weil die Bahn dem Gesetze vom 3. November 1838 zu unterstellen sein würde, ist in der Verfügung der Grund hierfür anzugeben und zugleich zu bemerken, daß ein etwaiger Antrag auf Entscheidung des Staatsministeriums bei dem verfügenden Regierungspräsidenten binnen einer angemessen festzusetzenden Frist einzureichen ist. Geht ein solcher Antrag ein, so ist von dem Regierungspräsidenten Bericht an den Minister der öffentlichen Arbeiten zu erstatten.

Zu § 2 des Gesetzes.

Die Genehmigung für das Unternehmen ist dem Antragsteller für seine Person zu erteilen. Ist der Antragsteller eine physische Person, so wird indes in der Regel nichts entgegenstehen, die Genehmigung auch auf die Erben und sonstigen Rechtsnachfolger unter der Voraussetzung zu erstrecken, daß gegen die Person der letzteren als Betriebsunternehmer sich nicht etwa Bedenken ergeben sollten (Ausländer, Staatsbeamte usw.). Ist der Unternehmer ein Ausländer, so ist bei der Genehmigung vorzuschreiben, daß er im Inlande Domizil mit der Wirkung zu nehmen hat, daß er von demselben aus regelmäßig die Verträge mit den dem Reiche Angehörigen abzuschließen und wegen aller aus seinen Geschäften mit solchen entstehenden Verbindlichkeiten bei den Gerichten des betreffenden Orts Recht zu nehmen hat.

Zu § 3 des Gesetzes.

Wenn auch der Regierungspräsident nach außen für die Erteilung der Genehmigung allein zuständig ist, so ist doch in der Genehmigungsurkunde und deren Nachträgen diejenige Eisenbahnbehörde zu bezeichnen, mit deren Einvernehmen die Genehmigung erteilt wird, damit der Unternehmer weiß, welche Eisenbahnbehörde für das Unternehmen bestellt ist.

Vor Erteilung der Genehmigung ist seitens der Genehmigungsbehörden, in Zweifelsfällen nach Anrufung des Ministers der öffentlichen Arbeiten, darüber Entscheidung zu treffen und in der Genehmigungsurkunde zum Ausdrucke zu bringen, in welche der beiden Klassen von Kleinbahnen — Straßenbahnen oder nebenbahnähnliche Kleinbahnen — das betr. Unternehmen einzureihen ist (vgl. Einleitung Abs. 3 und zu §§ 5, 11, 22 und 32).

Als Kunststraßen sind anzusehen:

a) für den Geltungsbereich des Gesetzes vom 20. Juni 1887 (GS. S. 301) die im § 12 daselbst näher bezeichneten Kunststraßen;
b) für die Provinz Hannover: die Chausseen und Landstraßen;
c) für Schleswig-Holstein mit Ausnahme des Kreises Herzogtum Lauenburg: die in der Unterhaltung der Provinz befindlichen Haupt- und Nebenlandstraßen und die in der Unterhaltung der Kreise befindlichen ausgebauten Nebenlandstraßen;
d) für die Provinz Hessen-Nassau: die vormaligen Staatsstraßen, die Provinzial-, Distrikts- und chaussierten Verbindungsstraßen, sowie die Landwege;
e) für die Hohenzollernschen Lande: die Landstraßen;
f) für den Kreis Herzogtum Lauenburg: die Landstraßen.

Welche Kunststraßen als städtische Straßen in der Unterhaltung und Verwaltung von Stadtkreisen stehen, ist eine Tatfrage, welche für jeden Fall besonders zu entscheiden ist. Es empfiehlt sich indessen, mit den städtischen Behörden der einen Stadtkreis bildenden Städte alsbald in Verhandlung zu treten und eine Verständigung darüber herbeizuführen, betreffs welcher Teile von Kunststraßen die Zuständigkeit der Regierungspräsidenten auszuschließen sein wird. Für den Fall von Meinungsverschiedenheiten ist unsere Entscheidung einzuholen.

Es wird sich empfehlen, in denjenigen Fällen, in denen eine Bahn öffentliche Wege berührt, Flüsse überschreiten muß oder sonst nicht ganz einfache Bauverhältnisse vorliegen, bei der Prüfung des Genehmigungsgesuches sich technischen Beirates zu bedienen (Königliche, Provinzial-, Kreis- oder städtische Baubeamte u. s. w.).

Die hierdurch erwachsenden baren Auslagen fallen, wie alle baren Auslagen in dem Genehmigungsverfahren, dem Unternehmer zur Last; andere Kosten sind demselben dagegen nicht aufzuerlegen.

Zu dem Schlußsatze im 3. Absatze ist zu bemerken, daß bei dem Uebergange vom Betriebe mit Maschinenkraft zu einem anderen Betriebe zwar zur Genehmigung der Regierungspräsident im Einvernehmen mit der Eisenbahnbehörde zuständig bleibt, daß aber von der Rechtskraft der Genehmigung ab die Aufsicht auf diejenige Behörde übergeht, welche zur Erteilung der Genehmigung zuständig gewesen wäre, wenn die Bahn von vornherein nicht für den Betrieb mit Maschinenkraft bestimmt gewesen wäre.

Zu § 4 des Gesetzes.

Die Nummern 1—4 des Gesetzes bezeichnen diejenigen Punkte, auf welche sich die polizeiliche Prüfung überhaupt nur erstrecken darf; es ist aber nicht notwendig, daß alle dort aufgeführten Punkte zum Gegenstande polizeilicher Festsetzung gemacht werden; insbesondere ist es durch die Bestimmungen des § 4 der genehmigenden Behörde keineswegs zur Pflicht gemacht, bezüglich aller dortselbst erwähnten Punkte in den Genehmigungen Vorschriften oder Auflagen oder Vorbehalte zu machen, vielmehr wird in jedem einzelnen Falle zu prüfen sein, ob und wieweit zur Wahrung der beteiligten öffentlichen Interessen Vorschriften zu machen oder Bedingungen zu stellen sein werden.

Ueber das, was nach Lage des einzelnen Falles nach dem pflichtmäßigen Ermessen der Behörde zur Sicherung der beteiligten öffentlichen Interessen notwendig ist, darf in keinem Falle hinausgegangen werden. Insbesondere hat die Prüfung der Baupläne lediglich nach dem Gesichtspunkte dieser Sicherung zu erfolgen; abgesehen hiervon sind technische Verbesserungen nicht zu fordern.

Sofern die von dem Unternehmer beigebrachten Unterlagen seines Gesuches (Pläne vom Bau und Betriebe u. s. w.) die erforderliche Prüfung im einzelnen noch nicht gestatten, kann dieselbe und dementsprechend die

Stellung von Bedingungen und Auflagen bis zur Ausführung des Baues und des Betriebes vorbehalten werden.

Was die Bedeutung der Nr. 3 anlangt, so ist zunächst die Bezeichnung „im äußern Betriebsdienste" enger als das, was in der Eisenbahnverwaltung unter „äußerm Dienste" verstanden wird. Während die letztgedachte Bezeichnung das gesamte mit dem Publikum in Berührung kommende Personal zum Unterschiede von dem Bureaupersonale umfaßt, wird als im äußern Betriebsdienste stehend nur das Personal zu verstehen sein, welches mit der Beförderung oder Bahnunterhaltung unmittelbar zu tun hat (Lokomotivführer, Heizer, Zugführer, Schaffner, Kutscher, Bahnmeister, das mit der Abfertigung der Züge betraute Personal u. s. w.).

Der Ausdruck „technische" Zuverlässigkeit ist gleichbedeutend mit Zuverlässigkeit in bezug auf die Berufspflicht.

Endlich wird bei der Genehmigung selbstverständlich nur zu bestimmen sein, ob, inwiefern und in welcher Weise eine vorgängige Prüfung der technischen Befähigung vorzunehmen ist, oder ob, wie dies bei Pferdebahnen angängig sein wird, lediglich die Entfernung technisch nicht befähigter oder nicht zuverlässiger Bediensteten vorzusehen ist.

Die bei der Genehmigung allgemein vorgeschriebene Prüfung wird bezüglich der einzelnen Bediensteten in jedem Falle zu erfolgen haben.

Den Kleinbahnenunternehmern kann es überlassen werden, Prüfungsvorschriften ausschließlich für das Personal des äußern Betriebsdienstes zu entwerfen und der Aufsichtsbehörde zur Genehmigung vorzulegen. Die auf Grund solcher genehmigten Vorschriften unter geeigneter Kontrolle der Aufsichtsbehörde geprüften Bediensteten sind alsdann auch in anderen Aufsichtsbezirken und bei anderen Kleinbahnen bis zu ihrer Beanstandung aus bestimmten Anlässen als technisch befähigt und zuverlässig für dieselbe Dienstverrichtung im Sinne des § 4 Nr. 3 des Gesetzes zu erachten.

Bedingungen und Vorbehalte, an welche die Genehmigung geknüpft wird, sind stets in die Genehmigungsurkunde selbst aufzunehmen, so daß aus derselben in Verbindung mit dem Gesetze Maß und Art der dem Unternehmer obliegenden Verpflichtungen mit Sicherheit erhellt.

Von Vorbehalten, wonach der Unternehmer sich von vornherein etwaigen Anforderungen hinsichtlich der Erweiterung oder Aenderung des Unternehmens infolge der spätern Verkehrsentwicklung zu unterwerfen hat, ist abzusehen.

Zu § 5 des Gesetzes.

Die in technischer Hinsicht beizufügenden Unterlagen haben lediglich den Zweck, die nach § 4 Nr. 1 erforderliche Prüfung zu ermöglichen. Sie sind deshalb nur soweit zu erfordern, als es für diese Prüfung geboten ist.

Welcher Unterlagen es bedarf, muß für jeden Fall ermessen werden. In der Regel werden nicht entbehrt werden können:

1. für Bahnen, welche zum Betriebe mit Maschinenkraft eingerichtet und welche als nebenbahnähnliche Kleinbahnen (vgl. Einleitung und zu §§ 3 und 22) nach den Betriebsvorschriften vom 13. August 1898 betrieben werden sollen:

a) eine Uebersichtskarte, in welcher der Bahnzug mit kräftiger roter Linie unter Kenntlichmachung der Halteplätze und der kilometrischen Längeneinteilung einzutragen ist. Zu den Uebersichtskarten können Generalstabskarten, Kreiskarten, Meßtischblätter, Bergwerkskarten, sowie andere geeignete, im Buchhandel erhältliche Karten verwendet werden.

b) Lage- und Höhenpläne, aus welchen die Längen der geraden und gekrümmten Strecken, die Krümmungshalbmesser, die Halteplätze, die Höhen- und Neigungsverhältnisse, sowie alle diejenigen Anlagen ersehen werden können, welche für die Fortsetzung der Lage der Bahn ihren Bau und zukünftigen Betrieb im öffentlichen Interesse oder dem des benachbarten Eigentums in Frage kommen können oder welche für das Unternehmen selbst von Bedeutung sind.

Für den Lage- und Höhenplan ist ein Maßstab von mindestens 1:10000 für die Längen, der 10 bis 20fache Maßstab für die Höhen zu wählen. Führt die Bahn durch schwieriges Gelände, durch Dörfer, Städte, an Bächen, und Flüssen entlang oder über diese hinweg, sowie auf eigenem Bahnkörper, so ist der größere Maßstab 1:2500 oder 1:2000, unter Umständen auch 1:1000 in Anwendung zu bringen.

c) eine für den Unterbau der Bahn in den Auf- und Abtragsstrecken maßgebende Querschnittszeichnung und eine gleiche Zeichnung für die Umgrenzung des lichten Raumes, sowie der größten zulässigen Breiten- und Höhenmaße der Betriebsmittel, sofern die vorbezeichneten Betriebsvorschriften darüber keine Bestimmung enthalten.

d) eine Zeichnung des Oberbaues mit Darstellung des Schienenquerschnittes und des Kleineisenzeuges in natürlicher Größe, der Stoßverbindung (Ansicht und Grundriß) im Maßstabe 1:50. Auf der Zeichnung sind zu vermerken: der größte zulässige Raddruck, die größte zulässige Fahrgeschwindigkeit der Züge, die Länge und das Gewicht der Schienen für das laufende Meter, das Material und das Gewicht der Schwellen, ihre Abmessungen und bei Querschwellen ihre Entfernungen voneinander.

e) Zeichnungen der Betriebsmittel, insbesondere auch der Bremsvorrichtungen, nebst den zur Erläuterung erforderlichen Beschreibungen, jedoch nur in solchen Fällen, in welchen Betriebsmittel verwendet werden sollen, die von den vorbezeichneten Betriebsvorschriften abweichen oder für welche nicht entweder bereits anderweitig genehmigte Zeichnungen vorliegen oder vorhandene Muster als maßgebend in allen ihren Einzelheiten bezeichnet werden können.

f) Zeichnungen von Kreuzungen mit Eisenbahnen, die dem Gesetze vom 3. November 1838 unterstehen, sowie von Anschlüssen an solche Eisenbahnen, und zwar in einer Ausführung, daß die hierzu erforderliche Genehmigung des Ministers der öffentlichen Arbeiten eingeholt werden kann.

Die Beibringung von Bauzeichnungen für Brücken, Ueber- und Unterführungen, Durchlässe, Drehscheiben, Weichen u. s. w. darf bis zum Beginne der Bauausführung ausgesetzt werden.

Ob einzelne Zeichnungen durch Beschreibungen ersetzt werden können, bleibt dem Ermessen der Genehmigungsbehörden überlassen. Es darf hierbei jedoch die Rücksicht auf das Vorhandensein beweiskräftigen Materials für die Gestalt und die Beschaffenheit der genehmigten Anlagen nicht aus dem Auge gelassen werden.

2. für Bahnen, welche zum Betriebe mit Maschinenkraft eingerichtet, aber als Straßenbahnen im Sinne der Einleitung und der Ausführungsanweisung zu §§ 3 und 22 auf Grund besonderer Polizeivorschriften betrieben werden sollen:

a) ein Lage- und Höhenplan;
b) Zeichnungen der Schienen und Weichen;
c) Umgrenzung des lichten Raumes, sowie der größten zulässigen Breiten- und Höhenmaße der Betriebsmittel;
d) Zeichnungen der Betriebsmittel u. s. w., sofern nicht der Fall vorliegt, wie er in 1. unter e) vorstehend bezeichnet ist.

Hinsichtlich der Bauzeichnungen gilt das am Schlusse für 1. Vermerkte.

3. für andere Bahnen:

a) ein Lageplan;

b) Zeichnungen der Schienen und Weichen;
die vorstehend unter 2c und d aufgeführten Vorlagen.

In finanzieller Beziehung gilt es, zu prüfen, ob der Unternehmer die Mittel zur Herstellung der Bahn besitzt oder in zuverlässiger und gesetzlich zulässiger Weise beschaffen werde, und ob dieselben zur plan- und anschlagsmäßigen Vollendung und Ausrüstung der Bahn genügen. Das letztere kann nur auf Grund eines Kostenanschlags geprüft werden, welcher daher in der Regel zu erfordern ist. In welcher Weise die genehmigende Behörde sich die Ueberzeugung von dem Vorhandensein oder der Möglichkeit der Beschaffung des Anlagekapitals verschaffen will, bleibt ihrem pflichtmäßigen Ermessen überlassen.

Zu § 7 des Gesetzes.

Die Ergänzung der Zustimmung des Unterhaltungspflichtigen ist ganz in das pflichtmäßige Ermessen der zuständigen Behörde gestellt. Die Prüfung der letzteren ist daher keineswegs auf die Angemessenheit der von dem erstern erhobenen Forderungen beschränkt, hat sich vielmehr auch darauf zu erstrecken, ob nach Lage des Falles ausreichender Anlaß vorliegt, zwangsweise in das Verfügungsrecht des Unterhaltungspflichtigen einzugreifen. Daß dabei auch die Leistungsfähigkeit und Zuverlässigkeit des Unternehmers in Betracht kommen muß, bedarf der Erwähnung nicht.

Zu § 8 und § 9 des Gesetzes.

Behufs Sicherung der Interessen der Reichspost- und Telegraphenverwaltung (§ 8 Abs. 2 und § 9) ist mit der zuständigen Oberpostdirektion in Verbindung zu treten (vergl. auch das Telegraphenwegegesetz).

Im Interesse der Landesverteidigung (§ 8 Abs. 1 und § 9) ist folgendes zu beachten:

Zu § 8 Absatz 1 des Gesetzes.

Die dem Antrage auf Erteilung der Genehmigung in technischer Hinsicht beizufügenden Unterlagen (Ausführungsanweisung zu § 5) sind, wenn Bahnen (gleichgültig ob mit mechanischen Motoren oder mit Pferden zu betreibende) in Festungen angelegt werden, bez. sich den äußeren Werken von Festungen im ganzen oder auch nur mit Teilen bis auf etwa 15 km nähern sollen, vor Erteilung der Genehmigung der Festungsbehörde vorzulegen. Zur Genehmigung bedarf es des Einverständnisses dieser Behörde. Die Erfüllung der an die Kleinbahnen mit Zustimmung der Festungsbehörde zu stellenden Anforderungen ist in der Genehmigungsurkunde — erforderlichenfalls durch einen geeigneten Vorbehalt — sicherzustellen.

Zu § 9 des Gesetzes.

A. Die Einrichtung der Bahnanlagen und der Betriebsmittel ist bei allen für den Betrieb mit mechanischen Motoren eingerichteten Kleinbahnen durch die Genehmigungsurkunde an folgende Bedingungen zu knüpfen:

1. Geleise.

a) Es sind außer der Normalspur nur Spurweiten von 0,600, 0,750 und 1,000 m zuzulassen.
b) Sofern Querschwellenoberbau angewendet wird, soll das Mindestgewicht der Schienen 9,5 kg auf das Meter betragen.
c) Bei einer Spurweite von 0,600 m soll der kleinste Krümmungshalbmesser 30 m betragen.
d) Die lichte Spurweite der Spurrinnen bei Weichen, Kreuzungen, Ueberwegen u. s. w. soll nicht unter 0,035 m betragen.

Die Bestimmungen unter c und d gelten nicht für Straßenbahnen.

2. Rollendes Material.

a) Für Bahnen mit einer Spurweite von 0,600 m sollen Lokomotiven und Wagen derartig gebaut sein, daß sie Krümmungen von 30 m Halbmesser anstandslos durchfahren können.

b) Es sind nur einflanschige Räder zu verwenden.

c) Die Betriebsmittel der Bahnen mit 0,600 m Spurweite sollen centrale Buffer in einer Höhe von 0,300 bis 0,340 m über Schienenoberkante erhalten.

d) Das Ladegewicht der Wagen, in Kilogramm ausgedrückt, soll durch 500 teilbar sein.

3. Bahnhofseinrichtungen.

Sofern die Kleinbahnen an andere Bahnen anschließen, und ein Uebergang der Wagen nicht angängig ist, sind zweckentsprechende Vorrichtungen zum Umladen herzustellen.

4. Sofern es sich lediglich um die Erweiterung eines bestehenden Bahnunternehmens handelt, kann die Beibehaltung der bisherigen Spurweite und des bisherigen Schienengewichts für die Erweiterungsstrecke auch dann genehmigt werden, wenn beides den Bestimmungen zu 1 a und b nicht entspricht.

5. Falls im übrigen ausnahmsweise aus besonderen Gründen eine Abweichung von den vorstehenden Bestimmungen für notwendig erachtet werden sollte, ist an den Minister der öffentlichen Arbeiten, behufs der im Einverständnisse mit dem Kriegsminister zu treffenden Entscheidung Bericht zu erstatten.

6. Ob außerdem ausnahmsweise für einzelne Kleinbahnen besondere — und dann ebenfalls in die Genehmigungsurkunde aufzunehmende — Anforderungen an die Leistungsfähigkeit der Anlagen zu stellen sind, wird im Einverständnisse mit dem Kriegsminister bestimmt.

B. Bezüglich des Betriebes sind die aus den nachfolgenden Bestimmungen sich ergebenden Verpflichtungen durch die Genehmigungsurkunde allen für den Betrieb mit mechanischen Motoren eingerichteten Kleinbahnen aufzuerlegen, mit Ausnahme derjenigen, welche lediglich städtische Straßenbahnen sind oder nicht mehr als drei Gemeindebezirke berühren und der Regel nach nur der Personenbeförderung in einzelnen Wagen dienen.

1. Die Kleinbahnen sind nach Maßgabe ihrer Leistungsfähigkeit im Frieden und im Kriege verpflichtet, Militärtransporte aller Art — während des Kriegsverhältnisses auch Privatgut für die Militärverwaltung — zu befördern.

2. Werden Abweichungen von den für die Annahme, Abfertigung, Ver- und Entladung, sowie für die Beförderung geltenden Einrichtungen und Bestimmungen des öffentlichen Verkehrs im Interesse der Ausführung von Militärtransporten erforderlich, so unterliegen dieselben im Einzelfalle der Vereinbarung zwischen der absendenden Militärbehörde und Bahnverwaltung. Die für die Betriebssicherheit getroffenen allgemeinen Bestimmungen dürfen hierdurch nicht berührt werden.

3. Lassen sich im Mobilmachungs- und Kriegsfalle die Militärtransporte nicht mit den Zügen des öffentlichen Verkehrs bewältigen, so ist die Militärverwaltung berechtigt, in den Fahrplan des öffentlichen Verkehrs Militär-, Bedarfs- und Sonderzüge einzuschalten, auch zeitweise die Beschränkung, Vereinfachung und vollständige Aussetzung der Züge des öffentlichen Verkehrs anzuordnen und einen besonderen Militärfahrplan einzuführen.

4. Die Kleinbahnverwaltungen sind im Mobilmachungs- und Kriegsfalle verpflichtet, ihr Personal und ihr zur Herstellung und zum Betriebe von Kleinbahnen dienliches Material herzugeben. Die demnächstige Entscheidung regelt sich sinngemäß nach den entsprechenden Bestimmungen der Militäreisenbahnordnung, Teil II. D und des Gesetzes über die Kriegsleistungen vom 13. Juni 1873 (RGBl. S. 137) unter Berücksichtigung des geringern Kapitalwerts nach Maßgabe sachverständiger Schätzung.

5. Die Militärverwaltung ist im Mobilmachungs- und Kriegsfalle berechtigt, den Betrieb einer auf dem Kriegsschauplatze oder in dessen

Nähe gelegenen Kleinbahn selbst zu übernehmen. Das bei der Uebernahme und Betriebsführung, sowie bei der Rückgabe maßgebende Verfahren richtet sich nach der Instruktion, betreffend Kriegsbetrieb und Militärbetrieb der Eisenbahnen (Militäreisenbahnordnung, Teil II. E).

6. Auf Anfordern der Eisenbahnaufsichtsbehörde hat die Kleinbahn zwecks Ermittelung ihrer militärischen Leistungsfähigkeit im Frieden und im Kriege über ihre Anlagen, Einrichtungen und Betriebsmittel Auskunft zu geben.

Die Militärverwaltung ist außerdem berechtigt, zur Vervollständigung dieser Auskunft, sowie zu sonstigen militärischen Zwecken auch unmittelbar Erkundigungen anzuordnen. Den entsandten Offizieren und Beamten ist dabei jede wünschenswerte Unterstützung zu gewähren.

7. Jeder Militärtransport wird mit einem von der zuständigen Dienststelle ausgefertigten Ausweise versehen.

Als Ausweise gelten:

a) Berechtigungsscheine nach dem in der Anlage beigefügten Muster 1 (Anl. 1),[1])

b) Einberufungs-, Entlassungspapiere, sowie Urlaubspässe (letztere auch, wenn sie von Civilbehörden für die bei ihnen zur Probedienstleistung kommandierten oder beurlaubten Militärpersonen ausgefertigt sind),

c) Frachtbriefe.

Auf Grund derartiger Ausweise erfolgt die Beförderung zu den Sätzen des Militärtarifs, im Frieden gegen sofortige Barbezahlung, im Kriege auch unter Stundung der Fahrgelder.

Im Mobilmachungsfalle sind die zum Heere einberufenen Personen mit Ausnahme der im Offizierrange stehenden ohne Lösung von Fahrkarten zu befördern. Die Transportvergütung wird besonders geregelt.

Bei Vorzeigung der oben unter a und b bezeichneten Ausweise sind Militärfahrkarten zu verabfolgen, die den Transportführern für die Rechnungslegung zu belassen sind. Werden von der Militärbehörde statt der Berechtigungsscheine Fahrtausweise nach anliegendem Muster 2 (Anl. 2)[1]) ausgefertigt, so dienen diese gleichzeitig als Fahrkarten und sind von dem zuständigen Bahnhofbediensteten hinsichtlich des gezahlten Fahrpreises auszufüllen und mit dem Dienststempel oder mit Namensunterschrift zu versehen.

Soll die Vergütung gestundet werden, so geschieht die Beförderung gleichfalls auf Grund der Fahrtausweise nach Muster 2, indes unter Berücksichtigung der daselbst für diesen Fall angegebenen Aenderungen, oder auf Grund von Frachtbriefen, welche letztere mit dem Vermerk „Fracht ist zu stunden" versehen werden.

Gestundete Fahr- und Frachtgelder sind bei der Intendantur des stellvertretenden Generalstabes der Armee zur Liquidation zu bringen, und bleiben zu diesem Zwecke die Fahrtausweise (Muster 2), bezw. Frachtbriefe in den Händen der Kleinbahn.

8. Die Telegraphen- und Fernsprecheinrichtungen der Kleinbahnen dürfen zu dringlichen militärischen Mitteilungen benutzt werden, soweit die Erfordernisse des Eisenbahndienstes dies zulassen. Im Mobilmachungs- und Kriegsfalle erfolgen diese Mitteilungen kostenfrei.

9. Die Bezeichnungen: Militärverwaltung, Militärbehörde, Militärtransport, Truppenteil gelten sinngemäß auch für die Marine und die Schutztruppen.

Vorstehende Bestimmungen zu § 9 gelten auch für die Genehmigung von wesentlichen Erweiterungen oder Aenderungen des Unternehmens, der Anlage oder des Betriebes der vorgedachten Bahnen.

Zu § 10 des Gesetzes.

Der Bestimmungszweck der dem Güterverkehre dienenden Kleinbahnen und das hierbei beteiligte öffentliche Interesse werden nur dann in vollem

[1]) Von der Wiedergabe dieser Formulare wurde abgesehen.

Umfange gewahrt, wenn den Absendern und Empfängern erheblicher Gütermengen die Möglichkeit der Anlage von Anschlußgeleisen zur erleichterten Anbringung und Abholung ihrer Frachtgüter gegeben ist.

Der Vorbehalt der Verpflichtung der Unternehmer von Kleinbahnen, auf welchen Güterverkehr stattfinden soll, zur Gestattung von Privatanschlußbahnen bei der Genehmigung muß daher die Regel bilden. Nur aus ganz besonderen Gründen erscheint es gerechtfertigt, davon Abstand zu nehmen, wie z. B. für solche Bahnen, welche, ohne mit dem Enteignungsrechte, oder dem Rechte zur Benutzung öffentlicher Wege ausgestattet zu sein, vornehmlich Privatzwecken des Unternehmers, zugleich aber auch nebenbei dem öffentlichen Verkehre zu dienen bestimmt sind.

Zu § 11 des Gesetzes.

Ebenso wird bei der Genehmigung von Kleinbahnen jeglicher Art dem Unternehmer die Verpflichtung zur Ausführung der Bahn und zur Aufrechterhaltung des ordnungsmäßigen Betriebes während der Dauer der Genehmigung auferlegt werden müssen, sofern nach der Ansicht der genehmigenden Behörde nicht etwa die Bahn für das öffentliche Verkehrsinteresse ohne Wert sein sollte. Diese Annahme wird namentlich in den am Schlusse der Anweisung zu § 10 bezeichneten Fällen Platz greifen können. Zweifel in dieser Richtung können auch in betreff solcher Bahnen entstehen, welche, z. B. Drahtseilbahnen, nach Aussichtspunkten, lediglich Vergnügungszwecken, dienen, und ohne Hilfe des Enteignungsrechts und ohne Benutzung öffentlicher Wege hergestellt werden sollen. In derartigen Fällen ist daher sorgfältig zu erwägen, ob die öffentlichen Interessen den Vorbehalt der Bau- und Betriebspflicht erheischen.

Die Höhe der in dem Abs. 2 und 3 erwähnten Geldstrafen ist nach dem Grade, in welchem das öffentliche Interesse an dem Bestande und Betriebe der Bahn beteiligt ist, zu bemessen. Die Bemessung erfolgt zweckmäßig nach bestimmten Prozenten des Anlagekapitals. Eine Geldstrafe im Betrage von 10% des Anlagekapitals ist als die äußerste Grenze anzusehen, deren Ueberschreitung selbst durch erhebliche öffentliche Interessen nicht gerechtfertigt wird.

Dem Unternehmer nebenbahnähnlicher Kleinbahnen (vgl. Einleitung und zu § 3) ist durch die Genehmigungsurkunde aufzugeben, im Interesse der Aufrechterhaltung eines regelmäßigen und sichern Betriebes einen Erneuerungsfonds, sowie — neben dem nach den jeweiligen handelsrechtlichen Vorschriften für Aktiengesellschaften und Kommanditgesellschaften auf Aktien erforderlichen Bilanzreservefonds — einen Spezialreservefonds nach Maßgabe der folgenden Bestimmungen zu bilden:

I. Der Erneuerungsfonds dient zur Bestreitung der Kosten der regelmäßig wiederkehrenden Erneuerung des Oberbaus und der Betriebsmittel.

Es sind jedoch hieraus von den Betriebsmitteln nur die Kosten ganzer Lokomotiven und Wagen, von den Oberbaumaterialien dagegen auch die Kosten einzelner Stücke zu bestreiten. Der Ersatz einzelner Teile von Betriebsmitteln (Siederohre usw.) muß auf Rechnung des Betriebsfonds erfolgen.

In den Erneuerungsfonds fließen:

1. der Erlös aus den entsprechenden abgängigen Materialien,
2. die Zinsen des Fonds selbst,
3. eine aus den Bruttobetriebseinnahmen zu entnehmende jährliche Rücklage.

Die Höhe dieser Jahresrücklagen ist unter Berücksichtigung der besonderen Verhältnisse und Bedürfnisse des einzelnen Unternehmens auf:

a) 1—2% von dem zusammengerechneten Beschaffungswerte der Schienen, der Weichen und des Kleineisenzeuges,
b) 2,5—5% vom Beschaffungswerte der Schwellen,

c) 1,25—2,5% von dem der Lokomotiven,
d) 0,75—1,5% von dem der Wagen zu bemessen.

Wird das Unternehmen nicht mit Dampfmaschinen, sondern in anderer Weise (z. B. elektrisch) betrieben, so haben die Genehmigungsbehörden den Rücklagesatz c) von Fall zu Fall selbst zu bestimmen.

Die Genehmigungsbehörden sind ermächtigt, auf Antrag des Unternehmers von der Zuführung weiterer Rücklagen zum Erneuerungsfonds dann zeitweilig abzusehen, wenn derselbe eine nach ihrem Ermessen ausreichende Höhe erlangt hat.

II. Der Spezialreservefonds dient zur Bestreitung von Ausgaben, die durch außergewöhnliche Elementarereignisse und größere Unfälle hervorgerufen werden.

Diesem Fonds sind zuzuführen:

1. der Betrag der verfallenen, nicht abgehobenen Dividenden und Zinsen,
2. die Zinsen des Fonds selbst,
3. eine aus dem Reinertrage zu entnehmende jährliche Rücklage.

Die Höhe der jährlichen Rücklagen zum Spezialreservefonds ist auf ½ bis 3% des Reinertrages zu bemessen. Erreicht der Spezialreservefonds den Betrag von 5% des Anlagekapitals, so können für die Dauer dieses Bestandes weitere Rücklagen unterbleiben.

Die Genehmigungsbehörden sind ermächtigt, von der Pflicht zur Ansammlung eines Spezialreservefonds ganz zu befreien, wenn und so lange die Erreichung seines Zwecks durch die Zugehörigkeit zu einem für zuverlässig erachteten Versicherungsunternehmen gewährleistet ist.

III. Die Anordnungen über die Höhe der Rücklagen zum Erneuerungs- und zum Spezialreservefonds (Nr. I und II) sind einem besonderen Regulative vorzubehalten, welches in Zeiträumen von 5 Jahren einer Nachprüfung hinsichtlich der Zweckmäßigkeit der bisherigen Sätze, beim Erneuerungsfonds auch hinsichtlich der Beschaffungswerte zu unterziehen ist. Hierbei kommen Beschaffungen, Aenderungen der Betriebsweise usw., welche innerhalb einer 5jährigen Periode vorgenommen sind, erst für die nächstfolgende Periode in Betracht.

IV. Der Erneuerungsfonds und der Spezialreservefonds sind sowohl voneinander, als auch von anderen Fonds des Unternehmens getrennt zu verwalten.

Die zu jenen Fonds zu vereinnahmenden Beträge sind, sofern sie nicht sofort zur Verwendung gelangen, in Wertpapieren, welche bei der Reichsbank beleihbar sind, zinstragend anzulegen.

V. Ist der Unternehmer bereits durch das Gesellschaftsstatut oder sonst privatrechtlich (z. B. durch Verträge mit dem Staate, der Provinz oder dem Kreise über die Gewährung von Beihilfen oder die Gestellung von Grund und Boden) zur Ansammlung zweckdienlicher und ausreichender Rücklagefonds verpflichtet, so genügt es, durch die Genehmigungsurkunde die Aufrechterhaltung dieser Verpflichtung für die Dauer der Genehmigung sicherzustellen und ihre Befolgung zu überwachen.

VI. Kommunalverbände sind als Unternehmer von Kleinbahnen von den vorstehenden Verpflichtungen zur Bildung von Rücklagefonds befreit (§ 12 des Ges.), unbeschadet jedoch der von Kommunalaufsichtswegen oder bei Gewährung von Unterstützungen seitens des Staates oder der Provinzen etwa getroffenen Anordnungen, bzw. Vereinbarungen.

Zu § 13 des Gesetzes.

Ob eine Genehmigung dauernd oder auf Zeit zu erteilen ist, bleibt dem pflichtmäßigen Ermessen der zur Genehmigung zuständigen Behörde freigestellt. Im allgemeinen wird dabei davon auszugehen sein, daß eine Genehmigung ohne zeitliche Begrenzung nicht zu erteilen ist, wenn öffentliche Wege benutzt werden. Auch bei Anlegung eines eigenen Bahnkörpers ist eine Genehmigung ohne zeitliche Begrenzung in der Regel nicht, vielmehr nur dann zu erteilen, wenn die wirtschaftlichen Verhältnisse des Unternehmens es erforderlich erscheinen lassen und öffentliche Interessen nicht entgegenstehen.

Bei Bemessung der Dauer einer zeitlich begrenzten Genehmigung ist außer auf den Zeitpunkt etwaiger Erwerbsrechte (§ 6) darauf zu sehen, daß die Dauer der Genehmigung ausreichend genug bemessen wird, um dem Unternehmen die Möglichkeit der Amortisation des Anlagekapitals zu gewähren.

Zu § 14 des Gesetzes.

Auch für die Vorbehalte und Anforderungen hinsichtlich des Fahrplans und der Beförderungspreise kann im wesentlichen nur der Grad des an dem Betriebe der Bahn bestehenden öffentlichen Verkehrsinteresses den Maßstab abgeben.

Was den Fahrplan betrifft, so erfordert das öffentliche Sicherheitsinteresse in jedem Falle die Festsetzung der höchsten zulässigen Geschwindigkeit der Züge, welche die für Nebeneisenbahnen statthafte Maximalgrenze nicht überschreiten darf. Im übrigen ist nach den besonderen Verhältnissen eines jeden einzelnen Falles zu ermessen, ob hinsichtlich der Zahl und der Zeit sämtlicher oder einzelner Züge weitere Anordnungen bei der Genehmigung zu treffen sind. Wird zunächst hiervon abgesehen, so ist der Zeitraum, nach dessen Ablauf wiederholte Prüfung einzutreten hat, in der Regel auf etwa 3 Jahre zu bemessen.

Die Mitteilung aller Tarife, Fahrpläne und aller etwa zu erlassenden Betriebsreglements an die Aufsichtsbehörde wird bei jeder Genehmigung vorzubehalten sein, um diese Behörde zur Erledigung ihrer Aufgabe in den Stand zu setzen.

Zu § 16 des Gesetzes.

Mit der Aushändigung der Genehmigungsurkunde an einen Unternehmer, welcher nicht eine der in § 16 bezeichneten Gesellschaften ist, muß auch die Veröffentlichung der Genehmigung in dem Amtsblatte derjenigen Regierung, in deren Bezirke die Bahn belegen ist, veranlaßt werden. Von jeder erteilten Genehmigung ist Abschrift dem Minister der öffentlichen Arbeiten durch die Genehmigungsbehörde einzureichen.

Die Veröffentlichung einer Genehmigung, welche einer der in § 16 bezeichneten Gesellschaften erteilt ist, darf erst erfolgen, nachdem der genehmigenden Behörde der Eintrag im Handelsregister nachgewiesen ist. Die Zeit des Eintrags ist von der letztern in der Genehmigungsurkunde zu vermerken und in der öffentlichen Bekanntmachung anzugeben.

Sollte die Genehmigung für eine Kleinbahn einer Genossenschaft erteilt werden, so ist die Genehmigungsurkunde vor ihrer Aushändigung an den Unternehmer dem zur Führung des Genossenschaftsregisters zuständigen Gerichte mit dem Ersuchen um Eintrag in dieses Register und demnächstige Rückgabe der Urkunde mitzuteilen. Erst nach deren Wiedereingang und nach Vermerk des Eintrags auf derselben darf die Aushändigung an den Unternehmer und die Veröffentlichung in dem Amtsblatte stattfinden.

Zu § 17 des Gesetzes.

Die Planfeststellung durch den Regierungspräsidenten erfolgt im Einvernehmen mit der zuständigen Eisenbahnbehörde.

Im allgemeinen hat die Planfeststellung erst nach der Genehmigung zu erfolgen. Sofern indessen in einzelnen Fällen Zweckmäßigkeitsgründe gegen dies Verfahren sprechen, die Erteilung der Genehmigung nicht von vornherein bedenklich erscheint und der Unternehmer nicht widerspricht, können die Genehmigungsbehörden die Planfeststellung der Genehmigung vorangehen lassen oder die erstere gleichzeitig mit der Vorbereitung der Genehmigung vornehmen. Der Baubeginn darf erst gestattet werden, wenn Genehmigung und Planfeststellung, gleichgültig in welcher Reihenfolge, stattgefunden haben.

Anträge auf Entbindung von der vorgängigen Planfestsetzung sind dem Minister der öffentlichen Arbeiten so vorbereitet vorzulegen, daß alsbald Entscheidung getroffen werden kann.

Zu § 19 des Gesetzes.

Die Erlaubnis zur Eröffnung des Betriebes erfolgt auf Grund einer örtlichen Prüfung der Bahn durch die zur Genehmigung zuständige Behörde, also bei Bahnen, welche mit Maschinenkraft betrieben werden sollen, durch den Regierungspräsidenten in Gemeinschaft mit der zuständigen Eisenbahnbehörde. — Ueber das Ergebnis der Prüfung ist ein Protokoll aufzunehmen.

Zu § 20 des Gesetzes.

Sowohl bei der ihrer Einstellung in den Betrieb vorhergehenden, wie auch bei den späteren periodischen Prüfungen der Betriebsmaschinen sind diejenigen Vorschriften gleichmäßig zu beachten, welche jeweilig für die entsprechenden Prüfungen der auf Nebeneisenbahnen zur Verwendung kommenden Betriebsmaschinen gelten.

Die Bestimmungen der von dem Minister für Handel und Gewerbe am 15. März 1897 erlassenen Anweisung, betr. die Genehmigung und Untersuchung der Dampfkessel, haben für das Verfahren bei Genehmigung und Beaufsichtigung der Dampfkessel in den Betriebsmaschinen der Kleinbahnen zufolge des § 20 keine Gültigkeit.

Zu § 21 des Gesetzes.

Der Fahrplan und die Beförderungspreise für Personen und für Güter sind mindestens in einem öffentlichen Blatte, welches in der Genehmigungsurkunde zu diesem Zwecke zu bestimmen ist, zur Kenntnis des Publikums zu bringen. Außerdem hat die Veröffentlichung durch Aushang in den dem Beförderungsverkehr gewidmeten Räumen, und zwar die Veröffentlichung des Fahrplans und der Personalbeförderungspreise in den Personenbahnhöfen, Wartehallen usw., der Güterbeförderungspreise in den für die Güterbeförderung bestimmten Gebäuden oder Räumen stattzufinden.

Zu § 22 des Gesetzes.

Die Aufsicht über die Kleinbahnen steht, soweit sie nicht eisenbahntechnischer Natur ist, mit Ausnahme des zu § 3 am Schlusse erwähnten Falls, immer derjenigen Behörde zu, welche zuletzt für eine der dem Unternehmen zugehörigen Bahnen eine Genehmigung nach Maßgabe der §§ 2 und 3 erteilt hat. Ist eine Genehmigung zur wesentlichen Erweiterung oder Aenderung des Unternehmens von einer andern als derjenigen Behörde erteilt worden, durch welche die frühere Genehmigung erfolgt war, so beginnt die Zuständigkeit zur Beaufsichtigung des erweiterten oder veränderten Unternehmens mit der Rechtskraft der die Erweiterung oder Aenderung genehmigenden Urkunde an den Unternehmer.

Die Aufsicht über die zum Betriebe mit Maschinenkraft eingerichteten Kleinbahnen, soweit sie nicht eisenbahntechnischer Natur ist, erfolgt ebenso, wie die Genehmigung im Einvernehmen mit der vom Minister der öffentlichen Arbeiten zur Mitwirkung bei der Genehmigung berufenen Eisenbahnbehörde, sofern nicht eine andere Eisenbahnbehörde zur Aufsicht bestimmt wird. Bezügliche Anträge sind von der zur Mitwirkung bei der Genehmigung bezeichneten Eisenbahnbehörde an den Minister zu richten, falls sie die Uebertragung der Aufsicht an eine andere Eisenbahnbehörde nach Lage der Verhältnisse für zweckmäßig erachtet.

Die eisenbahntechnische Beaufsichtigung der Kleinbahnen mit Maschinenbetrieb wird von der Eisenbahnbehörde selbständig ohne Mitwirkung des Regierungs-(Polizei-)Präsidenten gehandhabt. Sie beschränkt sich auf die Ueberwachung des Betriebes im engern Sinne, welcher die betriebssichere Unterhaltung der Bahnanlage und der Betriebsmittel und die sichere und ordnungsmäßige Durchführung der Züge begreift. Bei Ausübung dieser Aufsicht muß sich die zuständige Behörde stets gegenwärtig halten, daß, worauf eingangs dieser Anweisung hingewiesen ist, Anforderungen an die Unternehmer, welche die Rücksicht auf die Betriebssicherheit nicht notwendig erheischt, unbedingt zu vermeiden sind.

Der Betrieb der nebenbahnähnlichen Kleinbahnen (vgl. Einleitung und zu § 3) regelt sich nach den durch den Minister der öffentlichen Arbeiten erlassenen, als Anlage (Anl. 3)[1]) dieser Ausführungsanweisung beigefügten Betriebsvorschriften vom 13. August 1898, deren Innehaltung seitens der Unternehmer und ihres Personals ausschließlich durch die Aufsichtsbehörden mittelst der diesen gegen die Unternehmer zustehenden Zwangsmittel zu sichern ist. Bei Straßenbahnen hat die Ordnung des Betriebes, soweit es dabei weiterer Bestimmungen bedarf, als in der Genehmigung gegeben sind, im Wege der Polizeiverordnung zu erfolgen, durch deren Strafsanktion auch das pflichtmäßige Verhalten der Unternehmer und des Betriebspersonals sicherzustellen ist.

Polizeiverordnungen und andere polizeiliche Bestimmungen über den Betrieb auf den zum Betriebe mit Maschinenkraft eingerichteten Kleinbahnen sind nicht ohne die Zustimmung der Eisenbahnbehörde zu erlassen. Im Falle der Versagung der Zustimmung ist die Entscheidung des Ministers der öffentlichen Arbeiten einzuholen. Sofern zum Erlasse derartiger Verordnungen eine dem Regierungspräsidenten untergeordnete Behörde zuständig sein sollte, ist diese anzuweisen, sich vor dem Erlasse derselben seines Einverständnisses zu versichern. Auch für dies Einverständnis bedarf es der Zustimmung der Eisenbahnbehörde.

In Bedürfnisfällen können die örtlichen Polizeibehörden innerhalb ihrer Zuständigkeit Angestellten des äußern Betriebsdienstes der Kleinbahnen (§ 4 Nr. 3 des Ges.) nach Prüfung ihrer Befähigung und Zuverlässigkeit für die Dauer der betreffenden Beschäftigung durch Ausfertigung von jederzeit widerruflichen Bestallungsurkunden unter Abnahme des Staatsdienereides die Rechte und Pflichten von Polizeiexekutivbeamten für den Bereich der bahnpolizeilichen Geschäfte übertragen. Hierbei sind selbstverständlich die für die Bestallung von Polizeiexekutivbeamten maßgebenden gesetzlichen Bestimmungen zu beachten. Auch finden, was die Vorbedingungen für die Bestallung, den Umfang der Befugnisse, sowie die Handhabung des Dienstes anlangt, die Vorschriften im § 47 Abs. 2—5, § 49 Abs. 1 und 2, § 50 Abs. 1 und § 52 der Bahnordnung für die Nebeneisenbahnen Deutschlands vom 5. Juli 1892 (RGBl. S. 764) analoge Anwendung.

Zu §§ 23, 24 des Gesetzes.

Das Erlöschen und die Zurücknahme einer Genehmigung ist von der aufsichtsführenden Behörde in dem Regierungsamtsblatte bekannt zu machen.

Zu § 26 letzter Absatz des Gesetzes.

Bevor von der Aufsichtsbehörde über die Festsetzung der dort erwähnten Frist Beschluß gefaßt wird, ist außer dem Wegeunterhaltungspflichtigen auch die Wegepolizeibehörde zu hören.

Zu § 27 des Gesetzes.

Liegt beim Erlöschen oder bei der Zurücknahme der Genehmigung wegen Unterbrechung des Baues und des Betriebes der Fall vor, daß über den Verfall und die Verwendung von Geldstrafen Entscheidung zu treffen ist, so ist von der Aufsichtsbehörde dem Minister der öffentlichen Arbeiten darüber Bericht zu erstatten, an welchen geeignetenfalls Vorschläge über die Verwendung verfallener Geldstrafen im Sinne dieses Gesetzes zu knüpfen sind. Bei Bahnen, welche mit Maschinenkraft

[1]) Siehe Nr. XVIII S. 140.

betrieben werden, haben die Regierungspräsidenten ihren Bericht zunächst der eisenbahntechnischen Behörde mitzuteilen, damit diese in der Lage sei, sich auch ihrerseits zur Sache zu äußern.

Zu § 30 des Gesetzes.

Von der Aufsichtsbehörde ist an den Minister der öffentlichen Arbeiten zu berichten, sobald ihres Erachtens die Voraussetzungen für die Anwendung des § 30 eingetreten sind. Ist die Bahn zum Betriebe mit Maschinenkraft eingerichtet, so bedarf es dieser Berichterstattung, wenn auch nur eine der beteiligten Behörden, der Regierungspräsident oder die Eisenbahnbehörde, den Fall des § 30 für gegeben erachtet. Der Bericht ist von der diese Voraussicht bejahenden Behörde zu erstatten und mit der gutachtlichen Aeußerung der dissentierenden Behörde einzureichen.

Zu § 32 des Gesetzes.

Von der Verpflichtung des Unternehmers zur Führung getrennter Betriebsrechnungen kann abgesehen werden, wenn die Gesamtunternehmung keine anderen Bahnen enthält, als städtische Bahnen für den Personenverkehr und Bahnen, welche, wie z. B. Drahtseilbahnen, zum Anschlusse an das Eisenbahnnetz sich nicht eignen.

Bei nebenbahnähnlichen Kleinbahnen (vgl. Einleitung und zu § 3) ist stets die Führung getrennter Betriebsrechnungen vorzuschreiben.

Zu § 45 des Gesetzes.

Die Prüfung der betriebssichern Beschaffenheit der Bahn und der Betriebsmittel, welche der genehmigenden Behörde obliegt, bedingt auch für die Anträge auf Genehmigung der Privatanschlußbahnen die in technischer Hinsicht erforderlichen Unterlagen, wenn es auch an einer diesbezüglichen Vorschrift in dem Gesetze fehlt. Es ist daher auch für diese Bahnen die Anweisung zu § 5, soweit sie die technischen Unterlagen betrifft, gleichmäßig zu beachten. Dagegen ist von dem Verlangen von Unterlagen in finanzieller Hinsicht abzusehen.

Zu § 47 des Gesetzes.

Die Genehmigungsbehörden werden ermächtigt, den Beginn des Baues ohne vorgängige Planfeststellung für alle ausschließlich auf dem Eigentume des Unternehmers und der Staatseisenbahnverwaltung auszuführenden Privatanschlußbahnen zu gestatten, wenn nach dem Ermessen jener Behörden die übrigen Voraussetzungen des § 17 (letzter Absatz) vorliegen.

Zu § 53 Abs. 3 des Gesetzes.

In dem Falle vollständiger Unterwerfung eines Unternehmens unter die Bestimmungen des vorliegenden Gesetzes empfiehlt sich in der Regel die Ausstellung einer neuen Genehmigungsurkunde, damit die Rechte und Verpflichtungen des Unternehmens völlig zweifelsfrei gestellt werden.

Die in dem 5. Absatze vorgesehene Bekanntmachung der Unterstellung unter das Kleinbahngesetz hat durch das Amtsblatt der Regierung stattzufinden.

Zu § 55 des Gesetzes.

Diese Anweisung nebst den zugehörigen Betriebsvorschriften (Anlage 3) tritt unter Aufhebung der Anweisungen vom 22. August 1892 und 19. November 1892 (zu § 8 Abs. 1 und § 9 des Ges.) für die Erteilung neuer Genehmigungen (auch bei wesentlichen Aenderungen im Sinne des § 2 des Gesetzes) sofort in Kraft. Auf schon genehmigte Kleinbahnen findet sie unbeschadet der konzessionsmäßigen Rechte der Unternehmer vom 1. Januar 1899 ab Anwendung.

XVIII.

Betriebsvorschriften für Kleinbahnen mit Maschinenbetrieb vom 13. August 1898.

§ 1. 1. Für Vollspurbahnen soll die Spurweite, im Lichten zwischen den Schienenköpfen gemessen, in geraden Geleisen 1,435 m betragen, für Schmalspurbahnen 1,000 m oder 750 mm oder 600 mm.

2. Ausnahmen regeln sich nach der Ausführungsanweisung zu § 9 unter A (Ziffer 5).

§ 2. Die Längsneigung der Bahn soll bei Reibungsbahnen das Verhältnis von 40 ‰ (1:25) in der Regel nicht überschreiten. Bei vollspurigen Zahnradbahnen, auf welche Betriebsmittel von Haupt- und Nebeneisenbahnen übergehen, soll die Längsneigung nicht über 100 ‰ (1:10), bei allen anderen Zahnradbahnen nicht über 250 ‰ (1:4) betragen. Stärkere Neigungen sind zulässig. Es sind jedoch in solchen Fällen ergänzende, von den Ergebnissen eines Probebetriebes abhängig zu machende Sicherheitsvorschriften, deren Festsetzung durch die eisenbahntechnische Aufsichtsbehörde zu erfolgen hat, vorzubehalten.

§ 3. 1. Der Halbmesser der Krümmungen auf freier Strecke soll in der Regel bei Vollspurbahnen nicht kleiner als 100 m sein, bei Schmalspurbahnen

mit 1 m Spurweite nicht kleiner als 50 m,
„ 750 mm „ „ „ „ 40 m,
„ 600 mm „ „ „ „ 30 m.

2. Kleinere Halbmesser sind zulässig, sofern Maschinen und Wagen derartig gebaut sind, daß sie Krümmungen mit den zugelassenen Halbmessern anstandslos durchfahren können.

§ 4. 1. In Krümmungen darf die Spurerweiterung bei Vollspurbahnen das Maß von 35 mm nicht überschreiten.

2. Die Spurerweiterung darf bei Schmalspurbahnen

mit 1 m Spurweite das Maß von 25 mm,
„ 750 mm „ „ „ „ 20 mm,
„ 600 mm „ „ „ „ 18 mm

nicht überschreiten, sofern die Betriebsmittel nicht besonders für größere Spurerweiterungen eingerichtet sind.

§ 5. 1. Die Bahn ist fortwährend in einem solchen baulichen Zustande zu halten, daß jede Strecke, soweit sie sich nicht in Ausbesserung befindet, ohne Gefahr mit der für sie festgesetzten größten Geschwindigkeit (§ 24) befahren werden kann.

2. Bahnstrecken, auf welchen zeitweise die für sie zulässige Fahrgeschwindigkeit ermäßigt werden muß, sind durch Signale zu kennzeichnen und unfahrbare Strecken, auch wenn kein Zug erwartet wird, durch Signale abzuschließen.

§ 6. 1. Für Vollspurbahnen ist die Umgrenzung des lichten Raumes in Uebereinstimmung mit den Vorschriften der Bahnordnung für die Nebeneisenbahnen Deutschlands nach den auf der Anlage A dargestellten Umrißlinien einzuhalten. Die gleichen Vorschriften gelten für die Umgrenzung der Betriebsmittel.

2. Für solche Schmalspurbahnen, auf welchen Güterwagen der Vollspurbahnen mittelst besonderer Fahrzeuge (Rollschemel) befördert werden sollen, ist die durch Absatz 1 vorgeschriebene Umgrenzung des lichten Raumes in den Höhen- und Breitenabmessungen von der Unterkante der Radlaufkreise des auf dem Rollschemel stehenden Vollspurbahnwagens ab einzuhalten. Hierbei ist, je nach der Höhe und Breite

der zu befördernden Wagen und der Art ihrer Beladung eine Einschränkung der gesamten Höhe und Breite des lichten Raumes zulässig.

3. Für Schmalspurbahnen, auf welche Fahrzeuge der Vollspurbahnen nicht übergeführt werden sollen, ist die Umgrenzung des lichten Raumes von Fall zu Fall nach den zu verwendenden Betriebsmitteln zu bemessen. Die auf Anlage B dargestellten Abmessungen gelten als Mindestmaß. Bei ihrer Anwendung dürfen die festen Teile der Betriebsmittel nur soweit an die Umgrenzung heranreichen, daß in einer Höhe von 100 mm bis 1 m über Schienenoberkante ein Abstand von 30 mm, in weiterer Höhe überall ein Abstand von 100 mm verbleibt.

4. Für Vollspurbahnen mit Zahnradbetrieb darf eine Erhöhung der Zahnstange über die Schienenoberkante bis zu 100 mm in einer größten Breite von 250 mm beiderseits der Geleismitte stattfinden, ist aber auf Strecken ohne Zahnstange wegzulassen.

5. Für schmalspurige Zahnradbahnen ist die wegen der Anordnung der Zahnstange erforderliche Einschränkung des lichten Raumes für jedes Unternehmen besonders zu bestimmen.

6. Bei Anordnung der Umgrenzungen ist in Krümmungen auf die Spurerweiterung der Geleise, sowie auf die Ueberhöhung der äußeren Schiene Rücksicht zu nehmen.

7. Bei Bahnen, welche nur dem Güterverkehre dienen sollen, sowie an Ladegeleisen der Stationen kann eine Einschränkung des lichten Raumes zugelassen werden. Seine Umgrenzung ist in solchen Fällen nach den Abmessungen der zur Verwendung kommenden Betriebsmittel besonders zu bestimmen.

8. Bei vollspurigen Geleisen müssen die bis zu 50 mm über Schienenoberkante hervortretenden unbeweglichen Gegenstände außerhalb des Geleises mindestens 150 mm von der Innenkante des Schienenkopfes entfernt bleiben; bei unveränderlichem Abstande derselben von der Fahrschiene darf dies Maß auf 135 mm eingeschränkt werden. Innerhalb des Geleises muß ihr Abstand von der Innenkante des Schienenkopfes mindestens 67 mm betragen, jedoch kann dieser Abstand bei Zwangsschienen nach dem mittlern Teile hin allmählich bis auf 41 mm eingeschränkt werden. In gekrümmten Strecken mit Spurerweiterung muß der Abstand der innerhalb des Geleises hervortretenden unbeweglichen Gegenstände von der Innenkante des Schienenkopfes um den Betrag der Spurerweiterung größer sein als die vorgenannten Maße.

§ 7. Einfriedigungen der Bahn, sowie Sicherheitsvorrichtungen an Wegeübergängen und Wegen sind nur ausnahmsweise herzustellen, wenn und wo dies durch besondere örtliche Verhältnisse bedingt erscheint.

§ 8. 1. Die Bahn muß mit Abteilungszeichen versehen sein, welche Entfernungen von ganzen Kilometern angeben.

2. Bei mehr als 500 m langen Neigungen von mehr als 10‰ (1:100) sind an den Gefällwechseln Neigungszeiger anzubringen.

3. Krümmungen mit einem kleinern Halbmesser als

bei 1,435 m Spurweite 150 m,
„ 1 m „ 100 m,
„ 750 mm „ 80 m,
„ 600 mm „ 60 m

sind auf denjenigen Strecken zu bezeichnen, welche mit einer Geschwindigkeit von mehr als 20 km in der Stunde befahren werden.

4. Ob und wo vor den in Schienenhöhe liegenden unbewachten Wegeübergängen ein Kennzeichen anzubringen ist, welches dem Maschinenführer eines die Strecke befahrenden Zuges die Annäherung an einen derartigen Uebergang anzeigt, ist für jeden Uebergang besonders zu bestimmen.

5. Zwischen zusammenlaufenden Schienensträngen muß ein Merkzeichen angebracht sein, welches die Stelle angiebt, über die hinaus auf

dem einen Geleise Fahrzeuge mit keinem ihrer Teile vorgeschoben werden dürfen, ohne daß der Durchgang von Fahrzeugen auf dem andern Geleise gehindert wird.

6. Die Sicherheitseinrichtungen und Maßregeln bei Kreuzungen in Schienenhöhe der Kleinbahnen untereinander sind für jede Kreuzung besonders vorzuschreiben. Der eisenbahntechnischen Aufsichtsbehörde ist hierbei die Befugnis zu Abänderungen, welche etwa nach den Ergebnissen des Betriebes sich als notwendig erweisen sollten, vorzubehalten.

§ 9. Die Betriebsmittel müssen fortwährend in einem solchen Zustande gehalten werden, daß die Fahrten mit der größten zulässigen Geschwindigkeit (§ 24) ohne Gefahr stattfinden können.

§ 10. 1. Für jede Maschine ist nach Maßgabe ihrer Bauart eine Fahrgeschwindigkeit vorzuschreiben, welche in Rücksicht auf die Sicherheit niemals überschritten werden darf. Diese Geschwindigkeit muß an der Maschine angezeichnet sein.

2. An jedem Dampfkessel muß sich eine Einrichtung zum Anschlusse eines Prüfungsmanometers befinden, durch welches die Belastung der Sicherheitsventile und die Richtigkeit der Federwagen und Manometer geprüft werden kann.

3. Jede Lokomotive muß versehen sein:

a) Mit mindestens 2 zuverlässigen Vorrichtungen zur Speisung des Kessels, welche unabhängig voneinander in Betrieb gesetzt werden können, und von denen jede für sich während der Fahrt imstande sein muß, das zur Speisung erforderliche Wasser zuzuführen. Eine dieser Vorrichtungen muß geeignet sein, auch beim Stillstande der Lokomotive dem Kessel Wasser zuzuführen.

b) Mit mindestens 2 voneinander unabhängigen Vorrichtungen zur zuverlässigen Erkennung der Wasserstandshöhe im Innern des Kessels. Bei einer dieser Vorrichtungen muß die Höhe des Wasserstandes vom Stande des Führers ohne besondere Proben fortwährend erkennbar und eine in die Augen fallende Marke des niedrigsten zulässigen Wasserstandes angebracht sein.

c) Mit wenigstens 2 Sicherheitsventilen, von welchen das eine so eingerichtet sein soll, daß die Belastung desselben nicht über das bestimmte Maß gesteigert werden kann. Die Sicherheitsventile sind so einzurichten, daß sie vom gespannten Dampfe nicht weggeschleudert werden können, wenn eine unbeabsichtigte Entlastung derselben eintritt. Die Einrichtung der Sicherheitsventile muß denselben eine senkrechte Bewegung von 3 mm gestatten.

d) Mit einer Vorrichtung (Manometer), welche den Druck des Dampfes zuverlässig und ohne Anstellung besonderer Proben fortwährend erkennen läßt. Auf den Zifferblättern der Manometer muß der höchste zulässige Dampfüberdruck durch eine in die Augen fallende Marke bezeichnet sein.

e) Mit einer Dampfpfeife und mit einer Läutevorrichtung.

§ 11. 1. Neue oder mit neuen Kesseln versehene Lokomotiven dürfen erst in Betrieb gesetzt werden, nachdem sie der vorgeschriebenen Prüfung unterworfen und als sicher befunden sind. Der hierbei als zulässig erkannte höchste Dampfüberdruck, sowie der Name des Fabrikanten der Lokomotive und des Kessels, die laufende Fabriknummer und das Jahr der Anfertigung müssen in leicht erkennbarer und dauerhafter Weise an der Lokomotive bezeichnet sein.

2. Nach jeder umfangreichern Ausbesserung des Kessels, im übrigen in Zeitabschnitten von höchstens 3 Jahren, sind die Lokomotiven in allen Teilen einer gründlichen Untersuchung zu unterwerfen, mit welcher eine Kesseldruckprobe zu verbinden ist. Diese Zeitabschnitte sind vom Tage

der Inbetriebsetzung nach beendeter Untersuchung bis zum Tage der Außerbetriebsetzung zum Zwecke der nächsten Untersuchung zu bemessen.

3. Bei den Druckproben ist der Kessel vom Mantel zu entblößen, mit Wasser zu füllen und mittelst einer Druckpumpe zu prüfen. Der Probedruck soll den höchsten zulässigen Dampfüberdruck um 5 Atmosphären übersteigen.

4. Kessel, welche bei dieser Probe ihre Form bleibend ändern, dürfen in diesem Zustande nicht wieder in Dienst genommen werden.

5. Bei jeder Kesselprobe ist gleichzeitig die Richtigkeit der Manometer und Ventilbelastungen der Lokomotiven zu prüfen.

6. Der angewendete Probedruck ist mittelst eines Prüfungsmanometers zu messen, welches in angemessenen Zeitabschnitten auf seine Richtigkeit untersucht werden muß.

7. Längstens 8 Jahre nach Inbetriebsetzung eines Lokomotivkessels muß eine innere Untersuchung desselben vorgenommen werden, bei welcher die Siederohre zu entfernen sind. Nach spätestens je 6 Jahren ist diese Untersuchung zu wiederholen.

8. Ueber die Ergebnisse der Kesseldruckproben und der sonstigen mit den Lokomotiven vorgenommenen Untersuchungen ist Buch zu führen.

§ 12. 1. An der Stirnseite der Maschinen sowohl wie an der Rückseite müssen Bahnräumer angebracht sein. Zahnradmaschinen sollen außerdem mit Räumern vor den Zahnrädern versehen sein. In geeigneten Fällen sind Schutzkästen als Bahnräumer anzubringen.

2. Dampflokomotiven müssen mit einem verschließbaren Aschkasten und mit Vorrichtungen versehen sein, welche den Auswurf glühender Kohlen aus dem Aschkasten und dem Schornstein zu verhüten bestimmt sind.

§ 13. Die Maschinen müssen ohne Rücksicht auf etwa vorhandene anderweite Bremsvorrichtungen mit einer Handbremse versehen sein, die jederzeit leicht und schnell in Tätigkeit gesetzt werden kann.

§ 14. Sämtliche Wagen, mit Ausnahme der nur in Arbeitszügen, sowie der im reinen Güterverkehre mit nicht mehr als 20 km Fahrgeschwindigkeit laufenden, müssen mit Tragfedern, sowie an beiden Stirnseiten mit federnden Zug- und Stoßvorrichtungen versehen sein.

§ 15. Sämtliche Räder müssen Spurkränze haben, mit Ausnahme der Räder an den Mittelachsen der dreiachsigen Maschinen und Wagen.

§ 16. 1. Auf Vollspurbahnen muß bei den Maschinen die Stärke der Radreifen mindestens 20 mm betragen, bei Wagen können die Radreifen bis auf 16 mm abgenutzt werden. Die Stärke der Reifen ist in der senkrechten Ebene des Laufkreises zu messen, welche 750 mm von der Mitte der Achse entfernt anzunehmen ist. Bei Rädern, deren Reifen durch eine Befestigungsnut unter der der Abnutzung unterworfenen Fläche geschwächt sind, müssen noch an der schwächsten Stelle die bezeichneten Maße innegehalten werden.

2. Auf Schmalspurbahnen muß die Stärke der Radreifen der Maschinen mindestens 12 mm, die der Wagen mindestens 10 mm betragen.

§ 17. 1. Es dürfen nur solche Wagen in Gebrauch genommen werden, welche den nach § 4, 1 des Gesetzes genehmigten Entwürfen entsprechen.

2. Jeder Wagen ist von Zeit zu Zeit durch den Unternehmer einer gründlichen Untersuchung zu unterwerfen, bei welcher die Achsen, Lager und Federn abgenommen werden müssen. Diese Untersuchung hat spätestens 3 Jahre nach der ersten Ingebrauchnahme oder nach der letzten Untersuchung zu erfolgen.

§ 18. Jeder Wagen muß Bezeichnungen haben, aus welchen zu ersehen ist:

a) die Kleinbahn, zu welcher er gehört,
b) das eigene Gewicht einschließlich der Achsen und Räder und ausschließlich der losen Ausrüstungsgegenstände,
c) bei Güter- und Gepäckwagen das Ladegewicht und die Tragfähigkeit,
d) der Zeitpunkt der letzten Untersuchung.

§ 19. 1. Die Bahnstrecke muß mindestens einmal an jedem Tage auf ihren ordnungsmäßigen Zustand untersucht werden, sofern die zulässige Fahrgeschwindigkeit der Züge mehr als 20 km in der Stunde beträgt, bei geringeren Fahrgeschwindigkeiten ist die Untersuchung mindestens jeden dritten Tag vorzunehmen. Für Zahnstangenstrecken bestimmt die vorzunehmenden Untersuchungen die eisenbahntechnische Aufsichtsbehörde.

2. Bei Annäherung eines Zuges oder einer einzeln fahrenden Maschine an einen in Schienenhöhe liegenden unbewachten Bahnübergang hat der Maschinenführer von der etwa gekennzeichneten Stelle an oder, sofern Kennzeichen nicht angebracht sind, in angemessener Entfernung bis nach Erreichung des Ueberganges die Läutevorrichtung in Tätigkeit zu halten oder ein anderes Warnungszeichen zu geben. Gleiches gilt, wenn Menschen oder Fuhrwerke auf der Bahn oder in gefahrdrohender Nähe derselben bemerkt werden. Ob und wo vor dem Ueberfahren derartiger Uebergänge verlangsamtes Fahren oder vorheriges Halten der Züge erfolgen soll, bestimmt die eisenbahntechnische Aufsichtsbehörde im Einvernehmen mit der Genehmigungsbehörde.

3. Von der Bedienung und Beleuchtung von Weichen kann in der Regel abgesehen werden, wenn sie unter Verschluß gehalten werden.

§ 20. 1. Auf vollspurigen Bahnen sollen nicht mehr als 80 Wagenachsen, auf Schmalspurbahnen von 1 m Spurweite höchstens 60, von 750 mm und 600 mm Spurweite höchstens 50 Wagenachsen in einem Zuge laufen.

2. Auf Zahnradbahnen darf zur Beförderung eines Zuges nur eine Maschine verwendet werden, auf Reibungsbahnen dagegen außer der Maschine an der Spitze des Zuges und einer etwaigen Vorspannmaschine noch eine an seinem Schlusse, jedoch nur bei Güterzügen, sowie zum Ingangsetzen von Personenzügen in den Stationen.

§ 21. 1. In jedem Zuge müssen außer den Bremsen an der Maschine so viele Bremsen bedient oder auf andere Weise wirksam zu machen sein, daß mindestens der aus nachstehendem Verzeichnisse zu berechnende Teil der im Zuge befindlichen Wagenachsen gebremst werden kann.

Von den Neigungen		Bei der Fahrgeschwindigkeit von		
		15	20	30
von ‰	vom Verhältnis	km in der Stunde müssen von je 100 Wagenachsen zu bremsen sein		
0	1 : ∞	6	6	6
2,5	1 : 400	6	6	9
5,0	1 : 200	6	7	12
7,5	1 : 133	8	10	15
10	1 : 100	10	13	18
12,5	1 : 80	13	15	21
15	1 : 66	15	18	24
17,5	1 : 57	18	21	27
20	1 : 50	20	23	31
22,5	1 : 44	22	26	34
25	1 : 40	25	29	37
30	1 : 33	30	34	43
35	1 : 28	34	39	49
40	1 : 25	39	45	56

2. Bei der hiernach auszuführenden Berechnung der Zahl der zu bremsenden Wagenachsen ist folgendes zu beachten:

a) Für Fahrgeschwindigkeiten und Neigungen, welche zwischen den in dem Verzeichnisse aufgeführten liegen, gilt jedesmal die größte der dabei in Frage kommenden Bremszahlen.

b) Die Anzahl der zu bremsenden Wagenachsen ist für die stärkste, auf der fraglichen Strecke vorkommende Bahnneigung (Steigung oder Gefälle), welche sich ununterbrochen auf eine Länge von 1000 m oder darüber erstreckt, zu bestimmen. Erreicht die stärkste vorkommende Neigung an keiner Stelle die Länge von 1000 m, so ist die gerade Verbindungslinie zwischen denjenigen 2 Punkten des Längenschnitts, welche bei 1000 m Entfernung den größten Höhenunterschied zeigen, als stärkstgeneigte Strecke anzusehen.

c) Als maßgebende Fahrgeschwindigkeit ist diejenige anzunehmen, welche der Zug auf der die Höchststeigung enthaltenden Strecke erreichen darf.

d) Sowohl bei Zählung der vorhandenen Wagenachsen, als auch bei Feststellung der erforderlichen Bremsachsen ist eine unbeladene Güterwagenachse als halbe Achse zu rechnen. Die Achsen von Personen-, Post- und Gepäckwagen sind stets voll in Ansatz zu bringen.

e) Der bei Berechnung der Anzahl der zu bremsenden Wagenachsen sich etwa ergebende überschießende Bruchteil ist, wenn er größer ist als ein Halb, stets als ein Ganzes zu rechnen, andernfalls zu vernachlässigen.

3. Für Bahnstrecken, welche stärkere Neigungen als 40 ‰ (1:25) haben, sind für das Bremsen der Züge von der eisenbahntechnischen Aufsichtsbehörde besondere Vorschriften zu erlassen. Gleiches gilt für Züge und Wagen, welche auf längeren Strecken ausschließlich durch die Schwerkraft oder mit Hilfe stehender Maschinen bewegt werden, sowie für Zahnrad- und andere Bahnen von außergewöhnlicher Bauart.

4. Den Stationsbediensteten, sowie den Zugbediensteten ist schriftlich bekannt zu geben, der wievielte Teil der Wagenachsen auf jeder Strecke bei der zugelassenen höchsten Fahrgeschwindigkeit zu bremsen ist.

§ 22. Bei Bildung der Züge ist darauf zu achten, daß die Wagen gehörig zusammengekuppelt sind, die Belastung in den einzelnen Wagen tunlichst gleichmäßig verteilt ist, die nötigen Signalvorrichtungen angebracht, die erforderlichen Bremsen bedienbar, bedient und tunlichst gleichmäßig im Zuge verteilt sind.

§ 23. Das Innere der zur Beförderung von Personen benutzten Wagen ist während der Fahrt bei Dunkelheit angemessen zu erleuchten.

§ 24. 1. Die größte zulässige Fahrgeschwindigkeit für Züge und einzelne Maschinen darf in der Regel bei Bahnen mit

1,435 m	Spurweite	30 km
1 m	„	30 „
750 mm	„	25 „
600 mm	„	20 „
bei Zahnradbahnen		15 „

in der Stunde nicht übersteigen.

2. Größere Fahrgeschwindigkeiten können mit Genehmigung des Ministers der öffentlichen Arbeiten zugelassen werden, sofern ein Verkehrsbedürfnis dafür nachweisbar ist. Ueber die in solchen Fällen vorzuschlagende Ergänzung der Sicherheitsvorschriften bleibt die Entscheidung dem Minister der öffentlichen Arbeiten vorbehalten.

§ 25. 1. Wenn ein Zeichen zum Langsamfahren gegeben ist oder ein Hindernis auf der Bahn bemerkt wird, muß die Fahrgeschwindigkeit in einer den Umständen angemessenen Weise ermäßigt werden.

2. Auf Strecken, in welchen eine Drehbrücke liegt, oder welche wegen scharfer Krümmungen, starker Neigungen oder aus sonstigem Grunde stets mit besonderer Vorsicht befahren werden müssen, ist die größte zulässige Geschwindigkeit für die einzelnen Zuggattungen von der eisenbahntechnischen Aufsichtsbehörde festzusetzen.

§ 26. 1. Kein Zug darf eine Station verlassen, bevor die Abfahrt von dem zuständigen Bediensteten gestattet ist.

2. Bei einer Fahrgeschwindigkeit von mehr als 15 km in der Stunde darf ein fahrplanmäßiger Zug einem andern in derselben Richtung abgelassenen Zuge in der Regel nur in Stationsabstand — nach Ablauf der planmäßigen Fahrzeit des voraufgegangenen Zuges — und zwar nur mit einer um 5 km in der Stunde verringerten Fahrgeschwindigkeit folgen. Für unübersichtliche oder mit starken Neigungen behaftete Strecken, sowie für ungünstige Witterungsverhältnisse kann die eisenbahntechnische Aufsichtsbehörde weitere Einschränkungen vorschreiben.

§ 27. Sonderzüge und einzelne Maschinen, welche den beteiligten Stationen, sowie dem etwa vorhandenen Bahnbewachungspersonale nicht vorher angekündigt sind, dürfen mit keiner größern Geschwindigkeit als 10 km in der Stunde fahren.

§ 28. Das Schieben von Zügen auf freier Strecke, an deren Spitze sich eine führende Maschine nicht befindet, ist auf Reibungsbahnen nur dann zulässig, wenn ihre Stärke nicht mehr als 40 Wagenachsen beträgt und ihre Geschwindigkeit 15 km in der Stunde nicht übersteigt. Der vorderste Wagen muß alsdann mit einem wachthabenden Bediensteten besetzt sein, welcher vor unbewachten Uebergängen oder, wo sonst das Bedürfnis eintritt, ein weithin hörbares Warnungszeichen mittels Glocke, Horn oder dergleichen abzugeben hat. Für Zahnradbahnen werden die betreffenden Vorschriften von der eisenbahntechnischen Aufsichtsbehörde erlassen.

§ 29. Das Begleitpersonal darf während der Fahrt nur einem Bediensteten untergeordnet sein.

§ 30. 1. Stillstehende, fahrfertige Maschinen müssen stets unter Aufsicht stehen.

2. Die ohne ausreichende Aufsicht, sowie die über Nacht auf den Geleisen verbleibenden Wagen sind durch geeignete Vorrichtungen festzustellen.

§ 31. Ohne Erlaubnis der zuständigen Bediensteten darf außer den durch ihren Dienst dazu berechtigten Personen niemand auf der Maschine mitfahren.

§ 32. 1. Der Gebrauch der Dampfpfeife oder der Preßluftpfeife ist auf die im § 38 vorgeschriebenen Signale, sowie außergewöhnliche Fälle zu beschränken.

2. In der Nähe einer dem öffentlichen Verkehre dienenden Straße soll vorzugsweise die Läutevorrichtung der Maschine oder ein anderes Warnungszeichen zur Anwendung kommen. Das Oeffnen der Zylinderhähne der Dampflokomotiven ist an solchen Stellen zu vermeiden.

§ 33. 1. Die Führung der Maschine darf nur solchen Personen übertragen werden, welche eine förmliche Prüfung abgelegt haben und sich durch ein Zeugnis darüber ausweisen können, daß sie die erforderliche technische Befähigung und Zuverlässigkeit besitzen.

2. Die Bedienung der Maschine kann mit Zustimmung der eisenbahntechnischen Aufsichtsbehörde dem Führer allein übertragen werden, wenn

die Betriebsmittel einen Uebergang zwischen der Maschine und den Wagen gestatten und außer dem Führer ein ZugbedienSteter sich auf dem Zuge befindet, der es versteht, den Zug zum Stillstande zu bringen.

§ 34. Sofern andere, als mit Dampfkraft betriebene Maschinen Verwendung finden, sind die für ihren Zustand, ihre Unterhaltung, Untersuchung und Handhabung zu beachtenden Sicherheitsvorschriften bis auf weiteres von der eisenbahntechnischen Aufsichtsbehörde für jedes Unternehmen besonders festzusetzen, im übrigen aber diejenigen der vorstehenden und der noch folgenden Vorschriften, deren Anwendung Bedenken nicht entgegenstehen, unverändert einzuführen oder, soweit notwendig, zu ändern und zu ergänzen.

§ 35. Einrichtungen, welche die Verständigung zwischen den Stationen ermöglichen, können zur Sicherheit des Betriebes von der eisenbahntechnischen Aufsichtsbehörde gefordert werden, sofern im regelmäßigen Betriebe sich gleichzeitig 2 oder mehrere Züge in entgegengesetzter Fahrtrichtung bewegen oder sonstige Rücksichten solche erfordern.

§ 36. Auf der Bahn müssen die Signale gegeben werden können:
der Zug soll langsam fahren und
der Zug soll halten.

§ 37. Jeder geschlossen fahrende Zug muß mit Signalen versehen sein, welche bei Tage den Schluß, bei Dunkelheit die Spitze und den Schluß erkennen lassen; Gleiches gilt für einzelnfahrende Maschinen.

§ 38. Der Maschinenführer muß die Signale geben können:
Achtung,
Bremsen anziehen und
Bremsen loslassen,
oder er muß
die Bremsen selbst wirksam machen und lösen können.

§ 39. Soweit Farbensignale zur Anwendung kommen, dürfen nur die Farben weiß, grün und rot verwendet werden, und zwar soll die rote Farbe als Haltsignal dienen.

§ 40. Die mit der Leitung der Bahnunterhaltung und des Betriebes betrauten Personen sind sowohl der eisenbahntechnischen Aufsichtsbehörde, als dem zuständigen Regierungs-(Polizei-)Präsidenten namhaft zu machen, auch sind diesen Behörden alle hierbei eintretenden Aenderungen anzuzeigen.

§ 41. 1. Den im äußern Betriebsdienste angestellten Bediensteten sind über ihre Dienstverrichtungen und ihr gegenseitiges Dienstverhältnis schriftliche oder gedruckte Anweisungen zu geben. Die eisenbahntechnische Aufsichtsbehörde, welcher diese Anweisungen vorgelegt werden müssen, kann sie beanstanden, wenn sie die Betriebssicherheit der Kleinbahn dadurch nicht für gewahrt erachtet. Auch ist diese Behörde befugt, eine Prüfung der Bediensteten des äußern Betriebsdienstes zu fordern, sowie die Entlassung derjenigen, welche nach ihrem Ermessen nicht als technisch fähig und zuverlässig anzusehen sind.

2. Die Befugnisse der eisenbahntechnischen Aufsichtsbehörde sind in den Dienstverträgen vorzusehen.

3. Bei Ausübung ihrer Aufsicht wird sich die eisenbahntechnische Aufsichtsbehörde zu Entscheidungen, welche die Entlassung von Bediensteten oder grundlegende, für den unveränderten Bestand des Unternehmens erhebliche Aenderungen der bestehenden Anordnungen betreffen, des Einverständnisses des zuständigen Regierungs-(Polizei-)Präsidenten versichern oder — in dringenden Fällen — diesen nachträglich verständigen.

§ 42. 1. Diese Betriebsvorschriften werden durch den Reichs- und Staatsanzeiger, das Ministerialblatt für die innere Verwaltung, das Eisenbahnverordnungsblatt, das Zentralblatt der Bauverwaltung, die Zeitschrift für Kleinbahnen und die Amtsblätter der Königlichen Regierungen veröffentlicht.

2. Auf bereits genehmigte Kleinbahnen finden diese Betriebsvorschriften unbeschadet der konzessionsmäßigen Rechte der Unternehmer Anwendung. Im übrigen bleibt bei diesen Bahnen die Genehmigung zur Beibehaltung von Abweichungen der eisenbahntechnischen Aufsichtsbehörde überlassen.

3. Weitere Abweichungen, als solche in diesen Vorschriften selbst bereits als zulässig bezeichnet und von der Genehmigungsbehörde, bzw. der eisenbahntechnischen Aufsichtsbehörde festzusetzen sind, können bei Kleinbahnen, welche auf Grund dieser Vorschriften betrieben werden, von dem Minister der öffentlichen Arbeiten zugelassen werden, sofern ein Betriebsbedürfnis dafür nachweisbar ist.

XIX.

Kgl. Bayer. Verordnung vom 20. Juni 1855 die Erbauung von Eisenbahnen betr.

(Reg.-Bl. 1855 S. 653).

I. Eisenbahnen für den öffentlichen Verkehr.

§ 1. Die Erbauung von Eisenbahnen, welche bestimmt sind, als öffentliche Transportmittel für Personen und Waren zu dienen, oder wodurch ein öffentlicher Weg in eine Eisenbahn umgewandelt werden soll, setzt die besondere Bewilligung der Staatsregierung voraus, und zwar:

a) die Bewilligung zu den Vorarbeiten — Projektierungskonzession,
b) die Bewilligung zum Baue und Betriebe der Bahn — Eisenbahnkonzession.

§ 2. Die Bewilligung zu den Vorarbeiten (§ 1 a) steht dem Staatsministerium des Handels und der öffentlichen Arbeiten[1]) zu, benehmlich mit dem Staatsministerium des Innern und dem Kriegsministerium, dann bei Beteiligung des Auslandes mit dem Staatsministerium des Königlichen Hauses und des Aeußern und bei Beteiligung des Staatsärars mit dem Staatsministerium der Finanzen.

Die Konzession zum Baue und zum Betriebe einer Eisenbahn (§ 1 b) wird von Sr. Majestät dem Könige erteilt.

§ 3. Die Bewilligung zu den Vorarbeiten kann einzelnen Personen, bestehenden Korporationen und genehmigten Vereinen, aber auch solchen Personen erteilt werden, welche erst einen Verein bilden wollen. Letzternfalls muß jedoch mit dem Gesuche um die Erteilung der Projektierungskonzession zugleich das Gesuch um die Ermächtigung zu den vorbereitenden Maßregeln für die Bildung des Vereins verbunden werden.

Die Bewilligung wird nur dann erteilt, wenn weder in bezug auf die Person des Konzessionsbewerbers, noch in bezug auf die privatrechtlichen und öffentlichen Rücksichten ein Anstand obwaltet.

Dem Gesuche um die Erteilung der Projektierungskonzession ist der Plan des Unternehmens insbesondere über die Richtung der Bahn in allgemeinen Umrissen beizulegen und bei beabsichtigter Bildung eines Vereins überdies der Entwurf der Satzungen in den wesentlichsten Bestimmungen anzufügen. Auch ist die Zeit anzugeben, innerhalb welcher die Vorarbeiten begonnen und vollendet werden sollen.

---

[1]) Nun Verkehrsministerium.

§ 4. Die Projektierungskonzession gibt dem Inhaber das Recht, auf seine Kosten die Vorerhebungen für die künftige Ausführung der projektierten Bahn mit Beobachtung der bestehenden Gesetze unter Aufsicht der Behörden zu pflegen, namentlich die nötigen Vermessungs- und Nivellierungsarbeiten gegen vollständige Entschädigung der beteiligten Grundbesitzer vorzunehmen.

Derselbe erhält aber durch diese Bewilligung kein Recht auf die Eisenbahnkonzession.

Wird die Bewilligung zu den Vorarbeiten für die Eisenbahn Personen erteilt, welche erst einen Verein gründen wollen, so gibt die Projektierungskonzession zugleich die Ermächtigung zu den vorbereitenden Maßregeln für die Bildung des Vereins, keineswegs aber einen Anspruch auf die Genehmigung der Errichtung des Vereins selbst, welche Genehmigung vielmehr erst besonders nachgesucht und ausgewirkt werden muß.

Die Projektierungskonzession erlischt bei Nichterfüllung der an die Bewilligung etwa geknüpften Bedingungen und jedenfalls mit Ablauf des in derselben bestimmten Zeitraumes.

Dieselbe kann jedoch wiederholt nachgesucht und erteilt werden.

§ 5. Das Gesuch um die Bewilligung zum Baue und zum Betriebe einer Eisenbahn (§ 1 b) ist an Se. Majestät den König zu richten und bei dem Staatsministerium des Handels und der öffentlichen Arbeiten[1]) einzureichen.

Dasselbe soll enthalten:

a) die Hinweisung auf die erlangte Projektierungskonzession;
b) die Darlegung der Vorteile, welche von der projektierten Bahn erwartet werden;
c) den gehörig ausgearbeiteten Bauplan nebst Kostenanschlag mit Angabe des Zeitpunktes, wann das Unternehmen begonnen, in welchen Hauptabschnitten fortgesetzt und beendet werden soll;
d) die Darlegung der Art und Weise, wie die erforderlichen Geldmittel beigeschafft werden wollen;
e) bei Gesuchen von Personen, welche erst einen Verein bilden wollen, das gleichzeitige Gesuch um die Allerhöchste Bestätigung des Vereins unter Anlage des Planes des Unternehmens mit möglichster Vollständigkeit und mit allen hierzu nötigen Behelfen, wozu insbesondere die Gesellschaftsverträge und die Satzungen gehören.

Aus den Vorlagen muß genau ersichtlich sein:

die Art wie der Verein sich bilden und erneuern soll;
die Geschäftsführung und Leitung in ihren wesentlichen Grundsätzen;
die Rechte und Pflichten der Vereinsglieder als solcher;
die Art und Weise der Fassung rechtsgültiger Vereinsbeschlüsse, dann der Schlichtung der aus dem Vereinsverhältnisse entspringenden Streitigkeiten;
die Art und Weise der Einzahlungen, der Ausstellung der Interimsscheine und Aktienurkunden, dann die Veräußerung derselben;
die Bestimmungen über die Dauer des Vereins und die Auflösung desselben.

§ 6. Die Gesuche um die Bewilligung zum Baue und zum Betriebe einer Eisenbahn sind von dem Staatsministerium des Handels und der öffentlichen Arbeiten genau zu prüfen, nötigenfalls durch Zwischenverfügung ergänzen zu lassen und nach vollendeter Sachinstruktion, insbesondere nach Einvernehmen des Staatsministeriums des Innern und des Kriegsministeriums, sowie der sonst noch beteiligten Staatsministerien der Allerhöchsten Entscheidung Sr. Majestät des Königs zu unterstellen.

---

[1]) Verkehrsministerium.

Der Staatsregierung bleibt vorbehalten, nach Umständen von den Konzessionsbewerbern den Erlag einer Kaution oder bei Korporationen und Vereinen mindestens den Nachweis zu verlangen, daß bereits ein hinlänglicher Fonds für das Unternehmen gesichert sei. Die Kautionsforderung kann auch auf die Ansprüche Dritter gegen den Unternehmer ausgedehnt werden.

§ 7. Die Bewilligung zum Baue und Betriebe einer zur öffentlichen Benützung bestimmten Eisenbahn (§ 1 b) wird nur auf eine bestimmte Zeit, und zwar höchstens auf 99 Jahre erteilt.

Der Termin beginnt mit dem Tage, an welchem die Bahn ganz oder zum Teile der Benützung des Publikums überlassen wird.

Nach Ablauf der in der Konzessionsurkunde festgesetzten Zeit geht das Eigentum der Eisenbahn samt ihren Zubehörungen ohne Entgelt und unmittelbar an den Staat über. Den Unternehmern verbleiben jedoch das Mobiliarvermögen, sowie die zum Bahnbetriebe erforderlichen Inventarstücke, namentlich Lokomotiven, Transportwagen usw., wofür der Staat, wenn er solche ablösen will, eine besondere — nötigenfalls schiedsrichterlich festzusetzende Vergütung zu leisten hat.

Eine Ablösung des Eigentums der Bahn und ihrer Zubehörungen gegen Vergütung von seiten des Staatsärars kann auch vor Erlöschung der Eisenbahnkonzession eintreten, jedoch nur auf dem Grunde eines freien Uebereinkommens, es sei denn, daß bei Erteilung der Bewilligung zum Baue und zum Betriebe der Bahn anderweitige Bestimmungen hierüber getroffen worden sind, in welchem Falle die Ablösung nach diesen Bestimmungen stattzufinden hat.

§ 8. In Ansehung der Rechte und Verpflichtungen der Eisenbahnunternehmungen sind vor allem die Bestimmungen der Konzessionsurkunde maßgebend. Dieselbe wird insbesondere das Nötige bezüglich der ausländischen Unternehmer, namentlich bezüglich des Forums derselben enthalten.

Insoweit die Konzessionsurkunde keine abweichenden Bestimmungen enthält, finden die Vorschriften der Pkte. 9 und 10 Anwendung.

§ 9. Mit der Konzession zum Baue und Betriebe einer Eisenbahn sind folgende Zugeständnisse verbunden:

1. Der Unternehmer erlangt durch die Konzession insofern ein ausschließliches Recht zu dem bezüglichen Eisenbahnbaue, als es während der Konzessionsdauer niemandem gestattet ist, eine andere Eisenbahn für die Benützung des Publikums zu errichten, welche dieselben Endpunkte ohne Berührung neuer strategisch, politisch oder kommerziell wichtiger Zwischenpunkte in Verbindung bringen würde.

Dagegen bleibt es der Staatsregierung vorbehalten, auch während der Konzessionsdauer die Bewilligung zur Anlegung von Zweigbahnen oder zu einer Eisenbahn in fortgesetzter Richtung der konzessionierten Eisenbahn anderen Unternehmern zu erteilen, oder dergleichen Eisenbahnen auf Staatskosten zu erbauen.

2. Der Unternehmer ist befugt, das zum Baue der Bahn nötige Areal, welches sich im Privateigentume Dritter befindet, nach Maßgabe des Gesetzes vom 17. November 1837, die Zwangsabtretung von Grundeigentum für öffentliche Zwecke betr., zu erwerben.

3. Der Unternehmer hat das Recht, auf der erbauten Eisenbahn Personen und Sachen nach dem festgesetzten Tarife zu befördern, insofern dadurch das Postregal nicht verletzt wird.

4. Die Bewilligung zum Baue und zum Betriebe der Bahn schließe dagegen keineswegs die Erklärung in sich ein, daß die Staatsregierung die Einrichtung des Unternehmens und die zur Erreichung des beabsichtigten Zweckes gewählten Mittel entsprechend finde oder daß das Unternehmen die davon erwarteten Vorteile gewähren werde.

Es ist lediglich Sache der Teilnehmer, sich hiervon selbst die erforderliche Ueberzeugung zu verschaffen, ohne daß aus der Konzessionsverleihung Ansprüche in dieser Beziehung an das Staatsärar erhoben werden können.

Selbst die allenfallsige Zerstörung der Eisenbahn oder ihrer Zugehörung im Kriege durch Freundes- oder Feindeshand, sowie die auf gleiche Weise erfolgende Hemmung oder Schließung des Betriebs begründet kein Recht, Entschädigung aus öffentlichen Mitteln oder aus Peräquationskassen zu verlangen, insofern nicht mit der Zerstörung zugleich eine Abtretung des Grundeigentums oder eines Dienstbarkeitsrechts nach Art. 1 Lit. A Ziff. 1, dann Lit. B des obenerwähnten Gesetzes vom 17. November 1837 verbunden ist, in welchen Fällen die Bestimmungen dieses Gesetzes in Anwendung kommen; und zwar ist der Entschädigungsanspruch nicht nur in dem Falle des wirklich ausgebrochenen Krieges ausgeschlossen, sondern auch in gleicher Weise dann, wenn die Zerstörung, Hemmung oder Schließung der Bahn als Vorsichtsmaßregel angewendet worden ist.

§ 10. Der konzessionierte Unternehmer ist verpflichtet:

1. vor dem Bauanfange die Detailpläne der Bahn zur Genehmigung vorzulegen. Diese Genehmigung wird bezüglich der horizontalen und vertikalen Projektion der Pläne zu den Brücken und Durchlässen, der Konstruktion des Ober- und Unterbaues, sowie der Situierung der Hochbauten von dem Staatsministerium des Handels und der öffentlichen Arbeiten[1]) erteilt, während die Hochbaupläne der Genehmigung der einschlägigen Baupolizeibehörde unterliegen.

Der Unternehmer ist verpflichtet, die Bahn fortwährend in einem solchen Zustande zu erhalten, daß die Beförderung auf derselben mit Sicherheit und in entsprechender Weise geschehen kann.

Der Unternehmer hat Vorkehrung dahin zu treffen, daß angrenzende Gebäude, Grundstücke usw. durch die Bahn weder während des Baues noch in der Folge Schaden erleiden. Derselbe ist verpflichtet, für solche Beschädigungen zu haften.

Der Unternehmer hat überhaupt die allgemeinen Bauvorschriften, sowie alle besonderen Vorschriften genau zu vollziehen, welche zur Sicherung der Bahn und des Publikums während der Bauführung oder später für notwendig erachtet werden.

2. Bei Unternehmungen, welche gleichzeitig eine große Arbeiterzahl beschäftigen, haben die Unternehmer für deren angemessene Unterbringung, sodann für Unterbringung und Verpflegung erkrankter oder verunglückter Arbeiter, z. B. durch einen Sicherungsverband, durch Regulierung von Krankenhausbeiträgen usw., zu sorgen und die Kosten für außerordentliche polizeiliche Aufsicht und ungewöhnlich vermehrte ärztliche Visitation nach Festsetzung der Polizeibehörden zu übernehmen.

3. Wenn durch den Bau öffentliche Wege, Brücken oder sonstige Kommunikationsmittel zerstört oder unfahrbar gemacht werden, so ist der Unternehmer verpflichtet, die gestörte Kommunikation nach Anordnung der Behörden wieder herzustellen und im Umfange des Bahneigentums zu unterhalten.

Werden in einem solchen Falle besondere, früher nicht vorhanden gewesene Bauten, als Brücken, Durchlässe usw. notwendig, so fällt dem Unternehmer nicht bloß die erste Herstellung, sondern auch die künftige Unterhaltung zur Last.

4. Der Unternehmer hat die Errichtung einer Telegraphenleitung längs der Bahn auf dem zur Bahn gehörigen Areale unentgeltlich zu gestatten.

5. Der Betrieb der Bahn richtet sich nach den allgemeinen polizeilichen und den besonderen, für den Eisenbahnbetrieb bestehenden Anordnungen.

---

[1]) Verkehrsministerium.

Namentlich ist:

a) vor der Eröffnung der Fahrten die Genehmigung des Staatsministeriums des Handels und der öffentlichen Arbeiten[1]) zur Bahneröffnung zu erwirken.

Dieser Genehmigung hat eine genaue technische Prüfung der Bahn und des Betriebsmaterials vorauszugehen.

b) das Transportmaterial fortwährend in einem ganz entsprechenden Zustande zu erhalten,

c) für den Betriebsdienst nur befähigtes und verlässiges Personal aufzunehmen. Die Aufnahme von Ausländern setzt die Zustimmung der einschlägigen Distriktspolizeibehörde voraus.

Die von dem Unternehmer getroffene Wahl der Betriebs- und Aufsichtsbeamten, welche zur Handhabung der Polizei der Bahn bestimmt sind, muß rücksichtlich dieser Verwendung der einschlägigen Regierung, Kammer des Innern, zur Bestätigung angezeigt werden.

Durch diese Bestätigung und nach vorgängiger Verpflichtung bei der Distriktspolizeibehörde treten diese Bediensteten in die Eigenschaft und Befugnisse von Hilfspolizeibediensteten und üben die Bahnpolizei in ihrem ganzen Umfange.

Die Bestätigung kann bei Mißverhalten zurückgezogen werden, in welchem Falle die Verwendung des Bediensteten aufzuhören hat.

6. Die Tarife für den Personen- und Warentransport, dann für die Nebengebühren sind der Genehmigung des Staatsministeriums des Handels und der öffentlichen Arbeiten zu unterstellen.

Von 3 zu 3 Jahren soll eine Revision derselben erfolgen und bei der Festsetzung auf alle obwaltenden Verhältnisse, auf die Rentabilität der Bahn und auf die Tarife anderer, vorzugsweise der Bayerischen Bahnen Rücksicht genommen werden.

7. Ebenso unterliegt der Fahrtenplan der Genehmigung des Staatsministeriums des Handels und der öffentlichen Arbeiten.

Das genannte Staatsministerium ist selbst berechtigt, von Amts wegen Verfügung zu treffen, wenn sich die konzessionierten Unternehmer mit den angrenzenden Eisenbahnverwaltungen in betreff der Fahrordnung der wechselseitigen Benutzung der Bahn und der Betriebsmittel und überhaupt bezüglich der wechselseitigen Verkehrsverhältnisse nicht vereinigen können oder wenn bei Einrichtung des Fahrtenplanes die Zwecke der Postanstalt nicht gebührend berücksichtigt werden.

8. Die Benutzung der Eisenbahn von seiten der Post bleibt bei allen Fahrten vorbehalten; die Brief- und Zeitungspakete, die offiziellen Fahrpostsendungen, sowie die begleitenden Beamten, Kondukteure und dergleichen finden unentgeltlich Beförderung. Zahlbare Fahrpostsendungen werden nach dem Gesamtgewichte, nach der gewöhnlichen Gütertransporttaxe bezahlt. Die Art und Weise der Beförderung der Posttransporte erfolgt nach den jedesmaligen Bestimmungen der Postverwaltungsstelle.

9. Der Unternehmer ist verpflichtet, nach dem Verlangen der Militärverwaltung zu jeder Zeit Truppenabteilungen in jeder Stärke, Pferde, Kriegsmaterial und Militäreffekten sowie einzeln marschierende, namentlich die vom Urlaub einrückenden und in Urlaub abgehenden Unteroffiziere und Soldaten, wenn sie sich durch Urlaubspässe oder sonst legal ausweisen, zu jenen Tarifsätzen zu befördern, welche für diese Transporte auf den Staatsbahnen bezahlt werden. Nötigenfalls sind für solche Transporte außerordentliche Fahrten einzurichten.

Die Uebernahme des Transportes der Truppen oder Militärbedürfnisse anderer Staaten setzt jedoch die Bewilligung der Bayerischen Regierung voraus.

Die bei solchen Transporten einem auswärtigen Staate etwa eingeräumte Tarifermäßigung oder sonstige Begünstigung kommt von selbst auch dem Bayerischen Staate zugute.

---

[1]) Verkehrsministerium.

10. Die durch die Zollverhältnisse bedingten Vorschriften werden dem Unternehmer durch besondere Reglements bekannt gemacht werden, welche genau zu befolgen sind.

11. Der Unternehmer ist verpflichtet, alle Staats- und öffentlichen Lasten und Steuern zu tragen, welche herkömmlich oder gesetzlich auf dem Bahneigentume und Betriebe ruhen, oder künftig noch gesetzlich auferlegt werden.

§ 11. Wird die Bewilligung zum Baue und zum Betriebe einer Eisenbahn einem erst zu bildenden Vereine erteilt, so wird gleichzeitig mit der Verleihung der Eisenbahnkonzession auch die Allerhöchste Bestätigung dieses Vereins erfolgen.

Die Verhältnisse des Vereins richten sich alsdann nach der Bestätigungsurkunde und nach den Allerhöchst genehmigten Satzungen.

In dieser Urkunde wird auch das Erforderliche wegen Aufstellung eines Königlichen Kommissärs aufgenommen werden, wenn die Staatsregierung die Aufstellung eines solchen für angemessen erachtet.

§ 12. Die erteilte Konzession erlischt:

a) wenn der Zeitraum beendet ist, für welchen die Konzession erteilt wurde,

b) wenn der Termin nicht eingehalten wird, welcher für die Vollendung der Bahn oder einzelner Bahnstrecken, sowie für die Eröffnung des Betriebs in der Konzessionsurkunde ausdrücklich vorgeschrieben ist, es sei denn, daß eine besondere Nachsicht von seiten der Staatsregierung erwirkt worden wäre,

c) bei Konzessionierung von Vereinen im Falle der Nichterfüllung der in der Bestätigungsurkunde festgesetzten Bedingungen.

§ 13. Wenn der konzessionierte Unternehmer, wiederholter Ermahnung ungeachtet, die Anordnungen der vorgesetzten Behörden nicht befolgen, oder wesentlichen Bestimmungen der Konzessionsurkunde oder der Eisenbahnbetriebsordnung zuwider handeln sollte, so ist das Staatsministerium des Handels und der öffentlichen Arbeiten[1]) befugt, die Sequestration der konzessionierten Eisenbahn auf Gefahr und Kosten des Unternehmers anzuordnen.

§ 14. Ueber die aus der Konzessionsverleihung hervorgehenden Rechte und Verpflichtungen des Konzessionierten, insoweit sie nicht Privatrechte Dritter berühren, insbesondere über die Befugnis zum Baue und zum Betriebe der Eisenbahn und über den Umfang und die Erlöschung der Konzession, sowie über jede nach administrativen oder polizeilichen Bestimmungen zu entscheidende Irrung beschließen und verfügen die Administrativbehörden.

II. Eisenbahnen für den Privatgebrauch.

§ 15. Die Anlage einer Eisenbahn mit Lokomotiv- oder Pferdebetrieb, welche ein Unternehmer lediglich zu seinem Privatgebrauche entweder auf eigenem Grund und Boden oder mit Zustimmung des Grundeigentümers auf fremdem Grunde erbauen will, ist durch die baupolizeiliche Bewilligung der einschlägigen Regierung, Kammer des Innern, bedingt.

Der Bescheidung des Gesuches hat vollständige Sachinstruktion, insbesondere öffentliche Bekanntmachung des Vorhabens, Vernehmung von Eisenbahnbauverständigen und Einholung der Erinnerung der Generaldirektion der Verkehrsanstalten vorauszugehen. Gegen den Regierungsbescheid ist Beschwerdeführung von seiten der Beteiligten einschließlich der Generaldirektion der Verkehrsanstalten zulässig.

---

[1]) Verkehrsministerium.

Diese Beschwerden gehen an das Staatsministerium des Innern und werden von demselben im Benehmen mit dem Staatsministerium des Handels und der öffentlichen Arbeiten[1]) in zweiter und letzter Instanz erledigt.

Die erteilte Bewilligung kann wieder zurückgezogen und die Beseitigung der erbauten Bahn verfügt werden, wenn der Unternehmer die Bedingungen nicht erfüllt, unter denen die Bewilligung erteilt, insbesondere wenn eine Benutzung derselben für den öffentlichen Verkehr stattfindet.

Die desfallsige Beschlußfassung steht der einschlägigen Regierung, Kammer des Innern, in erster und dem Staatsministerium des Innern benehmlich mit dem Staatsministerium des Handels und der öffentlichen Arbeiten[1]) in zweiter und letzter Instanz zu.

Eisenbahnen zum Privatgebrauche ohne Lokomotive oder Pferdebetrieb bedürfen einer obrigkeitlichen, gleichfalls der Regierung, Kammer des Innern, zustehenden Bewilligung nur in dem Falle, wenn öffentliche Wege berührt werden.

Die polizeiliche Uebertwachung bezüglich der Sicherheit dagegen findet auch bei jenen Eisenbahnen statt, zu deren Herstellung keine besondere Bewilligung notwendig ist.

XX.

Sächsische Allerhöchste Verordnung vom 26. Juni 1851, die Ressortverhältnisse in Eisenbahnangelegenheiten.

§ 1. Von den das Eisenbahnwesen betreffenden Angelegenheiten gehört:

A. den Departements des Innern und der Finanzen gemeinschaftlich an:

a) die allgemeine Prüfung und Beurteilung aller Eisenbahnunternehmungen, gleichviel ob es sich um Ausführung derselben aus Staats- oder Privatmitteln handelt;

b) . . .;

c) die Genehmigung der Bahntarife und Fahrpläne der Privateisenbahnen.

§ 2. B. Dem Departement des Innern ausschließlich gehören an:

a) die Leitung der Verhandlungen über zwangsweise Abtretung des zu Eisenbahnen erforderlichen Grundeigentums und die Entscheidung aller darauf Bezug habenden Sachen, insoweit dabei nicht der Rechtsweg betreten wird, und zwar gleichmäßig bei Staats- und Privatbahnen;

b) die Erteilung von Konzessionen zur Anlegung und zum Betriebe von Privatbahnen;

c) die Erteilung von Korporationsrechten an Gesellschaften, welche den Bau oder Betrieb von Eisenbahnen zum Zwecke haben, die Bestätigung der Gesellschaftsstatuten und die Leitung und Beaufsichtigung der die Gesellschaftsverhältnisse betreffenden Angelegenheiten;

d) die Handhabung des Schutzes der Adjazenten gegen Gefahren oder Beeinträchtigungen, welche aus der Anlage oder dem Betriebe der Bahn entstehen . . . und zwar sowohl bei Staats- als bei Privatbahnen, vorbehältlich der dabei rechtlicher Entscheidung anheimfallenden Gegenstände;

e) die Handhabung der allgemeinen Polizei — im Gegensatze der nachstehend § 3 aufgeführten bahn- und betriebspolizeilichen Gegenstände — bei dem Baue und Betriebe von Staats- und Privatbahnen.

---

[1]) Verkehrsministerium.

§ 3. C. Dem Departement der Finanzen ausschließlich gehören an:

a) die technische Leitung der Anlage von Staatsbahnen und von Privatbahnen, bei letzteren insoweit sie vermöge der Konzessionsbedingungen der Regierung vorbehalten ist;

b) die technische Beaufsichtigung der Anlage sowohl bei Staats- als Privatbahnen;

c) die Leitung und Beaufsichtigung des Betriebs auf Staats- und Privatbahnen, bei letzteren mit der § 1 unter c, sowie vorstehend unter a gedachten Einschränkung.

d) . . . .

§ 4. Die Erledigung der unter B aufgeführten Angelegenheiten erfolgt in dem für Verwaltungssachen überhaupt bestehenden, bez. hinsichtlich der Expropriationssachen durch das Gesetz vom 3. Juli 1835 geordneten Instanzenzuge.

§ 5. Für die unter C vorstehend gedachten Angelegenheiten unter a—d bilden:

a) die erste Instanz

1. in allen die Staatseisenbahnen und den Betrieb der Staatsverwaltung auf Privatbahnen betreffenden Sachen die königlichen Eisenbahndirektionen (jetzt Generaldirektion der Staatseisenbahnen);
2. in den die Privatbahnen, ausschließlich des Betriebs der Staatsverwaltung auf solchen, angehenden Angelegenheiten die Kreisdirektionen, und zwar bei den mehr als einen Verwaltungsbezirk berührenden Bahnen diejenige, in deren Bezirke das Direktorium des Unternehmens seinen Sitz hat;

b) die zweite und oberste Instanz ohne Unterschied der Staats- und Privatbahnen das Finanzministerium.

XXI.

Württemberg. Eisenbahngesetze vom 18. April 1843.

Art. 6. Die Erbauung von Zweigeisenbahnen durch Privatunternehmer unterliegt der Konzession der Regierung.

Die Erteilung einer solchen Konzession wird an diejenigen Bedingungen geknüpft, welche erforderlich sind, um das Aufsichtsrecht des Staats über den Bau, den Betrieb und die Verwaltung der Bahn genügend sicher zu stellen.

Hinsichtlich der gezwungenen Abtretung des für die Ausführung solcher Konzessionen erforderlichen Eigentums kommt der § 30 der Verfassungsurkunde zur Anwendung.

Art. 7. Den Privatunternehmern einer Zweigbahn kann je nach dem Verhältnisse der letztern zu dem allgemeinen Landesinteresse, auf ihr Ansuchen, die Gewährleistung der Staatskasse für einen reinen Ertrag ihres Unternehmens bis zu 3½% des Anlagekapitals auf einen bestimmten Zeitraum mit ständischer Zustimmung zugestanden werden.

Diese Gewährleistung tritt jedoch, wofern etwas anderes nicht ausdrücklich festgesetzt worden, auch schon innerhalb des für ihre Dauer bestimmten Zeitraums außer Wirkung, wenn und sobald die vollendete Bahn während 10 sich folgender Jahre durchschnittlich wenigstens 4% Reinertrag gewährt hat.

Art. 8. Die Privatunternehmer der mit Zinsengarantie von seiten des Staats gebauten Bahnen sind verbunden, dieselben auf das an sie unter ständischer Zustimmung ergehende Ansinnen nach 25jährigem Betriebe der vollendeten Bahn, gegen einfache Erstattung des Anlagekapitals oder früher gegen einen Zusatz von 15% zu demselben, der Staatsverwaltung abzutreten.

Die Größe des Anlagekapitals wird alsbald nach Vollendung der Bahn ausgemittelt.

Art. 9. Bei einem Privatunternehmen, das ohne Zinsengarantie von seiten des Staats ausgeführt worden, tritt die Verbindlichkeit zur Abtretung an den Staat erst nach 25jährigem Betriebe der vollendeten Bahn ein.

Zu dem Ansinnen auf Abtretung ist ständische Zustimmung erforderlich. Zu dem zu erstattenden einfachen Anlagekapitale, das alsbald nach vollendeter Bahn ausgemittelt wird, kann, wenn die Abtretung vor dem Ablaufe eines 50jährigen Betriebs geschieht, ein Zuschuß bis zu 10% gewährt werden. Bei späterer Abtretung findet kein Zuschuß mehr statt.

Die Minister des Innern und der Finanzen sind mit der Vollziehung dieses Gesetzes beauftragt.

XXII.

Grundsätze zur Beurteilung der Feuersicherheit elektr. Anlagen. Erlassen vom Verband deutscher Privatfeuerversicherungsgesellschaften.

a) Vorsichtsbedingungen für elektrische Licht- und Kraft-Anlagen.[1])

Die nachstehenden Bedingungen gelten für Anlagen in Räumen jeder Art.

Für elektrische Installationen auf Theaterbühnen und in Schaufenstern von Warengeschäften, sowie für Räume, in welchen leicht entzündliche Gegenstände in größeren Mengen aufgestapelt werden, bleiben außerdem besondere Zusatzbestimmungen für den Einzelfall vorbehalten.

I. Elektrische Betriebsräume.

1. a) Elektrische Betriebsräume müssen unter der Aufsicht von instruiertem Betriebspersonale stehen oder soweit die Abwesenheit des Betriebspersonals statthaft ist, für Unbefugte unzugänglich sein.

b) In elektrischen Betriebsräumen dürfen brennbare Gegenstände nur unter Verschluß oder mit geeignetem Schutze oder in solcher Entfernung von den elektrischen Maschinen, Instrumenten, Apparaten und Leitungen des Betriebes sich befinden, daß sie durch etwaige Wärme- oder Feuererscheinungen in der elektrischen Betriebsanlage nicht entzündet werden können.

2. Akkumulatorenräume müssen während der Ladung gelüftet sein und dürfen beim Betriebe nur mit elektrischen Glühlampen (Glühlampen in luftdicht schließender Glashülle) beleuchtet werden. Während der Ladung dürfen darin brennende oder offen glühende Gegenstände nicht geduldet werden.

II. Maschinen, Instrumente, Apparate.

3. a) Die stromführenden Teile von elektrischen Maschinen, Instrumenten und Apparaten, soweit sie nicht in elektrischen Betriebsräumen sich befinden, müssen von Schutzhüllen soweit umgeben sein, daß sie vor zufälliger Berührung oder Verletzung geschützt sind und müssen, sofern sich brennbare Gegenstände in deren Nähe befinden können, so beschaffen und angeordnet sein, daß etwaige Wärme- oder Feuererscheinungen, welche infolge der Wirkung des

---

[1]) Vgl. auch Anleitung für das Verhalten der Feuerwehr in Ortschaften mit elektrischen Anlagen (aufgestellt vom „Schweizerischen Elektrotechniker-Verein und dem Schweizerischen Feuerwehrverein") Elektrotechn. Ztschr. 1902 S. 51.

sie durchfließenden Stromes auftreten können, diese brennbaren Gegenstände nicht entzünden können.

b) Elektrische Instrumente und Apparate müssen ebenso sorgfältig von Erde isoliert sein, wie die an sie angeschlossenen Leitungen. Ausgenommen hiervon sind Beleuchtungskörper.

4. a) Apparate zur Stromunterbrechung, welche außerhalb elektrischer Betriebsräume verwendet werden, müssen Momentschalter sein, bei welchen sich beim Oeffnen kein dauernder Lichtbogen bilden und im normalen Betriebe keine Erhitzung eintreten kann.

b) Die normale Betriebsstromstärke und die maximale Spannung muß auf dem festen Teile aller Schalter und Kontaktvorrichtungen verzeichnet sein.

5. Elektrische Maschinen, Instrumente, Sicherungen und andere Apparate jeder Art, welche nicht in luft- und staubdichten Schutzgehäusen stehen, dürfen in Räumen, in welchen explosible Stoffe verarbeitet oder aufgespeichert werden, oder in welchen sich betriebsmäßig explosible Gemische von Gasen, Fasern oder Staub bilden oder anhäufen können, nicht aufgestellt werden.

III. Leitungen.

6. Holzleisten sind verboten, Krampen nur an betriebsmäßig geerdeten Leitungen gestattet.

7. Leitungen müssen überall da, wo sie mit brennenden Gegenständen in Berührung kommen können, vor der Berührung mit diesen und außerhalb elektrischer Betriebsräume auch vor zufälliger Verletzung geschützt sein.

8. Nicht geerdete blanke Leitungen sind in Wohnräumen, in Räumen, in welchen leicht entzündliche Stoffe erzeugt oder aufgespeichert werden, blanke Leitungen und Mehrfachschnurleitungen in Räumen, in welchen sich betriebsmäßig explosible Gemische von Gasen, Fasern oder Staub bilden oder anhäufen können, verboten.

9. In Räumen mit ätzenden Dünsten sind nur Kabel und blanke Leitungen zu verwenden. Je nach der Art der Dünste sind Kabel und Leitungen gegen chemische Angriffe zu schützen.

10. Freileitungen sind den örtlichen Verhältnissen entsprechend durch Blitzschutzvorrichtungen, welche auch bei wiederholter Entladung wirksam bleiben, zu schützen.

11. a) Schnurpendel mit biegsamer Leitungsschnur sind nur dann zulässig, wenn das Gewicht der Lampe nebst Schirm von einer besonderen Tragschnur getragen wird, welche mit der Schnur verflochten sein kann. An der Aufhängestelle und an der Fassung müssen die Leitungsdrähte länger sein als die Tragschnur, so daß kein Zug auf die Verbindungsstellen ausgeübt wird.

b) Zuleitungsdrähte von Bogenlampen, welche als Aufhängevorrichtung dienen sollen, dürfen außerdem nicht verdrillt werden.

c) Im übrigen dürfen Leitungen nicht zur Aufhängung von Lampen oder sonstigen Gegenständen benützt werden.

d) Beleuchtungskörper müssen so angebracht sein, daß die Zuführungsdrähte nicht durch Drehen des Beleuchtungskörpers auf Zug beansprucht oder verletzt werden können.

12. a) Verbindungen zwischen zwei Leitungen müssen verschraubt oder verlötet oder auf gleichwertige Weise ausgeführt sein. Die Verbindungsstellen sind bei isolierten Leitungen der Isolierung der Leitung gleichwertig zu isolieren.

b) Mehrfachschnurleiter dürfen nur durch Abzweigklemmen auf isolierender Unterlage an Leitungen angeschlossen werden.

c) Leitungen für bewegliche Verbrauchsapparate müssen mittelst lösbarer Kontakte (Steckkontakte usw.) an die Leitungen angeschlossen werden.

d) Verbindungen zwischen Leitungen und Apparaten dürfen nur durch Verschraubung soweit erforderlich unter Verwendung von Kabelschuhen, hergestellt sein.

e) Abzweig- und Verbindungsstellen müssen durch feste Unterstützungen von Zug entlastet sein.

13. a) Leitungen dürfen nur so stark mit Strom belastet werden, daß eine für das Handgefühl erhebliche Erwärmung derselben vermieden wird.

b) Der geringste zulässige Querschnitt ist bei isolierten Leitungen 1 qmm, an und in Beleuchtungskörpern 3/4 qmm, bei blanken Leitungen in Gebäuden 4 qmm, bei Freileitungen 6 qmm für Niederspannung und 10 qmm für Hochspannung.

c) Bei Gleichstromdreileitersystemen für Niederspannung muß der neutrale Mittelleiter geerdet sein.

IV. Sicherungen.

14. a) Die neutralen oder Nulleitungen bei Mehrleiter- oder Mehrphasensystemen, sowie alle betriebsmäßig geerdeten Leitungen dürfen keine Sicherungen enthalten.

b) Alle übrigen Leitungen müssen von der Maschinenschalttafel ab durch Schmelzsicherungen oder andere gleichwertige selbsttätige Stromunterbrecher geschützt werden.

c) Mehrere Verteilungsleitungen dürfen durch eine gemeinsame Sicherung von höchstens 6 Ampere Normalstärke geschützt werden, wobei Querschnittsverminderungen und Abzweigungen jenseits dieser Sicherung nicht weiter gesichert zu werden brauchen.

Bei großen Beleuchtungskörpern können nach eingeholter Genehmigung der Versicherungsgesellschaft ausnahmsweise gemeinsame Versicherungen für bis 12 Ampere bei bis 130 Volt zugelassen werden.

d) Lösbare Kontakte müssen ohne Ausnahme auf der Seite des festen Teiles allpolig gesichert sein.

e) Im übrigen sind Sicherungen an allen Stellen anzubringen, wo sich der Querschnitt in der Richtung nach der Verbrauchsstelle hin vermindert; jedoch sind bei Querschnittverkleinerungen, wo die vorhergehende Sicherung die schwächeren Querschnitte schützt, weitere Sicherungen nicht mehr erforderlich.

f) Das Anschlußleitungsstück von der Hauptleitung zur Sicherung darf nur, wenn seine einfache Länge nicht mehr als 1 m beträgt, von geringerem Querschnitte sein als die Hauptleitung und darf, wenn von geringerem Querschnitte, nicht aus Mehrfachleitern bestehen.

15. a) Die Sicherung ist der Betriebsstromstärke der zu schützenden Leitung anzupassen.

b) Die Abschmelzstromstärke, bzw. Ausschaltestromstärke soll das Doppelte ihrer Normalstärke sein.

c) Schmelzsicherungen dürfen beim Abschmelzen keinen dauernden Lichtbogen erzeugen und keine gefährlichen Explosionserscheinungen hervorrufen.

d) Schmelzstücke aus plastischem Metall müssen in Kontaktstücke aus Kupfer oder gleich geeignetem Metall eingelötet sein.

e) Die Normalstromstärke und die Maximalspannung muß auf dem Schmelzeinsatze verzeichnet sein.

f) Sicherungen bis 30 Ampere müssen so eingerichtet sein, daß eine fahrlässige oder irrtümliche Verwendung zu starker Schmelzeinsätze vermieden wird.

V. Lampen.

16. Glühlampen, welche mit entzündlichen Stoffen in Berührung kommen können, müssen mit Schalen, Glocken oder Drahtgittern so versehen sein, daß die Berührung der Lampen mit entzündlichen Stoffen verhindert wird.

17. In Räumen, in welchen explosible Stoffe verarbeitet oder gelagert werden, oder in welchen sich betriebsmäßig explosible Gemische von Gasen, Fasern oder Staub bilden oder anhäufen können, müssen Glühlampen mit dicht schließenden Ueberglocken, welche auch die Fassungen einschließen, versehen sein. In solchen Räumen sind nur solche Glühlampen zulässig, deren glühender Teil in einem luftdichten Glasbehälter eingeschlossen ist; jede andere Lampenart ist verboten.

18. a) Bogenlampen müssen mit Vorrichtungen versehen sein, welche das Herausfallen glühender Kohlenteilchen verhindern.

b) In Räumen, welche leicht entzündliche Stoffe enthalten, müssen die Aschenteller, soweit solche nach a erforderlich sind, aus Metall bestehen und im Betriebe in ihrer Lage festgehalten sein.

VI. Aenderungen.

Die in den Absätzen 3a, 5, 7, 8, 9, 16, 17, 18b geforderten, durch die Art und die Verwendung der Räume bedingten Anforderungen müssen, wenn in bezug auf die Art und die Verwendung der Räume nachträglich eine hierbei in Betracht kommende Aenderung vorgenommen wird, soweit erforderlich, nachträglich erfüllt werden, bevor die elektrischen Einrichtungen nach einer solchen Aenderung wieder in Gebrauch genommen werden. Installationsarbeiten dürfen dabei nur insoweit von dem Betriebspersonale ausgeführt werden, als dasselbe mit der bedingungsmäßigen Ausführung solcher Arbeiten vertraut ist.

VII. Prüfung und Revision.

19. a) Neuanlagen und Erweiterungsanlagen sind bei Inbetriebsetzung durch Sachverständige zu prüfen. Alle Anlagen sind durch Sachverständige periodisch zu revidieren, und zwar alljährlich mindestens einmal, wenn nicht durch ein besonderes schriftliches Abkommen eine Revision in längeren Zwischenräumen verabredet wird. Bei der Prüfung und Revision ist schriftlich festzustellen, ob die Anlage den vorstehenden Bedingungen genügt; etwaige Abweichungen sind unter Angabe der erforderlichen Aenderungen und Angabe einer Frist, in welcher diese Aenderungen auszuführen sind, zu bezeichnen.

Alle Prüfungs- und Revisionsberichte sind der Versicherungsgesellschaft einzusenden.

b) Bei Anlagen, welche nach dem 1. Januar 1904 fertiggestellt werden, sind Abweichungen von den vorstehenden Bedingungen nicht zulässig; bei älteren Anlagen können Abweichungen, sofern die örtlichen Verhältnisse dies unbedenklich erscheinen lassen, ausnahmsweise zugelassen werden.

b) Anweisung für das Betriebspersonal für elektrische Licht- und Kraft-Anlagen.

Zu 1a. Elektrische Betriebsräume müssen unter der Aufsicht von instruiertem Betriebspersonale stehen oder, soweit die Abwesenheit des Betriebspersonals statthaft ist, für Unbefugte unzugänglich sein.

b. In elektrischen Betriebsräumen dürfen brennbare Gegenstände nur unter Verschluß oder mit geeignetem Schutze oder in solcher Entfernung von den elektrischen Maschinen, Instrumenten,

Apparaten und Leitungen des Betriebes sich befinden, daß sie durch etwaige Wärme- oder Feuererscheinungen in der elektrischen Betriebsanlage nicht entzündet werden können.

Zu 2. Akkumulatorenräume müssen während der Ladung gelüftet sein und dürfen beim Betriebe nur mit elektrischen Glühlampen (Glühlampen in luftdicht schließender Glashülle) beleuchtet werden; während der Ladung dürfen darin brennende oder offen glühende Gegenstände nicht geduldet werden.

In Akkumulatorenräumen, welche durch Oefen geheizt werden, muß das Feuer während der Ladung gelöscht werden.

Zu 3. Die zum Schutze der stromführenden Teile der elektrischen Maschinen, Instrumente und Apparate angebrachten Vorrichtungen müssen stets in einem dem Zwecke derselben entsprechenden Zustande erhalten und bei etwaigen Beschädigungen wieder in Stand gesetzt oder erneuert werden.

Elektrische Maschinen, Instrumente und Apparate müssen in ordnungsmäßigem Zustande erhalten werden, so daß keine abnormen Wärme- und Feuererscheinungen auftreten.

Zu 5. In Räumen, in welchen explosible Stoffe verarbeitet oder gelagert werden, oder in welchen sich betriebsmäßig explosible Gemische von Gasen, Fasern oder Staub bilden oder anhäufen können, dürfen die luft- und staubdichten Schutzkästen, in welchen elektrische Maschinen, Instrumente und Apparate eingeschlossen sind, nicht geöffnet werden, so lange die Stromleitungen nicht in allen Polen abgeschaltet und die Leitungen in diesen Räumen vollständig spannungslos gemacht sind.

In Räumen, in welchen elektrische Maschinen, Instrumente, Sicherungen und andere Apparate jeder Art ohne luft- und staubdichte Schutzgehäuse sich befinden, dürfen keine explosiblen Materialien und keine Materialien, welche explosible Gase, Fasern oder Staub entwickeln können, verarbeitet oder aufbewahrt werden.

Zu 7. Die zum Schutze der Leitungen gegen Verletzung und gegen Berührung mit brennbaren Gegenständen angebrachten Vorrichtungen müssen in guter Beschaffenheit erhalten bleiben und sind bei etwaigen Beschädigungen tunlichst bald wieder herzustellen oder zu ergänzen.

Zu 8. In Räumen, in welchen sich blanke Leitungen befinden, dürfen leicht entzündliche oder explosible Materialien oder Materialien, welche explosible Gemische von Gasen, Fasern oder Staub bilden können, nicht verarbeitet oder gelagert werden.

Zu 9. In Räumen mit ätzenden Dünsten müssen die zum Schutze der Leitungen und Kabel dienenden Mittel (Anstriche), soweit erforderlich, erneuert werden.

Zu 10. Es ist darauf zu achten, daß Blitzschutzvorrichtungen in ordnungsmäßigem Zustande erhalten werden.

Zu 11c. Es ist verboten, irgendwelche Gegenstände an Leitungen aufzuhängen.

Zu 12a. Es ist verboten, Leitungen anders als durch Verschraubung oder Verlötung oder auf gleichwertige Art miteinander zu verbinden.

Zu 12b. Es ist verboten, Mehrfachschnurleiter anders als durch Abzweigklemmen auf isolierender Unterlage an Leitungen anzuschließen.

Zu 12c. Es ist verboten, Leitungen für bewegliche Verbrauchsapparate ohne lösbare Kontakte (Steckkontakte usw.) an Leitungen anzuschließen.

Zu 12d. Es ist verboten, Leitungen an Apparate anders als durch Verschraubung anzuschließen.

Zu 14b. Es ist verboten, Leitungen in Betrieb zu nehmen, welche nicht ordnungsmäßig mit Sicherungen versehen sind.

Zu 15f. Es ist dem Betriebspersonale auf das strengste verboten, eine infolge von Fehlern der Installation durchgeschmolzene Sicherung durch eine stärkere zu ersetzen. Ist eine Sicherung geschmolzen, so muß der Fehler in der Leitung oder in dem Verbrauchsapparate, welcher das

Schmelzen der Sicherung bewirkt hat, festgestellt und beseitigt werden. So lange neue Sicherungen von gleicher Stärke wie die alten wieder durchschmelzen, ist der Fehler noch nicht beseitigt, und vor der Beseitigung desselben darf die fehlerhafte Leitung nicht betrieben werden.

Zu 16. Schalen, Glocken, Drahtgitter, welche dazu bestimmt sind, Glühlampen vor entzündlichen Stoffen zu schützen, dürfen während des Gebrauches dieser Glühlampen nicht abgenommen werden.

Zu 17. In Räumen, in welchen explosible Stoffe verarbeitet oder gelagert werden, oder in welchen sich betriebsmäßig explosible Gemische von Gasen, Fasern oder Staub bilden oder anhäufen können, dürfen Glühlampen unter keinen Umständen ohne die vorgeschriebenen luft- und staubdichten Glocken eingeschaltet sein. Wird eine solche Schutzglocke beschädigt, dann muß die betreffende Glühlampe so lange ausgeschaltet bleiben, bis sie wieder mit einer solchen Schutzglocke versehen ist. Hat man in solchen Räumen Glühlampen auszuwechseln, dann muß die Lampenleitung so lange ausgeschaltet bleiben, bis die Schutzglocke wieder ordnungsmäßig aufgesetzt ist. Es ist strengstens verboten, in solchen Räumen andere Lampen als die hier bezeichneten zu verwenden.

Zu 18. Beschädigte Glocken und Aschenteller an Bogenlampen sind sofort zu ersetzen. Es ist dafür Sorge zu tragen, daß stets passende Glocken und Aschenteller zum Ersatz vorhanden sind. In Räumen, in welchen entzündliche Gegenstände sich befinden, dürfen andere als genau passende Aschenteller nicht verwendet werden und hier dürfen Reparaturen oder irgendwelche Arbeiten an Bogenlampen während des Betriebes der Lampen bei abgenommenen Glocken oder Aschentellern nicht vorgenommen werden.

Zu 19. Reparaturen, Veränderungen und Erweiterungen an bestehenden Anlagen dürfen nur insoweit von dem Betriebspersonale ausgeführt werden, als dasselbe mit der bedingungsmäßigen Ausführung solcher Arbeiten vertraut ist.

XXIII.

Bundesgesetz betr. die elektrischen Schwach- und Starkstromanlagen

(Vom 24. Juni 1902.)

Die Bundesversammlung der schweizerischen Eidgenossenschaft, in Anwendung von Art. 23, 26, 36, 64 und 64 bis der Bundesverfassung; nach Einsicht einer Botschaft des Bundesrates vom 5. Juni 1899, beschließt:

I. Allgemeine Bestimmungen.

Art. 1. Die Erstellung und der Betrieb der in Art. 4 und 13 bezeichneten elektrischen Schwach- und Starkstromanlagen wird der Oberaufsicht des Bundes unterstellt, und es sind für dieselben die vom Bundesrate erlassenen Vorschriften maßgebend.

Art. 2. Als Schwachstromanlagen werden solche angesehen, bei welchen normalerweise keine Ströme auftreten können, die für Personen oder Sachen gefährlich sind.

Als Starkstromanlagen werden solche angesehen, bei welchen Ströme benützt werden oder auftreten, die unter Umständen für Personen oder Sachen gefährlich sind.

Wenn Zweifel bestehen, ob eine elektrische Anlage als Starkstrom- oder als Schwachstromanlage im Sinne dieses Gesetzes anzusehen sei, so entscheidet darüber der Bundesrat endgültig.

Art. 3. Der Bundesrat wird die erforderlichen Vorschriften aufstellen zu tunlichster Vermeidung derjenigen Gefahren und Schädigungen, welche aus dem Bestande der Starkstromanlagen überhaupt und aus deren Zusammentreffen mit Schwachstromanlagen entstehen.

Diese Vorschriften haben zu regeln:

a) die Erstellung und Instandhaltung sowohl der Schwachstrom- als der Starkstromanlagen;

b) die Maßnahmen, die bei der Parallelführung und bei der Kreuzung elektrischer Leitungen unter sich, und bei der Parallelführung und der Kreuzung elektrischer Leitungen mit Eisenbahnen zu treffen sind;

c) die Erstellung und Instandhaltung elektrischer Bahnen.

Der Bundesrat hat bei Aufstellung und Ausführung dieser Vorschriften auf Wahrung des Fabrikgeheimnisses Bedacht zu nehmen.

Diese Vorschriften sind bei der Erstellung neuer elektrischer Anlagen im ganzen Umfange zur Anwendung zu bringen. Für die Durchführung derselben gegenüber bereits bestehenden Anlagen kann der Bundesrat angemessene Fristen bestimmen und Modifikationen bewilligen.

II. Schwachstromanlagen.

Art. 4. Unter die Bestimmungen dieses Gesetzes fallen alle Schwachstromanlagen, welche öffentlichen Grund und Boden oder Eisenbahngebiet benützen oder zufolge der Nähe von Starkstromanlagen zu Betriebsstörungen oder Gefährdungen Veranlassung geben können.

Die Schwachstromanlagen dürfen die Erde als Leitung benutzen, mit Ausnahme der öffentlichen Telephonleitungen, sofern zufolge Vorhandenseins von Starkstromanlagen Störungen des Telephonbetriebes oder Gefährdungen eintreten können.

Art. 5. Der Bund ist berechtigt, für die Erstellung von oberirdischen und unterirdischen Telegraphen- und Telephonlinien öffentliche Plätze, Straßen, Fahr- und Fußwege, sowie auch öffentliche Kanäle, Flüsse, Seen und deren Ufer, soweit diese dem öffentlichen Gebrauche dienen, unentgeltlich in Anspruch zu nehmen, immerhin unter Wahrung der Zwecke, für welche das in Anspruch genommene öffentliche Gut bestimmt ist, und gegen Ersatz des durch den Bau und Unterhalt allfällig entstehenden Schadens.

Art. 6. In gleicher Weise ist der Bund berechtigt, auch über Privateigentum den Luftraum durch Ziehen von Telegraphen- und Telephondrähten ohne Entschädigungsleistung in Anspruch zu nehmen, insofern dadurch die zweckentsprechende Benützung der betreffenden Grundstücke oder Gebäude nicht beeinträchtigt wird.

Art. 7. Die eidgenössische Verwaltung ist verpflichtet, sich vor dem Bau derartiger Linien (Art. 5 und 6) mit den betreffenden Behörden oder Privaten über alle für sie in Betracht kommenden Verhältnisse ins Einvernehmen zu setzen und ihren Begehren so weit entgegenzukommen, als die zweckentsprechende Ausführung der Linien es erlaubt. Auf bestehende unterirdische Kanäle und Leitungen ist möglichst Rücksicht zu nehmen.

Kann eine Verständigung über die Art der Ausführung der Linie nicht erzielt werden, so entscheidet innert der in den Artikeln 5 und 6 gezogenen Schranken der Bundesrat.

Art. 8. Sofern der Eigentümer über das gemäß Art. 5 und 6 in Anspruch genommene Eigentum eine Verfügung treffen will, die eine Aenderung oder Beseitigung der errichteten Linie nötig macht, so hat er die Aufforderung hierzu schriftlich an die eidgenössische Verwaltung zu richten, welche die Aenderung oder Beseitigung der Linie vorzunehmen hat.

Wird die angekündigte Verfügung des Eigentümers nicht binnen eines Jahres, von der Aenderung oder Beseitigung der Linie an gerechnet, ins Werk gesetzt, so bleibt der eidgenössischen Verwaltung das Recht auf Ersatz der veranlaßten Ausgaben vorbehalten.

Art. 9. Der Bund ist berechtigt, auf dem zu Bahnzwecken verwendeten Gebiete der Bahngesellschaften unentgeltlich Telegraphen- und Telephonlinien zu erstellen oder an bestehenden staatlichen Telegraphenlinien Telephondrähte anzubringen, insoweit dies ohne Beeinträchtigung des Bahnbetriebes und der sonstigen Benützung des Bahngebietes geschehen kann.

Der Bund trägt den Schaden, welcher einer Bahngesellschaft durch den Bau oder Unterhalt einer öffentlichen Telegraphen- oder Telephonanlage erwächst.

Art. 10. Sobald die öffentlichen Telegraphen- oder Telephonanlagen sich der Erstellung neuer oder der Veränderung bestehender bahndienstlicher Einrichtungen hinderlich erweisen, so hat die eidgenössische Verwaltung die nötige Verlegung ihrer Anlagen in eigenen Kosten vorzunehmen.

Art. 11. Streitigkeiten, welche bei Anwendung der Art. 5 bis und mit 10 dieses Gesetzes entstehen, sind, soweit diese Artikel die Erledigung nicht einer andern Behörde übertragen, nach Maßgabe des Bundesgesetzes über die Organisation der Bundesrechtspflege, vom 22. März 1893 (Art. 50, Ziffer 15), durch das Bundesgericht erst- und letztinstanzlich zu entscheiden.

Art. 12. Werden vom Bund für die Erstellung von Telegraphen- und Telephonlinien weitere als die in dem vorliegenden Gesetze bezeichneten Rechte in Anspruch genommen, so finden die Bestimmungen der Bundesgesetzgebung über die Expropriation Anwendung.

III. Starkstromanlagen.

Art. 13. Unter die Bestimmungen dieses Gesetzes fallen alle Starkstromanlagen.

Einzelanlagen auf eigenem Grund und Boden, welche die für Hausinstallationen zulässige Maximalspannung nicht überschreiten und die nicht zufolge der Nähe anderer elektrischer Anlagen Betriebsstörungen oder Gefährdungen veranlassen können, werden den Hausinstallationen (Art. 15, 16, 17, 26 und 41) gleichgehalten.

Art. 14. Der Bundesrat wird über die Stärke der für die verschiedenen Arten von Starkstrombetrieben zulässigen Spannungen ein Reglement erlassen.

Art. 15. Für die Ausführung der Stromleitungen elektrischer Eisenbahnen, für die Kreuzungen der Bahnen durch Starkstromleitungen und die Längsführung solcher neben Eisenbahnen (Art. 21, Ziffer 2) sind durch die betreffenden Bahnverwaltungen dem Post- und Eisenbahndepartement Vorlagen zur Genehmigung einzureichen.

Für die Ausführung anderweitiger neuer Starkstromanlagen (Art. 21, Ziffer 3) sind die Vorlagen dem Starkstrominspektorate zur Genehmigung einzureichen. Das Starkstrominspektorat hat einen Bericht der Telegraphendirektion, sowie in wichtigen Fällen die Vernehmlassungen der Regierungen der beteiligten Kantone einzuholen.

Der Bundesrat wird Vorschriften über die erforderlichen Planvorlagen erlassen.

Die Verpflichtung zur Einreichung von Vorlagen besteht nicht bezüglich der Hausinstallationen.

Art. 16. Hausinstallationen im Sinne dieses Gesetzes sind solche elektrische Einrichtungen in Häusern, Nebengebäuden und andern zugehörigen Räumen, bei denen die vom Bundesrate gemäß Art. 14 hierfür als zulässig erklärten elektrischen Spannungen zur Verwendung kommen.

Art. 17. Die in Art. 3 vorgesehenen Vorschriften werden insbesondere die beim Zusammentreffen von Starkstromleitungen und Schwachstromleitungen oder von Starkstromleitungen unter sich erforderlichen technischen Sicherungsmaßregeln bezeichnen.

Die Durchführung der letztern soll im einzelnen Falle in der für die Gesamtheit der zusammentreffenden Anlagen zweckmäßigsten Weise erfolgen. Wird keine Verständigung über die zu treffenden Maßnahmen erzielt, so entscheidet der Bundesrat nach Einholung des Gutachtens der in Art. 19 vorgesehenen Kommission.

Die zur Ausführung dieser Sicherungsmaßnahmen aufzuwendenden Kosten, mit Inbegriff derjenigen für notwendig werdende Verlegung von öffentlichen oberirdischen Telephonleitungen sind von den zusammentreffenden Unternehmungen gemeinsam zu tragen.

Für die Verteilung der bezüglichen Kosten ist es unerheblich, welche Leitung zuerst bestanden hat und an welcher Leitung die Schutzvorrichtungen oder Aenderungen anzubringen sind. Die Kostenverteilung ist vielmehr nach folgenden Grundsätzen vorzunehmen:

1. Wenn öffentliche und bahndienstliche Schwachstromleitungen einzeln oder zusammen mit einer anderen elektrischen Leitung zusammentreffen, fallen $^2/_3$ der Kosten zu Lasten der letzteren und $^1/_3$ zu Lasten der ersteren.

2. Wenn zwei oder mehrere Starkstromleitungen unter sich oder mit privaten Schwachstromleitungen zusammentreffen, werden die Kosten im Verhältnis der wirtschaftlichen Bedeutung dieser Anlagen verteilt.

Die Anbringung von Doppeldrähten und überhaupt von Rückleitungen, die von Erde isoliert sind, an öffentlichen Telephonleitungen fällt ausschließlich zu Lasten des Bundes.

Wenn unter den Beteiligten eine Verständigung über den Umfang der gemeinsam zu tragenden Kosten und über deren Verteilung nicht erzielt wird, entscheidet das Bundesgericht erst- und letztinstanzlich.

Die Bestimmungen dieses Artikels beziehen sich nicht auf Hausinstallationen.

Art. 18. Die Erteilung von Konzessionen gemäß Art. 20—22 des Bundesgesetzes, betreffend das Telephonwesen, vom 27. Juni 1889, für Telephonleitungen, welche für den Betrieb von Starkstromanlagen notwendig sind, erfolgt kostenfrei.

IV. Kontrolle

Art. 19. Der Bundesrat wählt auf die ordentliche Amtsdauer eine Kommission für elektrische Anlagen von sieben Mitgliedern. In derselben soll die elektrische Wissenschaft, sowie die Schwach- und Starkstromtechnik angemessen vertreten sein.

Die Kommission begutachtet die vom Bundesrat zu erlassenden Vorschriften für die Erstellung und die Instandhaltung der elektrischen Anlagen, sowie die Angelegenheiten, über welche der Bundesrat gemäß den Art. 2, 3, 7, 14, 15, Al. 3, 17, Al. 2, 23, 24, 47, 52 und 60 dieses Gesetzes zu entscheiden hat.

Art. 20. Die Beaufsichtigung der elektrischen Anlagen und die Ueberwachung ihres guten Zustandes ist Sache der Betriebsinhaber (Eigentümer, Pächter usw.).

Auch die Beaufsichtigung und der Unterhalt der elektrischen Leitungen, welche sich auf Bahngebiet befinden, sind vom Betriebsinhaber zu besorgen, und es ist daher ihm und seinen Beauftragten zu diesem Zwecke das Betreten des Bahngebietes unter Voranzeige an die Bahnorgane gestattet.

Art. 21. Die Kontrolle über Ausführung der in Art. 3 erwähnten Vorschriften wird übertragen:

1. für die Schwachstromanlagen, mit Ausnahme der den Starkstromanlagen dienenden privaten Schwachstromleitungen, und für die Kreuzung der Schwachstromanlagen mit Starkstromleitungen, welche nicht zu einer elektrischen Eisenbahn gehören, dem Post- und Eisenbahndepartement (Telegraphenabteilung);
2. für die elektrischen Eisenbahnen mit Inbegriff der Bahnkreuzungen durch elektrische Starkstromleitungen und der Längsführung solcher neben Eisenbahnen, sowie für Kreuzung elektrischer Bahnen durch

Schwachstromleitungen, dem Post- und Eisenbahndepartement (Eisenbahnabteilung);

3. für die übrigen Starkstromanlagen mit Inbegriff der elektrischen Maschinen einem vom Bundesrate zu bezeichnenden Inspektorate für Starkstromanlagen.

Art. 22. Die Bundesversammlung kann auf Antrag des Bundesrates am Platze der drei Kontrollstellen (Art. 21) die Schaffung eines einheitlichen Inspektorates beschließen.

Art. 23. Gegen die Verfügungen und Weisungen der in Art. 21 genannten Kontrollstellen kann innerhalb 30 Tagen Rekurs ergriffen werden, und zwar bei Ziffer 1 und 2 an den Bundesrat, bei Ziffer 3 an das Post- und Eisenbahndepartement und gegen dessen Entscheid binnen weiteren 30 Tagen an den Bundesrat.

Sollte nach Art. 22 ein einheitliches Inspektorat eingesetzt werden, so kann gegen dessen Entscheidungen innerhalb 30 Tagen beim Bundesrat Rekurs ergriffen werden.

Art. 24. Allfällige Differenzen zwischen den in Art. 21 genannten Kontrollstellen werden vom Bundesrat entschieden.

Art. 25. Die Starkstromanlagen haben dem Starkstrominspektorat das statistische Material technischer Natur zu liefern, welches für die Erstellung einer einheitlichen Statistik erforderlich ist.

Art. 26. Die in Abschnitt IV vorgesehene Kontrolle erstreckt sich nicht auf die Hausinstallationen. Dagegen wird derjenige, welcher elektrische Kraft an Hausinstallationen abgibt, verpflichtet, sich über die Ausübung einer solchen Kontrolle beim Starkstrominspektorat auszuweisen, und es kann diese Kontrolle einer Nachprüfung unterzogen werden.

V. Haftpflichtbestimmungen.

Art. 27. Wenn durch den Betrieb einer privaten oder öffentlichen Schwach- oder Starkstromanlage eine Person getötet oder körperlich verletzt wird, so haftet der Betriebsinhaber für den entstandenen Schaden, wenn er nicht beweist, daß der Unfall durch höhere Gewalt oder durch Verschulden oder Versehen Dritter oder durch grobes Verschulden des Getöteten oder Verletzten verursacht wurde.

In gleicher Weise besteht die Haftpflicht für Schädigung an Sachen, jedoch nicht für Störungen im Geschäftsbetrieb.

Art. 28. Besteht die elektrische Anlage aus mehreren Teilen mit verschiedenen Betriebsinhabern, so haftet dem Beschädigten:

a) wenn der Schaden in dem gleichen Teil der Anlage zugefügt und verursacht wird, der Inhaber dieses Teiles der Anlage;

b) wenn der Schaden in dem einen Teile zugefügt, in einem andern verursacht wird, die Inhaber des einen und des andern Teiles solidarisch.

Wird der Inhaber des Teiles, welcher den Schaden zugefügt hat, für denselben belangt, so hat er das Rückgriffsrecht auf den Inhaber des Teiles der Anlage, welcher den Schaden verursacht hat.

Art. 29. In Fällen von Sachbeschädigung infolge eines durch den Betrieb einer elektrischen Anlage verursachten Brandes gelten die Bestimmungen des Obligationenrechtes.

Art. 30. Wenn Schädigungen zufolge des Zusammentreffens von verschiedenen elektrischen Leitungen entstehen, so haben die beteiligten Unternehmungen den Schaden gegenüber dem Geschädigten unter Solidarhaft zu tragen; unter sich, soweit nicht das Verschulden der einen Anlage nachgewiesen werden kann oder anderweitige Verständigungen getroffen werden, zu gleichen Teilen. Solche Verständigungen können auch im voraus getroffen werden.

Art. 31. Wenn elektrische Anlagen sich gegenseitig schädigen, so ist der Schaden, sofern nicht das Verschulden der einen Anlage nachgewiesen werden kann, unter Würdigung der sämtlichen Verhältnisse in angemessener und billiger Weise unter denselben zu verteilen.

Art. 32. Der Betriebsinhaber der Stark- oder Schwachstromanlage ist verpflichtet, von jeder vorgefallenen erheblichen Personenbeschädigung, sowie von jeder erheblichen Sachenbeschädigung gegenüber Dritten, sofort der nach Art. 4 des Bundesgesetzes, betreffend die Arbeit in den Fabriken vom 23. März 1877 zuständig erklärten Lokalbehörde Anzeige zu machen.

Diese leitet über die Ursache und die Folgen der ihr bekannt gewordenen erheblichen Unfälle ungesäumt und in wichtigeren Fällen unter Zuzug von Sachverständigen eine amtliche Untersuchung ein und gibt der kantonalen Regierung zu Handen des Post- und Eisenbahndepartements vom Vorfalle Kenntnis.

Art. 33. Die Einrede der höhern Gewalt im Sinne dieses Gesetzes kann nicht geltend gemacht werden bei Schädigungen, die durch Einrichtungen, welche den gemäß Art. 3 zu erlassenden Vorschriften entsprechen, hätten abgewendet werden können.

Art. 34. Die Betriebsinhaber der elektrischen Anlagen haften für alle Personen, deren sie sich zum Betrieb der elektrischen Anlagen bedienen.

Das Rückgriffsrecht auf diese Personen bleibt im Falle deren Verschuldens den haftpflichtigen Betriebsinhabern elektrischer Anlagen vorbehalten.

Art. 35. Wenn nachgewiesen werden kann, daß der Getötete oder Verletzte oder der an seinem Eigentum Geschädigte sich durch eine widerrechtliche Handlung oder mit wissentlicher Uebertretung von bekanntgegebenen Schutzvorschriften, Warnungen u. dgl. mit der elektrischen Anlage in Berührung gebracht hat, so kann kein Schadenersatz im Sinne der Art. 27 und 28 dieses Gesetzes gefordert werden, selbst wenn der Unfall auch ohne Verschulden des Geschädigten eingetreten ist.

Art. 36. Für die Bemessung der Entschädigungen sind die Bestimmungen des Obligationenrechtes maßgebend.

Bei Personenbeschädigungen ist als Ersatz für den zukünftigen Unterhalt oder Erwerb nach dem Ermessen des Gerichtes entweder eine Kapitalsumme oder eine jährliche Rente zuzusprechen.

Wenn im Momente der Urteilsfällung die Folgen einer Körperverletzung noch nicht genügend klar vorliegen, so kann der Richter ausnahmsweise sowohl für den Fall des nachfolgenden Todes oder einer Verschlimmerung als auch im Falle einer Verbesserung des Gesundheitszustandes des Verletzten eine spätere Berichtigung des Urteils vorbehalten. Ein bezügliches Begehren muß längstens innert Jahresfrist nach Ausfällung des Urteils gestellt werden.

Art. 37. Die in diesem Gesetze erwähnten Schadenersatzansprüche für Personen und Sachen verjähren in zwei Jahren von dem Tage an, an welchem die Schädigung stattgefunden hat. Für die Unterbrechung der Verjährung gelten die Bestimmungen des O.-R.

Art. 38. Bei Streitigkeiten über solche Schadenersatzansprüche haben die Gerichte über die Wahrheit der tatsächlichen Behauptungen und über die Höhe des Schadenersatzes nach freier Würdigung des gesamten Inhaltes der Verhandlungen zu entscheiden, ohne an die Beweisgrundsätze der einschlagenden Prozeßgesetze gebunden zu sein.

Art. 39. Reglemente, Publikationen oder spezielle Vereinbarungen, durch welche die Haftpflicht nach den Bestimmungen dieses Gesetzes zum voraus wegbedungen oder beschränkt wird, haben keine rechtliche Wirkung.

Art. 40. Für die Beziehungen zwischen den Betriebsinhabern der elektrischen Anlagen und ihren Angestellten und Arbeitern bleiben die Bestimmungen der Haftpflichtgesetze (Bundesgesetz, betreffend die Haftpflicht der Eisenbahn- und Dampfschiffunternehmungen vom 1. Juli 1875 und Bundesgesetze, betreffend die Haftpflicht aus Fabrikbetrieb vom 25. Juni 1881 und 26. April 1887) unverändert in Kraft.

Art. 41. Die Haftpflichtbestimmungen des Abschnitts V finden keine Anwendung auf elektrische Hausinstallationen.

VI. Expropriation.

Art. 42. Für das Expropriationsrecht der eidgenössischen Telegraphen- und Telephonverwaltung gelten die Bestimmungen des Art. 12 dieses Gesetzes. Anderen Schwachstromanlagen, welche öffentlichen Zwecken dienen, wird das durch Art. 43 den Starkstromanlagen gewährte Expropriationsrecht eingeräumt.

Art. 43. Den Eigentümern von elektrischen Starkstromanlagen und den Bezügern von elektrischer Energie kann der Bundesrat das Recht der Expropriation für die Einrichtungen zur Fortleitung und Verteilung der elektrischen Energie, sowie für die Erstellung der zu deren Betrieb notwendigen Schwachstromanlagen gemäß den Bestimmungen der Bundesgesetzgebung über die Expropriation und den besondern Vorschriften des gegenwärtigen Gesetzes gewähren.

Art. 44. Baumäste, durch welche eine bestehende Schwach- oder Starkstromleitung gefährdet oder gestört wird, sind vom Eigentümer auf Verlangen der betreffenden Anlage gegen Entschädigung zu beseitigen.

Wenn der Eigentümer die Berechtigung des Verlangens bestreitet oder wenn die beiden Parteien sich über die Höhe der Entschädigung nicht einigen können, so entscheidet endgültig eine durch die Kantonsregierung zu bezeichnende Lokalbehörde innert längstens 8 Tagen; diese wird nötigenfalls auch für Ausführung ihres Urteils besorgt sein. Die Kosten sind durch die Unternehmung zu tragen.

Art. 45. Als Einrichtungen zur Fortleitung und Verteilung der elektrischen Energie werden angesehen:

1. Die Erstellung von elektrischen Leitungen (oberirdischen und unterirdischen) mit ihren Zubehörden;
2. Die Anlagen von Transformationsstationen mit ihren Zubehörden.

Art. 46. Das Expropriationsrecht kann geltend gemacht werden gegenüber dem Privateigentum und dem Areal der Eisenbahnen, gegenüber letzterem aber nur, insofern der Bahnbetrieb durch den Bestand einer Starkstromleitung nicht gestört oder gefährdet und die Anbringung der für den Bahnbetrieb notwendigen Leitungen, sowie der Leitungen der Telegraphen- und Telephonverwaltung nicht gehindert wird.

Für die Einrichtungen zur Fortleitung, zur Verteilung und zur Abgabe der elektrischen Energie wird auch gegenüber dem öffentlichen Eigentum eines Kantons oder einer Gemeinde das Recht der Mitbenützung auf dem Expropriationswege eingeräumt.

Dagegen können, soweit es sich nicht um den elektrischen Betrieb von Eisenbahnen handelt, Gemeinden zum Schutze ihrer berechtigten Interessen das Recht zur Mitbenützung ihres öffentlichen Eigentums für Einrichtungen zur Abgabe elektrischer Energie innerhalb der Gemeinde verweigern oder an beschränkende Bestimmungen knüpfen.

Gegen solche Schlußnahmen kann binnen zwanzig Tagen an die kantonale Regierung rekurriert werden. Gegen deren Entscheid ist binnen weiteren zwanzig Tagen der Rekurs an den Bundesrat statthaft, welcher endgültig entscheidet.

Die Inanspruchnahme öffentlichen Areals für die Mitbenutzung durch die elektrischen Anlagen darf nur stattfinden unter Wahrung der anderen Zwecke, für welche das in Anspruch genommene Gebiet bestimmt ist.

Art. 47. Die Expropriation kann vom Eigentümer der elektrischen Starkstromanlage, bzw. vom Bezüger elektrischer Energie sowohl für die Uebertragung des Eigentums, wie auch für die Bestellung einer Servitut, und zwar für letztere dauernd oder bloß zeitweise beansprucht werden.

Art. 48. Die zu entrichtende Entschädigung soll je nach Umständen in einer Kapitalabfindung oder in einer jährlichen Leistung bestehen.

In die Entschädigung kann mit Zustimmung beider Teile die Abfindung für Kulturschaden und anderen Schaden, welcher bei Vornahme von Aenderungen und Reparaturen an den erstellten elektrischen Leitungen entsteht, einbezogen werden. Wenn diese Zustimmung nicht vorliegt, so werden die Entschädigungsansprüche, welche sich im Verlauf des Betriebes ergeben sollten, im Falle der Bestreitung nach dem ordentlichen Prozeßverfahren erledigt.

Art. 49. Das Expropriationsrecht findet gemäß den Bestimmungen des Bundesgesetzes, betreffend die Verbindlichkeit zur Abtretung von Privatrechten vom 1. Mai 1850 statt, unter Vorbehalt der in den Art. 50 bis und mit 54 des gegenwärtigen Gesetzes festgesetzten Ausnahmen.

Art. 50. Wenn das Expropriationsrecht für eine elektrische Anlage beansprucht wird, so ist das Trace der projektierten Leitung, soweit das Expropriationsrecht nachgesucht wird, in einer Eingabe und Planvorlage an das Starkstrominspektorat bestimmt zu bezeichnen.

Das Expropriationsrecht ist vom Bundesrat zu bewilligen, insoweit innert der Frist von dreißig Tagen nach Kenntnisgabe der Pläne (Art. 51) keine Einsprache erfolgt ist. Sind Einsprachen eingereicht worden, so ist das Expropriationsrecht gegen die Einsprecher nur zu bewilligen, wenn eine Aenderung des Traces ohne erhebliche technische Inkonvenienz oder unverhältnismäßige Mehrkosten oder eine Gefährdung der öffentlichen Sicherheit nicht möglich ist.

Falls nach Erstellung von elektrischen Anlagen die Aenderung einer Anlage durch die Umstände geboten erscheint, so kann auf Verlangen des Exproprianten oder des Expropriaten ein neues Expropriationsverfahren bewilligt und durchgeführt werden.

Art. 51. Gleichzeitig mit der Planvorlage an das Starkstrominspektorat zu Handen des Bundesrates hat die Planauflage in den Gemeinden zur Einsichtnahme durch die Interessenten zu erfolgen. Die Planauflage und das Expropriationsbegehren sind sowohl zu publizieren als auch den Interessenten persönlich bekanntzugeben.

Wenn das Expropriationsrecht nur gegenüber einzelnen Grundbesitzern beansprucht wird, findet das außerordentliche Expropriationsverfahren (Art. 18 und folgende des Expropriationsgesetzes von 1850) statt.

Art. 52. Nach Erledigung allfälliger Einsprachen gegen die Planvorlage durch den Bundesrat und nach deren Genehmigung ist auf Verlangen einer Partei die Schätzungskommission (Art. 54) zur Behandlung der Entschädigungsansprüche einzuberufen.

Art. 53. Nach erfolgter Plangenehmigung kann mit der Erstellung der elektrischen Leitung begonnen werden, auch wenn das Schätzungsverfahren noch nicht beendigt ist und die Entschädigungen noch nicht ausbezahlt sind. Immerhin ist für richtige Auszahlung der letzteren Sicherheit zu bestellen; die Höhe dieser Sicherheit wird im Streitfalle von der Schätzungskommission festgesetzt.

Art. 54. Für jeden Kanton wird eine Schätzungskommission von drei Mitgliedern ernannt, von welchen je eines durch das Bundesgericht, den Bundesrat und die betreffende Kantonsregierung zu wählen ist. Für jedes Mitglied werden von den zur Wahl Berechtigten zwei Ersatzmänner bezeichnet.

Gegen den Entscheid der Schätzungskommission ist der Rekurs an das Bundesgericht zulässig, nach Maßgabe des Bundesgesetzes, betreffend die Verbindlichkeit zur Abtretung von Privatrechten vom 1. Mai 1850.

VII. Strafbestimmungen.

Art. 55. Wer durch eine Handlung oder Unterlassung vorsätzlich eine elektrische Anlage beschädigt oder gefährdet, wird bestraft:

a) wenn dadurch Personen oder Sachen einer erheblichen Gefahr ausgesetzt waren, mit Gefängnis;
b) wenn beträchtlicher Schaden an Sachen entstanden ist, mit Gefängnis oder Zuchthaus bis auf 10 Jahre;
c) wenn eine Person bedeutend verletzt oder getötet worden ist, mit Gefängnis oder Zuchthaus.

Art. 56. Wer in fahrlässiger Weise durch eine Handlung oder Unterlassung eine solche Schädigung oder Gefahr herbeiführt, wird bestraft:

im Falle der lit. a des Art. 55 mit Geldbuße bis auf Fr. 500 oder mit Gefängnis bis auf sechs Monate;

im Falle der lit. b des Art. 55 mit Geldbuße bis auf Fr. 1000 oder mit Gefängnis bis auf ein Jahr;

im Falle der lit. c des Art. 55 mit Geldbuße bis auf Fr. 3000 oder mit Gefängnis bis auf drei Jahre.

In allen drei Fällen kann mit der Gefängnisstrafe Geldbuße verbunden werden.

Art. 57. Wer durch vorsätzliche oder grob fahrlässige Handlungen die Benutzung der Telegraphen- oder Telephonanlagen oder der Starkstromanlagen zu ihren Zwecken hindert oder stört, wird mit Geldbuße bis auf Fr. 1000 oder mit Gefängnis bis auf ein Jahr bestraft.

Wenn infolge der betreffenden Handlung eine Person bedeutend verletzt oder getötet oder sonst ein erheblicher Schaden gestiftet worden ist, ist auf Geldbuße bis auf Fr. 3000 oder Gefängnis oder Zuchthaus zu erkennen.

Mit der Freiheitsstrafe kann auch Geldbuße verbunden werden.

Art. 58. Wer in der Absicht, sich oder anderen einen rechtswidrigen Vorteil zu verschaffen, einer elektrischen Anlage Kraft entzieht, wird mit Geldbuße bis auf Fr. 3000 oder mit Gefängnis bis auf ein Jahr bestraft. Mit der Freiheitsstrafe kann auch Geldbuße verbunden werden.

Art. 59. Die strafrechtliche Verfolgung der in den Art. 55, 56, 57 und 58 bezeichneten Verbrechen und Vergehen findet gemäß den Vorschriften des Bundesgesetzes über das Bundesstrafrecht vom 4. Februar 1853 statt. Dessen Vorschriften sind auch mit Bezug auf die Verjährung maßgebend.

Art. 60. Wer Weisungen des Starkstrominspektorates, die auf Grund der vom Bundesrate gemäß Art. 3 dieses Gesetzes erlassenen Vorschriften erteilt werden, nicht befolgt, kann vom Bundesrate mit einer Buße bis auf Fr. 1000 bestraft werden.

Vorbehalten bleiben außerdem die Strafbestimmungen der Art. 55 56 und 57.

VIII. Schlußbestimmungen.

Art. 61. Das Bundesgesetz, betreffend die Erstellung von Telegraphen- und Telephonlinien vom 26. Juni 1889 und der Art. 66 des Bundesstrafrechts vom 4. Hornung 1853 werden mit dem Inkrafttreten des gegenwärtigen Gesetzes aufgehoben.

Art. 62. Der Bundesrat wird beauftragt, auf Grundlage der Bestimmungen des Bundesgesetzes vom 17. Juni 1874, betreffend die Volksabstimmung über Bundesgesetze und Bundesbeschlüsse, die Bekanntmachung dieses Gesetzes zu veranstalten und den Beginn der Wirksamkeit desselben festzusetzen.

Alphabetisches Register.

(Die Ziffern bedeuten die Seiten.)

FSC
www.fsc.org
MIX
Papier | Fördert gute Waldnutzung
FSC® C083411

Kolibri 360 GmbH
Ferdinand-Jühlke-Straße 7
99095 Erfurt, Deutschland
produktsicherheit@kolibri360.de